历代名后系列

吕雉

无冕女王

王彦辉 著

辽宁人民出版社

图书在版编目（CIP）数据

无冕女王：吕雉 / 王彦辉著. -- 沈阳：辽宁人民
出版社，2025.3. --（历代名后系列 / 赵毅主编）.
ISBN 978-7-205-11297-4

Ⅰ．K827=341

中国国家版本馆 CIP 数据核字第 20244FT135 号

出版发行：辽宁人民出版社
　　　　　地址：沈阳市和平区十一纬路 25 号　邮编：110003
　　　　　电话：024-23284191（发行部）　024-23284304（办公室）
　　　　　http://www.lnpph.com.cn
印　　　刷：嘉业印刷（天津）有限公司
幅面尺寸：165mm×235mm
印　　张：19.75
字　　数：246 千字
出版时间：2025 年 3 月第 1 版
印刷时间：2025 年 3 月第 1 次印刷
责任编辑：赵维宁　姚　远　吕志学
封面设计：乐　翁
版式设计：一诺设计
责任校对：吴艳杰
书　　号：ISBN 978-7-205-11297-4
定　　价：68.00 元

"历代名后系列"序

  "历代名后系列"是一套上起先秦下迄晚清，包含12位王后、皇后（包含皇太后、太皇太后）的传记史学作品，分别是：夏桀王后妹喜，商纣王后妲己，周幽王王后褒姒，汉高祖皇后、汉惠帝皇太后吕雉，汉成帝皇后、汉哀帝皇太后赵飞燕，晋惠帝皇后贾南风，北魏文成帝皇后、献文帝皇太后、孝文帝太皇太后冯氏，北魏孝明帝皇太后胡氏，唐中宗皇后韦氏，辽景宗皇后、辽圣宗皇太后萧绰，清世祖皇太后、清圣祖太皇太后博尔济吉特氏（即孝庄文皇后），清穆宗、清德宗皇太后叶赫那拉氏（即慈禧太后），编为9册。这是一套史学专家撰写的通俗性历史读物。

  夏商周三代尚无皇帝尊称，是分藩裂土的王政时代，因此，妹喜、妲己、褒姒被称为王后。秦汉以降才是帝制的开端，最高统治者称皇帝，其配偶称才人、女御、嫔妃、贵人、贵妃、皇后等，等级分明，地位天壤，皇后执掌中宫，是内廷宫闱的高层级支配者。皇后原则上只册封一人，但在帝制时代，两后并立亦不鲜见。当朝皇帝的正妻或其最喜欢的妃嫔往往被册封为皇后。当朝皇帝驾崩，子侄辈即位为新皇帝时，皇后往往被尊为皇太后，待孙辈登基为新皇帝时，皇太后则被尊为太皇太后。没有皇后履历的皇帝妃嫔，母以子贵，在其子加冕称帝时，被追尊为皇太后是常例。

严格说来，社会只由两种人构成，即男人和女人。历史本应由这两种人不分伯仲共同创造与书写，然而，实际的情形并非如此。

自先秦至晚清数千年间，朝代更替频繁发生，占据历史舞台中心的帝王将相、达官显贵、英雄豪杰，几乎清一色是男子，女人仅是男人的附庸，全无展示自己的平台，无法成就轰轰烈烈的伟业。通观中国古代历史，唯有武曌一位女皇，对其评价尚褒贬不一，罕见女性有位极人臣、出将入相者。中国古代的正史——"二十五史"、历朝政书的书写者均为博学多识的男性官僚学者，除班昭参与了《后汉书》的部分编纂工作外，再无任何女性参与正史、政书书写。历史的书写者基本为男人。书入正史的帝王将相、达官显贵占去了史书绝大部分篇幅，而约占人口总数50%的女性，仅占有《后妃传》《列女传》等少得可怜的篇幅。

中国古代是男人的社会，中国古代正史由男人书写，中国古代，尤其两汉以后，儒家思想成为社会主流意识形态，宋代以后理学存天理、灭人欲的礼教观念广行流布，女子无才便是德、男主外女主内、节烈贞洁等种种礼教戒律严重束缚女性，在政坛上叱咤风云的女性更难得一见。

本书的12位传主，夏后、商后、周后、吕太后、赵皇后、贾皇后、韦皇后等7人系汉族女性（夏后、商后、周后可视作华夏族），而胡太后、萧太后、孝庄文皇后、慈禧太后等4人为少数民族女性，冯太后为少数民族化的汉族女性。为什么少数民族女性所占比例如此之高呢？这与少数民族对女性礼教戒律束缚较少、少数民族女性的社会地位相对较高密切相关。尽管在古代中国历史上出现很多炙手可热的名后，有的在政坛上翻云覆雨，甚至临朝称制，掀起巨澜，但实质上她们仍是男性的附属。

古代社会，从太学、国子学到府州县学，各级官学不录取女性学员，妇女受教育的权利被剥夺；古代社会，从乡举、里选、征辟、察举、九品中正到科举取士，各种官吏选拔均不把女性划入考查范围，妇女参与国家政治的权利又被剥夺。只因皇帝有一套严格而完整的后妃制度，服务于皇权，才有了这样一个皇后、皇妃群体。首先，皇后必须由皇帝册封，皇后的名分是从皇帝那取得的；其次，皇后在家庭中必须服从夫君——皇帝的权威，皇后的权力是皇权的外延，是皇帝给予的。在帝制时代，专制皇权不断强化，为防止后妃干政、外戚坐大，形成后党，在政治设计上约束限制后妃、外戚权力膨胀的规则日益严密，个别朝代甚至推出并实行册封皇太子后处死皇太子生母的冷酷政策。

这套"历代名后系列"的 12 位传主，生活在不同朝代，政治履历、知识素养、性情禀赋、胆识谋略及最终结局各不相同。作者对她们生平际遇、历史功罪等诸多方面，在尊重史实、参酌同行研究的前提下，做了尽可能详细的陈述与评说，不仅为了再现她们多姿多彩的人生，更是想让读者透视她们生活年代变幻莫测的政治风云。汉高祖皇后吕雉，辅佐刘邦成就霸业，与萧何谋划除掉韩信，巩固统治。高祖病逝后，惠帝软弱，由吕后实际掌权，她继续无为而治的黄老政治，使汉朝国力不断增强。她又擢拔吕氏族人，形成诸吕集团，操控朝政，最终陈平、周勃铲除诸吕，迎立汉文帝，酿成汉初一场政治大震荡。夏桀王后妹喜、商纣王后妲己、周幽王王后褒姒、汉成帝皇后赵飞燕，皆为倾城倾国的绝代美人，以姿色取悦君王，虽行止乖张，恣肆任情，颇受后人非议，但把夏、商、西周败亡，汉朝衰败的历史责任加到她们头上恐未必公允。北魏献文帝冯太后，有度量有胆识，激赏汉文化和中原王朝成熟的典章制度，促成孝文帝实行改革，接受中原文化，推动了鲜卑族社会发展进步和与汉族的民族融合。辽圣宗皇太后萧绰，是有影响有担当有作为的政治家，她能在朝堂上决断大政，亦能统率百万大军攻城略地，与敌人对垒。在辽宋对战势均力敌的情势下，审时度势，促成"澶渊之盟"，使辽宋之间实现数十年之和平。孝庄文皇后博尔济吉特氏是位聪明睿智的女人，她的成功在于在清初复杂的皇位争夺中施展手段，辅保年幼的儿子福临、孙子玄烨登上皇帝宝座，摆平满洲贵族各派政治势力。即或有下嫁摄政王多尔衮之韵事，也毫不影响其历史地位。晋惠帝皇后贾南风、北魏孝明帝皇太后胡氏、唐中宗皇后韦氏3位传主有许多共性，凶悍、妒忌、残忍而又野心极大，是史上公认的"女祸"。贾皇后的丈夫惠帝司马衷是低智商，不能亲理朝政，贾皇后操控大权，在朝臣和宗王间拉帮结派，拨弄是非，引发司马氏自相残杀的"八王之乱"，使晋朝走向衰亡，贾皇后也在乱世中被杀。北魏胡太后，心狠手辣，两度临朝称制十余载，挟持皇帝、势压宫妃，威福自专，天怒人怨，最终被尔朱荣沉于黄河。唐中宗皇后韦氏是位心机颇深、手段高妙、野心勃勃的女人。在武周和中宗时期，她巧妙周旋，地位虽有浮沉，但终究保住了权位，膨胀了势力，与上官婉儿等结成势力集团，顺昌逆亡，甚至密谋政变，弑君自立，效法则天武后。在唐前期朝政大变局关键时刻，睿宗之子李隆基果断发动兵变，杀死韦皇后，化解了一场政治危机。慈禧太后是清文宗之懿贵人，没有皇后名分，文宗死，穆宗立，径封皇太后，历同治、光绪两朝四十余年，垂帘听政，独断朝纲，地位从未动摇。她思想保守、观念陈腐，在西学东渐，世界格局大变演中，无能应对，锁国闭关，为保住其独尊地位，血腥镇压维新人士；在对西方列强的斗争中，屈膝投降，签订了一系列割地赔款、丧权辱国的条约，使偌大中华沦为半殖民地社会；她个人生活厚自奉养、奢侈挥霍，为庆六十大寿，竟公然连续数年挪用海军经费近200万两，这也是导致甲午战争中北洋水师全军覆没的一个重要原因。

这套名后传记史学读本，成于众人之手，风格不同，学识也有差异，相信读者慧眼识珠能够发现其精到和舛误。此套书曾刊行于20年前，此次应邀修订，主要是打磨文字，订正史实错误。限于作者水平，肯定还有其他问题没能发现更改，欢迎读者教正。

辽宁师范大学　赵毅

2023 年 5 月 15 日

目　录

第一章

避仇杀乔迁沛县
会豪杰巧结良缘

公元前 259 年正月，在赵国首都邯郸（故城在今河北邯郸）秦公邸，诞生一男婴。孩子的父亲异人（子楚）是秦国公子，当时正作为人质长期质于赵国，母亲赵姬为邯郸城著名歌伎，生得袅娜娉婷，秀美中带着几分妖冶。异人少年得子，满面生辉，因爱子为正月出生，遂取名一个"政"字。这个嬴政就是日后叱咤风云、改写中国历史进程的一个风流人物——秦始皇。

三年后的一天，在"西楚"沛县丰邑（今江苏沛县）的一家农户，又降生一个男孩。孩子的父亲人称刘太公，是个老实巴交的农民，母亲人称刘媪，也是一个普通的农家妇女。夫妻俩先前已生育二男，此儿最小，因以季为字，取名为邦。

据说刘邦的出生与众不同，神秘色彩极浓。传闻刘媪有事外出，途经一座池塘时，顿觉困乏，就靠在塘堤下闭目养神，在似睡非睡的蒙眬状态下，蓦然见一金甲神人从天而降，立足身旁，刘媪一时惊昏过去。太公在家眼见雷电交加，天昏地暗，仍不见妻子回来，就忙不迭地四处寻找。当他来到池塘边时，只见一条蛟龙盘旋在刘媪身上，太公又疑又惧，不敢近前，待云收雾散，才上前唤起刘媪，问她是否受到惊吓。刘媪声称："我正在休息，忽见神人下凡，一时惊昏过去，现在才知是做了一个梦。"刘媪自是有身，生下刘邦，刘邦左腿有七十二颗黑痣，自然与众不同。这个传说显然是刘邦做了皇帝以后，儒生墨客为了论证汉室统治的合理性，刻意把刘邦形容为"真龙天子"而编造的神话。

一

光阴似箭，一晃过去了三十余年，秦王嬴政一举吞并六国，统一天下，做上秦王朝的始皇帝。

刘邦则生性懒散，不喜耕稼，专好四处游荡，结交朋友，又嗜酒如命，在闾巷寻花问柳。太公屡戒不悛，斥之为"无赖"，刘邦的两个嫂子意见更大，时常话里话外说家里白养了一个大活人，挑唆他的两个哥哥闹分家。太公无奈，只好让老大、老二另起炉灶，刘邦仍和父母一起过。刘邦成年以后，还是旧习不改，争逐酒食，有时怕回家受老人训斥，就去两个哥哥家食宿。不久，大哥过世，大嫂孤儿寡母，日子过得很是艰难，刘邦不但不能帮助长嫂做些田里的农活，反而时常领几个朋友去混酒饭，这使长嫂越发厌恶他。

有一次，刘邦又带着几个朋友去长嫂家，长嫂不愿招待，就故意用杓刮锅，佯示羹尽。几个朋友听到刮锅声，知趣而去。刘邦进入厨房，但见锅上蒸气正浓，知长嫂逞刁使诈，也不计较，只长叹一声，掉头而去。《史记》称说刘邦"仁而爱人，喜施，意豁如也，常有大度"。其实，刘邦不过善于随机应变，未必胸襟开阔，不计前嫌。刘邦后来做了皇帝，尽封兄弟子侄为王、侯，唯独不封长嫂之子，当太公为长孙求情时，刘邦才不得已封长嫂之子刘信为羹颉侯。按张守节《史记正义》的说法，羹颉为山名。刘邦取羹颉二字为爵号名，显然暗含着对长嫂刮锅一事的报复和羞辱。

不久，刘邦在好友们的引荐下，谋得泗水亭长一职。亭是秦朝县以下一级负责治安的机构，亭设亭长一人，下设亭父、求盗各一人，主要职掌"逐捕盗贼"，维持地方治安，并负责一亭之内的民事纠纷，以及迎送过往官员等。亭长级别不高，但直接对县尉负责，又送往迎来过路的官员，倒也很适合刘邦的脾性。此时的刘邦已过而立之年，自然对个人的前途有所考虑，因此很注意同县衙内的实权人物交往，像功曹掾萧何、狱掾曹参、狱吏任敖、厩司御夏侯婴等县中豪吏都跟刘邦交往甚密。刘邦交友不分三教九流，凡志同意合者无不结为宾客，如以屠狗为业的樊哙、以织蚕薄为生的周勃等，他都广泛交结。萧、曹、夏侯诸人每过泗上，刘邦一定跟他们畅饮，倾谈肺腑，脱略形骸，偶尔也谈些国家大事。这些亡国之民对秦灭六国并无多少抵触情绪，反而认为六国之亡咎由自取，对秦始皇的功业都心怀敬仰之情。比如，有一次，刘邦西入咸阳（秦首都。今陕西咸阳东北）办理公务，看到城阙巍峨，市廛辐辏，车马冠盖，络绎道旁，一种既妒又慕的情结油然而生。不多时，恰逢始皇帝大驾出巡，刘邦急忙退至路旁观望，只见秦始皇昂首端坐，表情凝重，随行朝官依次行进，一队队身着铠甲的武士前呼后拥，非常宏伟壮观。刘邦徘徊瞻望，喟然叹息道："嗟乎，大丈夫当如此也！"一种追逐功名、效法始皇帝威严的心态情不自禁地流露出来。

刘邦由于职务之便，经常往来县衙，免不了和樊哙、周勃之流到酒肆饮酒调侃。这一天，当他刚刚来到县上，就听有人议论说县里新住进一户姓吕的人家，还是县令的好友，吕家的三个姑娘生得白皙俊美。刘邦听着也没注意，没走几步，迎面碰上了樊哙。樊哙乐呵呵地拽起刘邦的衣袖直奔酒肆，并神秘地说有条重大新闻相告。进了酒肆，樊哙也不等酒保端上小菜，捧起酒坛咕咚咚早把一坛醇酒喝个精光，一面伸手抹一把沾满酒沫的连鬓胡子，一面眉飞色舞地夸起吕家小姐来。

原来，砀郡单父（今山东单县）有一吕姓大户，户主人称吕公，吕公有两个儿子，三个女儿。长子名吕泽，次子名释之；长女名长姁，次女名吕雉，三女名吕嬃。吕公因事与本县另一大户结下仇怨，遂酿成两大家族之间的武力械斗，后因势力不敌，被迫举家投奔沛县县令，县令不忘旧交，待为上宾，并安顿吕公在沛县定居下来。

家族之间的械斗法律上称"私斗"，又称血族复仇（或称报怨）。这种风气来源于原始社会，正如恩格斯在《家庭、私有制和国家的起源》一文中所说："同氏族人必须相互援助、保护，特别是在受到外族人伤害时，要帮助复仇。个人依靠氏族来保护自己的安全，而且也能作到这一点，凡伤害个人的，便是伤害了整个氏族。因而，从氏族的血族关系中便产生了那为易洛魁人所绝对承认的血族复仇的义务。"这种习俗一直延续到阶级社会，尤其在中国这个以家族为基本社会结构的国度里更是如此。战国时期的秦国为鼓励耕战，商鞅变法时曾明令规定："为私斗者，各以轻重被刑。"并严格执行，犯者必究。秦民畏法，无不"勇于公战，怯于私斗"[1]，不敢轻言复仇。秦统一后，虽然把这条法令颁行全国，但毕竟百废待兴，无暇顾及民俗民风的治理，所以在原六国地区，复仇之风仍很盛行。吕公的家乡单父和沛县都位于微山湖的西面，处于今江苏和山东交界的地方，战国时属宋，宋灭后归楚，被称为"西楚"。战国时代的宋国，南边和楚国相邻，东靠齐、鲁，西近韩、魏；介于楚、齐、韩、魏几个大国之间，地居交通要道，战争不断，民风强悍，复仇报怨，习于攻战。

这当儿只听樊哙绘声绘色地讲道："那一天，我正在市面上卖狗肉，忽然

---

[1]《史记·商君列传》。

一队马车风尘仆仆地驰过，只觉一阵清香透过满街膻腥酒气扑面而来。我好奇地抬头望去，一下子就被坐在车里的几个姑娘的容貌慑住了。其中的两个以袖掩面，偷着拿眼左顾右盼。只有靠在车厢边上的那位，昂首挺胸，旁若无人，生得天仙似的，脸蛋白里透红，一双眸子楚楚动人，说真的，看得我口水都快淌出来了……"

"我说，你可别在那丢人了，你说的那个姑娘叫吕雉，漂亮是漂亮，可也有几分妖冶，几分坚忍。"不知什么时候萧何转了出来，站在樊哙身后插嘴说道。

刘邦本来一直津津有味地听着，扭头见是萧何，赶紧起身施礼让座。萧何就座后，挺神秘地对刘邦说："兄台，县令来了贵客，县里的官吏豪杰都纷纷持礼前去祝贺，你去不去呀？"

刘邦明知萧何是在调侃自己，乐呵呵地答道："既然县令有贵客，我当然要去凑凑热闹，以酒会群杰嘛！否则，不就显得我这个堂堂泗水亭长太小气了吗？"一席话说得二人哈哈大笑，刘邦将了将山羊胡子，装出一副正经面孔，眼中却射出一道希望之光。

次日，刘邦身着绛色长袍，脚踏锦履，大摇大摆来到县衙。这时，萧何正在门前负责接待，对前来的客人高声喊道："贺礼不满千钱的，坐在堂下。"当时，县令在公堂上设宴款待客人，还不像后世那样，以客人的身份高低排定座次，而是以贺礼的多少为序。刘邦来之前就打定主意，要在酒宴上显示一下自己的才干，绝不能错过这个露脸的机会，于是一本正经地递上名刺，同时大声唱道："贺钱一万！"实际上他分文没有。

吕公听说来了一位贺钱上万的贵客，又惊又喜，急忙起身把刘邦迎进大堂，邀至上座。吕公素来善于相面，看着刘邦仔细端详，只见他宽宽的额头，高高的鼻梁，漂亮的胡须，确实仪表不凡。再见他谈笑风生，举止潇洒，更觉得此人与众不同。这时萧何进来，见吕公对刘邦一脸敬重之情，就过来悄悄提醒他说："刘邦向来爱说大话，不办实事，您可千万别上他的当。"吕公自信地笑笑，并不介意。

待到酒阑席散，客人们纷纷起身告辞时，吕公示意刘邦留下。刘邦会意，坚持到终席。等其他客人都走了以后，吕公对刘邦说："我很早就喜欢为人看相，相过很多人，从来没有见过你这样的贵相，不知你娶亲没有？"

刘邦爽口答道："不怕您老笑话，只因囊中羞涩，至今尚无妻室。"

吕公接着说："我有一个女儿，名叫吕雉，字娥姁，年已及笄，想许配给你做妻子，请你不要嫌弃。"

刘邦对吕雉的容颜已有所闻，只是可望而不可即，听吕公这般说来，当即翻身下拜，欣然应允，这桩婚事就算定了下来。

吕公送走刘邦，转身见妻子正一脸怒气地望着自己，忙问发生了什么事。妻子怪罪说："你经常和我讲娥姁有'贵人'相，将来一定许配贵人，为吕家带来好运。如今沛令对我们有恩，来为他家公子求婚，你都婉言谢绝，可今天却要无端地许配给刘邦这个穷光蛋。"

吕公正在兴头上，耐心地对老伴解释道："这些事哪是你妇道人家晓得的，你就相信我的眼力吧。刘邦乃大器晚成，将来一定发迹。沛令虽然有恩于我，但他一脸淫气之中暗含凶兆，将来不会有好结局。"妻子拗不过丈夫，只好作罢。

刘邦一个铜钱没花，不仅白吃了一顿酒饭，又唾手得到吕家如花似玉的二小姐，真是喜从天降，于是忙把这一特大喜讯告诉萧何、樊哙等人。萧何调笑说："真个老天有眼无珠，像刘邦这种靠打野食混日子的人，竟也能交上桃花运。唉，只可惜一朵鲜花插到牛粪上了。"

樊哙一本正经地说："谬哉！谬哉！刘兄胸襟豁达，广交英雄豪杰，日后定能成大业……"

萧何逗趣道："咂、咂，不晓得这狗屠什么时候也成豪杰了！也罢，也罢，如今刘季娶二妞，你樊老弟也找吕公相相面，看能不能把老三嫁给你。"

樊哙挺起脖子，很不服气地回敬一句："这也未尝不可能，咱们骑驴看唱本——走着瞧。"这本是一句笑话，许是天公捉弄人，事隔不久，吕公还真的把三女儿吕嬃嫁给了樊哙。

刘邦跟吕雉成婚后，继续在泗水做亭长。吕雉在丰邑家乡侍候老人，因刘家并不富裕，仅靠几亩薄田维持生计，故也常到田间做些农活。新婚伊始，小两口恩恩爱爱，日子过得还算红火。吕雉虽出身大户人家，可也并不娇气，家里家外的事儿经她料理，都井然有序，有条不紊。又心灵手巧，生性妩媚，把个刘邦惹得隔三差五就告假回家，夫妻俩便天天厮守在一起，如胶似漆，没多久就喜得一女，就是后来的鲁元公主，赵王张敖的妃子。过了三年，又生下一子，取名刘盈，就是后来的汉惠帝。

刘邦有职在身，总不能天天往家跑，亭长的事情又不多，除了以酒会友，便也寂寞难忍，所以新婚不久，便又经常到烟花柳巷闲逛。凑巧有一曹姓女子，生得小巧玲珑，冰肌玉肤，又性情放荡。刘邦偶与交欢，就爱不释手，大有相见恨晚之慨。如此一来二去，那曹女竟早于吕雉怀上孩子，生下一男，取名刘肥。后来刘邦做了皇旁，仍念念不忘旧情，乃封刘肥做齐王，封地广至七十城。由此可见刘邦与曹女之间的关系，绝不同于一般的逢场作戏，以至人们都称曹女为刘邦的"外妇"，只差没有娶进家门做庶妾。

秦朝的时候，许多原始状态下的婚姻习俗还不同程度地保留着，男女之间的交往尚有很大的自由度。比如春秋时期，存在一种名为"观社"的节庆形式，就是在每年规定的节日里，凡是成年男女，都可以摆脱现行道德伦理的约束，随意出行交游。进入战国以后，尽管各诸侯国不再以节庆的形式加以提倡，甚至严令限制，但在人们的价值观念和行为观念上，并不以此为非。《汉书·地理志》在记载战国至汉初各地礼仪风俗的差异时，就多次提到"为倡优""男女淫乐""好声色""其民淫泆"等陋习。秦始皇统一六国后，为了校正风俗，禁绝淫泆，曾设置专吏，掌管教化，并颁布法令，严禁"奸私"。秦始皇在数次东巡的过程中，也把整齐风俗作为他出巡的目的之一，比如在《泰山刻石》中有"贵贱分明，男女礼顺"的字句；《会稽刻石》有"防隔内外，禁止淫泆，男女洁诚"等说辞。秦王政二十年（前227），南郡太守也下令所属县、道啬夫（即县令、长）说："乡俗淫失（逸）之民不止，是即法（废）主之明法，而长邪避（僻）淫失（逸）之民。"要求"以道教民，去其淫避（僻）"[①]。但秦朝享国时间太短，它所倡导的礼俗改革好比一阵微风吹过，使人略感凉意便又一切如常。所以，刘邦跟曹女这段"婚外恋"，虽违于礼却合于俗，并未引起当时人作任何道德评价，司马迁也不过将之作为一则历史材料而记录下来。

过了几年，刘邦的日子就不能像以前那般潇洒自如了。原来，秦法日益繁苛，用刑严酷，老百姓触法收监的越来越多。说到秦法，就不能不提到商

---

①《睡虎地秦墓竹简·语书》，文物出版社1978年版。

鞅，早在秦国商鞅变法（前359）以后，秦法就以酷烈昭著于世，法律条文繁于如荼。商鞅还首创"什伍连坐"之律，一人犯法，举家连坐，邻里蒙难。另据1975年在湖北云梦出土的《睡虎地秦墓竹简》可知，秦法之烈，中外罕见。比如有律文规定："五人盗，臧（赃）一钱以上，斩左止，有（又）黥以为城旦。"就是说，如果有五人共同行盗，赃物超过一钱，就要断去左脚，并在脸上刺字，判为城旦（刑徒名，刑期六年）。甚至有人偷摘别人的桑叶，赃物不到一钱，也要被罚服徭役三十天。加上秦始皇过分迷信法律的作用，"事皆决于法""专任狱吏"，从而把战国时期法家学派主张的法治思想推向极端。在这种条件下，蒙冤定罪的囚犯多得数不胜数，走在大街上的行人有一半穿着罪人的囚衣，老百姓和官吏之间的对抗情绪不断升温，常有秦吏被暗杀的事件发生。

刘邦好歹也算是一个地方小吏，免不了要履行一些侦查、逮捕人犯的职责，所以，吕雉在家总是寝食不安，担心丈夫在外发生什么意外。刘邦每次回家，吕雉都要对他千叮咛万嘱咐，让他得饶人处且饶人，并常对他说："秦始皇刚刚统一海内的时候，老百姓都希望能过上好日子，可如今'男子力耕不足以供粮饷，女子纺绩不足以供帷幕'，被处死的人堆积如山，大路上服刑的人络绎不绝。这样下去，秦的气数恐怕很快就要尽了，你可千万不要再替那始皇老儿卖命了，以免充当替罪羊。"刘邦每闻此言，内心都倍感惊奇，对吕雉的深爱，又增添几分敬重。

秦朝统治极为残酷，在统一后的短短十几年内，大肆征发兵役徭役，北伐匈奴，筑长城；南平百越，戍五岭；修骊山陵，建阿房宫，开"直道"，从咸阳经云阳（今陕西淳化西北）直达九原（今内蒙古包头西），修"驰道"，以咸阳为中心通往全国各地，东穷燕齐，南极吴楚；周边卫戍，漕粮转运。动用民力总计不下三百万人次，约占当时全国总人口（约为二千万）的百分之十五以上。真可谓征发如雨，役比溪涧，"乱狱纠纷，俎烹车裂，黔首（老百姓）穷愁，饮泣永叹"。这些举措虽不乏利国利民的国防性设施，但秦始皇不顾统一后老百姓刚刚解甲归田，民力疲惫，物资匮乏等现实，急功近利，好大喜功，从而极大地加重了人民的负担，超出了小农经济所能承受的界限，使人民群众反秦的呼声一浪高过一浪，一时谣言四起，锋芒直指秦始皇。如有民谣说："阿房阿房，亡始皇。"诅咒秦始皇早点驾崩；原楚地则到处流传着"楚虽三户，亡秦必楚"的预言，以示人民反秦复国的决心……

"西楚"这一带，土地贫瘠，人口众多，人民生活困苦，迁徙流动也比较频繁，老百姓怨声载道，不少人为生计所迫，纷纷起为盗贼。沛令自然不敢懈怠，下令属吏，密切注视民间的活动。这样一来，刘邦更加身不由己，难得有机会回家看望娇妻爱子了。

据说有一次，刘邦抽空回家探亲，走到村外自家地界，却见吕雉正站在路边，两手交叉扶锄撑着下颌，神采奕奕地在那窃笑。刘邦一时摸不着头脑，忙问发生了什么高兴的事儿。吕雉被他的问话吓了一跳，回身见是丈夫，非常神秘地说："哎呀，你回来得正好，刚才有一老者经过，向我讨点水喝，我怜他年老，就特意给他取了些东西吃。老人吃过后问起我的家世，我就向他略述一二，他竟慈祥地微笑道：'我一向擅长相术，如夫人相貌，日后定是天下贵人。'我听后又惊又喜，忙把盈儿叫来请老人给相相面。老人端详一会儿，惊喜地说：'夫人所以贵者，便是因有此儿。'你说这事怪是不怪。"

刘邦听后，心里直犯嘀咕，始皇帝不是说过"东南有天子气"吗，难道会应在我刘邦身上？于是急切地问老人去了多久。吕雉说刚走一会儿，也许不会走得太远。刘邦顺着妻子所指的方向大步追去，未行里许，果见老人正踽踽前行，遂抢步上前施礼，恳请道："老丈善相，可否为我相上一面？"

老人抬头将刘邦上下打量一番，徐徐说道："适才我在村头遇见一位夫人及两个孩儿，想必是足下的家眷吧！"刘邦惊言："老丈何以晓得？"

老人说："夫人子女都为贵相，都是因足下得贵，足下的相貌可谓贵不可言也。"

刘邦欢喜地答谢道："将来诚如老丈所言，一定不敢忘了您的恩德。"

老人摇头笑道："我平生为人相面，向来不图施报。"说完抬腿便走，转眼已不见踪影。

后来刘邦称帝，派人四处打探老人的行踪，竟无人知晓。

二

秦始皇缔造的统一大业，虽然立国短促，但历史地位十分重要。秦始皇建立的统一的封建专制主义中央集权制度，成为历代封建统治机构的基本形式。秦统一后，放弃国家授田制，通过"使黔首自实田"的法律形式确立了土地私有制。秦始皇统一文字的措施，对汉字的演变及文化发展影响深远。他在一系列拓边政策全面胜利后确立的王朝版图，奠定了历代王朝的疆域基础。

与此同时，秦始皇又是一个有名的暴君，他在创造辉煌事业的同时，也为秦的灭亡准备了条件。在秦始皇的暴政中，让后人深恶痛绝的无外乎修骊山陵、建阿房宫、筑万里长城等，其中，尤以万里长城的修建令后人刻骨铭心。

其实，"万里长城"的修建首先是一项国防建设，也是秦始皇留给我们的一笔珍贵的文化遗产。

在人们通常的观念中，大都以为长城是秦始皇统一六国后修筑的，其实，长城早在春秋战国时代就开始修建了。长城作为军事防御工程，是我国古代民族战争的产物。

在我国著名的《诗经》中，有一首题为《出车》的诗歌，其中写道：

王命南仲 / 王命南仲为主将

往城于方 / 建筑堡垒去朔方

出车彭彭 / 兵车挺盛向前行

旂旐央央 / 龙旗旐旗鲜又亮

天子命我 / 天子出令派遣我

城彼朔方 / 去筑堡垒到北方

赫赫南仲 / 赫赫威武好南仲

猃狁于襄 / 扫除猃狁安边疆

猃狁是西周时期生活在中国西北部的一个游牧民族，有学者认为即战国秦汉时期雄居北方的匈奴。这首诗反映的是周宣王在位（前827—前782）时，派南仲为主将，率领将士们去朔方筑城，防御猃狁的侵犯。"城彼朔方"的城，指的是军事防御工程，可以说这就是长城的前身。

周平王东迁洛阳以后，周王室逐渐衰弱，从此进入群雄争霸、互相兼并的春秋战国时代。在此期间，一些较强大的诸侯国用武力兼并小国，大国之间也互相争夺土地，经常发生战争。为了防御强国和邻国的征伐，各诸侯国先后在各自领土的边界上修筑长城，进入战国后期，在我国中原辽阔的土地上，东西横亘、南北纵贯着许多道长城防线。秦始皇所筑万里长城，就是在秦、赵、燕三国北边原有长城的基础上修建起来的。

秦国长城。秦昭王在位（前306—前251）时，活动在北方（今内蒙古西部河套、阴山一带）的游牧民族主要有义渠、林胡和楼烦。义渠对秦国威胁最大，昭王发兵北征，消灭了义渠，设置陇西、北地、上郡并修筑长城以拒胡。这道拒胡长城，大约西起今甘肃岷县，沿洮河、黄河北上，东穿六盘山，经宁夏的固原，折向东北再经甘肃的环县、庆阳，陕西的横山、榆林、神木，进入今内蒙古河套鄂尔多斯地区，蜿蜒曲折，与黄河天堑紧相连接，长达3000余里。

赵国长城。赵武灵王在位（前325—前299）期间，对军制进行改革，令国人改穿行动灵便的"胡服"，让士兵学习"骑射"，组建了一支强大的骑兵部队，陆续攻伐中山、林胡、楼烦，国势大盛。赵国的疆土扩展到燕代、云中、九原，据有漠南广大地区。分别设置了云中、雁门、代郡，并修筑了长城。这段赵国北部长城，东起于代（今河北蔚县），经云中、雁门（今山西北部），向西北折入阴山，一直绵延至高阙（今内蒙古乌拉山与狼山之间的豁口），长约1300里。如今在大青山、乌拉山、狼山之间，还断断续续存有赵国长城的遗迹。

燕国长城。燕国地处北边，地小民寡，是个弱小的国家。燕昭王在位（前311—前279）时，励精图强，攻伐东胡，疆土向东北扩展千余里，并自造阳至襄平修筑了拒胡长城。燕长城西起河北张家口东北，行经独石口、围场，穿过内蒙古赤峰、辽宁阜新，越医巫闾山，渡辽河东至开原，南经宽甸达于鸭绿江边，全长 2400 余里。

秦王嬴政即位后"奋六世之余烈，振长策而御宇内"，从公元前 230 年到公元前 221 年，在短短的十年时间内，先后灭韩、魏、楚、赵、燕、齐六个诸侯国，结束了 250 多年诸侯纷争、割据的局面。然而就在秦国与六国征战期间，北方的匈奴族在头曼单于的率领下乘机逾阴山，越过赵国长城，渡黄河向南，侵占了河套及其以东地区；向西侵入秦国长城，劫掠陇西、北地（今甘肃宁县西北）、上郡各地。距秦都咸阳只有数百里，匈奴铁骑二日可达，对咸阳及整个关中地区构成极大威胁。而且，匈奴人不分男女老幼皆能纵马驰骋，拉弦以射，性情剽悍，行动飘忽，对北部中国的农业区域破坏性极大，这些都不能不使统一后的秦王朝十分重视。

秦、赵、燕三国所筑拒胡长城以北地区，当时被称为塞外地区。塞外地区土壤贫瘠，不宜农耕，边境数千里，荒无人烟，气候寒冷，朔风振漠，黄沙接天。军队远戍边地，不仅生活艰苦，就连器甲、粮草、服饰、帐幕等军需补给，因路途遥远，运输起来也十分困难。

秦始皇为了维护国家的统一，保护北部农耕经济区域的安全，决定倾尽全力修边筑防。但当时严峻的形势决定了只有将匈奴远逐塞外，才能求得边境的安全。为此，秦始皇于公元前 215 年派蒙恬率 30 万大军北征匈奴。秦军兵分两路，主力军由上郡经榆林（今内蒙古准格尔旗）进入河套北部，另一路出萧关（今宁夏固原东南）进入河套南部。从夏秋之际到初冬时节，即将河套地区的匈奴扫荡清除，蒙恬率军乘胜推进到黄河南岸驻防。

公元前 214 年初春，蒙恬率主力军从九原（今内蒙古五原）北渡黄河，攻占高阙与陶山（今河套西北的狼山）；另一路秦军西渡黄河，攻占贺兰山。匈奴慑于秦军的威力，被迫向北方远遁。

为了防御匈奴再度侵扰，秦始皇命令蒙恬继续驻防北疆，修葺、连接秦、赵、燕三国原有长城。大约经过五年的艰苦施工，终于完成了西起临洮，东至辽东，长达万余里的宏伟工程，构成了北方和西北方的坚强防线。

前已述及，构筑长城的直接目的是用于抵御北方游牧民族南下。游牧民族长于骑射，但攻坚步战则非所长。横亘在剽悍骑兵面前突兀而立的城墙，迫使其弃长就短，失去优势。而且从战略布局上看，长城亦非一线排开简单孤立的城墙组合。它由点到线、由线到面把军事重镇、关城、隘口有机地联结起来，并于沿线设立障、堡、敌台、烟墩（烽火台），互为掎角，构成完整的防御体系。即使某一地段失陷，也能滞缓敌军行动，迅速集结兵力，重新组织有效抗御。故史书称：秦"北筑长城而守藩篱，却匈奴七百余里，胡人不敢南下而牧马"[1]。

当时没有先进方便的机械用以运输材料和进行施工，所以都是就地取材。秦代长城多用土板修筑，即在筑墙时，用两板相夹，把和好的泥填置其中，然后用杵夯实。当时修筑长城实行的是分段包干，限期完成，民工们白天顶着炎炎烈日，晚间还要继续挑灯夜战，渴了没有水喝，饭也吃不饱，不知有多少人惨死在这里。

长城的修筑，加深了人民的苦难，对秦末农民起义斗争起到了催化的作用。笔者的故乡在长城东部起点附近，从小就听到不少关于长城的故事：什么秦始皇为了强迫民工多干活，把太阳用竹竿撑起来，十天合为一天用；什么孟

---

[1] 贾谊《新书·过秦上》。

姜女哭倒长城八万里……在冀东北部蜿蜒数百里的长城的每一个缺口，都是孟姜女哭倒的，等等。山海关附近有姜女庙、望夫石，海中还有姜女坟。

孟姜女哭长城，是我国流传最久也最广的民间故事之一，在许多文艺形式中都有保留。戏剧中有《孟姜女》(《哭长城》《万里寻夫》《杞梁妻》)，传统说部中有《孟姜仙女宝卷》《长城记》等传奇，民间的口头传说则更多。关于孟姜女的出生地，就有长清、安肃、同官、沣州、务州、乍浦、华亭、江宁等多种记载。不少地区保留着孟姜女遗迹，姜女坟也不止一处，姜女祠则有山海关、古北口、潞安等多处。其中，山海关附近的一系列姜女遗迹，向来被认为是正统的遗留，那里有不少封建仕宦文人以至帝王的碑楣题记，如传为文天祥撰的楣联曾这样写道：

秦皇安在哉万里长城筑怨

姜女未亡也千秋片石铭心

其实，孟姜女的故事，仅仅是传说而已。不但今日山海关一带的长城根本不是秦的长城，而是明朝所修，就是秦时辽东部分长城也不过是将燕、赵长城连接起来而已。

据学者考证，孟姜女的故事是由春秋时齐国"杞梁妻"的故事演变而来，本来跟秦修长城无涉，后人所以把它和秦长城牵扯到一起，正是由于秦筑长城在人民的心中留下的创痛太深太烈的缘故。

"杞梁妻"的故事最早见于《礼记》《孟子》《左传》等书中。到西汉末刘向著《列女传》时，已经是一个相当完整的故事了。《列女传》载，春秋时齐国大夫杞梁（殖）随齐庄公与莒国作战，不幸战死，他的妻子痛不欲生，扶夫尸哭于城下，诚感上天，十日而城崩倒，杞梁妻遂投淄水而死。这是发生在秦修长城数百年以前的事，杞梁（殖）也不是累死的役人，而是个战死的大夫，故事的中心思想是宣扬杞梁妻的殉夫知礼。这个故事到后唐马缟著的《中华古今注》中，杞梁妻哭倒的城虽已指为长城，但也不是秦长城而是齐长城（在今山东境内）。总之，从《左传》到《中华古今注》，都还认为杞梁妻是春秋时齐国人，而不是秦朝人。

大约在唐代，另一个杞梁妻，即秦时的孟姜女的故事，也在形成了。传世《敦煌变文》中，已经有了孟姜女的名字和她的故事。其中记道：

> 谁为忽遭槌杵祸，
>
> 魂销命尽塞垣亡。
>
> 当别已（以）后到长城，
>
> 当作之官相苦克。
>
> 命尽便被筑城中，
>
> ……
>
> 妇人决列（烈）感山河，
>
> 大哭即得长城倒。

唐代诗歌中也有了相应的故事，僧贯休《赋杞梁妻》云：

> 秦之无道兮四海枯，

筑长城兮遮北胡。

筑人筑土一万里，

杞梁贞妇啼呜呜。

这里已经明指杞梁为秦代人，因筑万里长城致死，他的妻子孟姜愤而哭倒长城。至于与后来流传的孟姜女故事相近的记载，大约至迟在宋代已经形成。据《琱玉集·感应篇》引《同贤记》所载，杞良因为逃役，误入孟起家的后园，正值孟起女儿仲姿在池中沐浴，孟起不得不将女儿嫁给杞良。后来杞良被征发服徭役去修长城，被主典官打死，尸体被筑于城墙之内。仲姿千里寻夫，哭倒长城，滴血认骨，携遗骨归葬。以后有关孟姜女的故事，基本与此相同，只是杞良的名字有时写成范杞良或范喜良。金以后，有关的戏剧也陆续出现，金院本有《孟姜女》，元杂剧有郑廷玉的《孟姜女千里送寒衣》，明《永乐大典》中也保存了《孟姜女送寒衣》的戏文。

由上可见，孟姜女的故事，是广大群众千百年来不断加工塑造出来的完美艺术形象，它虽然是由齐国"杞梁妻"的故事演变而来，但根植于封建专制主义暴政和劳动人民反暴政的基础之上。秦筑长城从历史过程来说，是合理的和积极的，但在当时却极大地加深了人民的徭役负担。劳动人民除了通过起义斗争的形式，同时也通过文艺形式进行反徭役的斗争。比如，早在汉代就出现了有关长城的歌谣，《乐府·饮马长城窟行》中写道：

生男慎勿举，

生女哺用脯。

不见长城下，

尸骸相支拄。

汉末大文豪陈琳也痛快淋漓地写道：

饮马长城窟，水寒伤马骨。

往谓长城吏，慎莫稽留太原卒。

官作自有程，举筑谐汝声。

男儿宁当格斗死，何能怫郁筑长城。

长城何连连，连连三千里。

边城多健少，内舍多寡妇。

作书与内舍：

"便嫁莫留住，善待新姑嫜，

时时念我故夫子。"

报书往边地：

"君今出语一何鄙！身在祸难中，

何为稽留他家子。

生男慎莫举，生女哺用脯。

君独不见长城下，死人骸骨相撑拄。

结发行事君，慊慊心意关。

明知边地苦，贱妾何能久自全。"

这两首诗歌极其尖锐地揭露出：秦的长城是用无数农民的尸骸堆起来的。由于秦筑长城在整个封建徭役征发中都具有典型性和代表性，所以人民以文艺形式对它进行鞭挞就绝非偶然了。后人以此为基础，附会了齐国"杞梁妻"的故事，最后终于导演出"孟姜女哭长城"的故事。

三

秦始皇三十四年（前213）年初的一天，刘邦借公差绕道回了趟家，一进门就看见吕雉正在那忙忙碌碌翻箱倒柜，像是在找什么东西，两个孩子也虎着脸跟着瞎折腾。刘邦不知个中情由，一脚门里一脚门外地嚷道："我的内当家，你家主公大老远跑回来看你，你不快点打水为我洗沐洗沐，在那穷折腾个啥？"

吕雉直起腰见刘邦回来，一反往常的惊喜，也忘了扑到丈夫怀里撒娇，煞有介事地说："你没见街上贴的告示？听人说，上面写着：如果有人敢私自藏匿《诗》《书》等诸子书不上交官府的，是要杀头示众的。也不知咱家有没有这类东西。"

刘邦一听，哈哈大笑，自我解嘲道："要找喝酒的家当我还有点，至于那些儒生读的什么《诗》《书》之类，给我我也不稀罕，你不必劳神去找了。"

吕雉听刘邦说得这么肯定，不服气地从儿子手里拿过几支木简，指着上面的几行隶体文字说："你说家中没有，这是也不是？"

刘邦瞄一眼上面的文字，带着几分挖苦的口气说："夫人，好歹你也是个大家闺秀，竟连上面写的法律条文也不识得？"

吕雉难为情地说："妾身自幼学女红，斗大的字不识几个，何况所识的字都是楚文，自然不认识简上的秦文，看来日后还真要抽空认认秦字了，也不枉做你亭长大人的夫人了。"

刘邦忙解释说："夫人请别误会，以后也用不着为我的一句玩笑去劳神，我早说过'读书无益'！'读书无益'！那些啃书本的人自以为比别人多读了几卷书，就不把国家法律放在眼里，今天说这不是，明天又说那也不是，皇上早该下令封了他们的嘴，以免妖言惑众。书是该烧！书是该烧！"

那么，这次秦的"焚书"令是怎么来的呢？原来，十几天前，秦的博士官淳于越在一次官廷宴会上，向秦始皇提出了一个"师古"分封同姓王以为屏藩的建议。理由是：六国初破，燕、齐、楚地距京师十分遥远，如果不分封子弟为王去镇守，一旦发生春秋末"田氏伐齐""六卿分晋"一类的突发事件，京师之外没有亲王领兵相救，恐怕秦的江山就坐不稳了。这本来是一个采取什么样的政体模式更有利于巩固政权的问题，可丞相李斯却片面地把它引向思想文化领域的学术之争，并将之与现实中社会舆论对秦政的批评联系起来，认为老百姓的反秦情绪是被诸生（诸子百家学者）煽动起来的，诸生议政是由于学派林立，私学存在。因此建议焚烧《诗》《书》等诸子百家的著作，规定限期内（30天）不烧者，黥（脸上刺字）为城旦；私下谈论《诗》《书》等百家语者弃市；以古非今者夷三族；文化教育以《秦律》为课本，由官吏任教师。秦始皇采纳了李斯的这一极端的文化专制主张，颁令在全国范围内执行，于是一场史无前例的"焚书"之火就被肆无忌惮地点燃起来。

问题是，秦始皇为什么要采取"焚书"这种极端的文化专制主义政策来统一思想呢？我们认为，从文化学的角度来说，无外乎有以下几个方面的原因。

其一，秦人"重功利、轻伦理"的价值观是秦代推行文化专制政策的传统基因。

秦原是一个地近西戎的游牧民族，接受的是"戎翟之教"，直到公元前770年才被周平王封为诸侯。秦由文化落后的"狄秦"最后统一中国，同它接受并改造了东方各国的先进文化是分不开的。而秦吸取东方先进文化的整个历程又与春秋战国时代的争霸与兼并战争相始终，这种特定的外交环境同秦国历代君主的危亡意识相结合，培育出秦人在吸收诸国文化时追求实效和急功尚利的性格，对诸国文化采取的是一种定向式的输入方式。所谓定向是指秦对东方文化的输入主要以实用性、示范性较强的物质文化和制度文化为主，而没有或很少输入精神文化。如秦在周化阶段（襄公至献公），在接受周文化的层面上主要以物质文化（如农耕文化、青铜文化等）为主，而对周的精神文化如敬天法祖的宗教观念、重民意识，制度文化如宗法制度、礼乐制度等都没有吸收。秦在法家化阶段（孝公至秦统一），由于法家的农战思想适应了秦人对外在的"功利"追求的意向、时尚和趣味，使法家理论在秦国得到了全方位的贯彻，建立起取之六国又高于六国的制度文化。但在精神文化方面，因为各种奖赏、惩罚政策的刺激，也使秦人形成了"尚首功""寡义趋利""刻薄寡恩"的功利主义价值观，在人与人之间形成了赤裸裸的利害关系。

由此可见，秦国历代统治者在功利主义价值观的支配下，只注重吸收和发展物质文化和制度文化，而轻视精神文化；在精神文化建设中，只片面强调法令、法规等强制作用，而忽视宗教、伦理等意识形态的规范、调节和稳定功能，这就必然使秦人逐渐形成一种"重武轻文"的文化传统。而某种文化价值体系一旦形成民族的、社会的传统，就会积淀为该民族或社会的一种潜在的思维定势和行为定势，就会对所有社会成员的思想观念、价值取向、行为趋向发生重大影响。

秦始皇统一全国后，在制度建设上取得了不可否认的重大成就，正如谭嗣同所说"二千年来之政，秦政也"。在思想文化方面，对伦理道德、文治教化的社会功能也开始有所体认，但始终摆脱不了重武轻文的功利主义传统的影响，虽置七十博士，却"特备员弗用""事皆决于法"，这一直是他施政的主旋律。在他看来，法律和暴力不仅可以规范人的社会行为，而且可以规范人的社会心理甚至宗教信仰，道德教化显得黯然失色，沦为法律的婢女。他并没有真正认识到"夫并兼者高诈力，安定者贵顺权"这一"取与守不同术"的道理。在这种条件下，思想文化领域一旦出现与现实政治相冲突的舆论，重武轻文的传统力量就会驱使他不惜动用武力去解决思想争端。

其二，韩非提出的极端专制的文化主张是秦代推行"焚书"政策的思想来源。

"焚书"，无疑是一种极其野蛮的文化虚无主义行为，从思想认识上说，它来源于韩非在《五蠹》篇提出的"故明主之国，无书简之文，以法为教；无先王之语，以吏为师"的主张，而这一主张之所以在统一不久的秦王朝被付诸实践，自然和秦社会的文化氛围密不可分。

众所周知，战国时代文化发展的最一般特征是在人文精神的旗帜下以地域性为特征形成了不同的文化圈，这些文化圈往往与学术思想领域的各个学派相对应，不同的学派在一定程度上体现了不同地域的文化特征。但从文化功能论的角度说，各个学派未必就是其赖以产生与流行的文化圈的主文化。法家思想自战国中期以后相继在各国取得支配地位，成为各国普遍奉行的统治思想，当然就是所有文化圈内"占统治地位"的主文化，其他学派尽管有的一时号称"显学"，但只能是以学派为特征的亚文化。在东方六国，由于私学兴盛，学派林立，不仅游说求官的士阶层各执一端，就是一些柄权执政者也各善其私学，参议时政，这就使六国文化存在一种亚文化制衡主文化的文化结构。秦国则不然，自孝公用商鞅，以刑法为教，妇孺皆言商君之法，在占统治地位的法家思想之外，不存在任何以学派为特征的亚文化。这使秦国不仅缺少亚文化对道德规范和行为规范的调节，而且缺少亚文化对法家思想主张的制衡，使秦国在统治思想的选择上变得偏狭固执，缺乏应时选择的灵活性。这种历史形成的偏执症表现在文化政策上，就是对诸子思想的抵制与排斥；吕不韦相秦时虽然对此多少有所改变，但并没有使秦国法家一元文化结构发生转型。因此，当诸子思想因某种契机直接与现实政治发生冲突，危及其专制统治时，秦始皇必然接受韩非的极端文化专制主张，采取"焚书"措施。

其三，秦代的文化专制政策归根到底是其专制政治的必然产物。

任何思想意识都是对现实存在的反映，任何意识形态领域的斗争也必然是现实政治斗争在观念形态上的直接映现。秦"焚书"的导因从表面上看起于淳于越议封建，其实这只是借口，是契机。作为引发秦"焚书"政策出笼的直接导因是意识形态领域对秦政的批判，而导致这种舆论批判的根本原因则是秦政的暴虐。

秦始皇为实现其专制独裁统治，不仅把韩非的君主独裁、严刑峻法等思想主张作为施政大纲，而且把阴阳家的五德终始说渗进法家理论之中，以为秦为水德，而水德主阴，在政治上表现为残酷的刑罚，这就使法家学说反映出来的对农民的残酷剥削与血腥镇压政策更"合理"地付诸实践。以至"赋敛重数，百姓任疲，赭衣半道，群盗满山"。这种严峻的阶级斗争形势理所当然地首先在意识形态领域反映出来。

针对秦始皇的"举措暴众"行径，士人从不同学说角度提出批评，阐发各自的政治主张，理应有助于秦代统治者对施政有所反省，有所更张，而不是欲加之罪。可秦始皇和李斯却错误地认为：人民的反抗意识是被诸生煽动起来的，"今诸生不师今而学古，以非当世，惑乱黔首"，而认识不到或不愿承认是被其暴政激起的；诸生议政是因为私学的存在，"私学而相与非法教，人闻令下，则各以其学议之"，而认识不到"各以其学非法教"，是由于刑罚太繁太苛造成的。为此，要巩固专制主义中央集权统治，必须在思想文化领域实行专制。在统一思想的途径上，由于受传统价值观的左右，受秦文化氛围的影响，使秦始皇只能采用韩非的文化专制主张，禁私学，焚其书，钳其口。因此说，秦代的文化专制政策不过是秦始皇君主专制政治在思想文化领域的进一步扩大，有其内在的历史必然性。

转过一年，萧何、樊哙等人到刘邦家做客，席间又讲述了这么一件惊世骇俗的事情。话说秦始皇晚年，幻想自己能长生不老，于是不惜重金募求燕、齐一带的方士为他寻找仙人仙药。所谓方士起源于原始社会的巫术，当时人们受社会生产力和科学知识的限制，误以为上天主宰着人间的一切，往往通过卜筮之类的活动来沟通天人关系，并通过祭祀活动来消灾祈福。到了战国以后，一些修方仙道的人，自诩能把人的灵魂从躯体中解脱出来，能接近鬼神。因此，燕、齐沿海地区就出现了一批讲神仙术的方士。他们声称：渤海中有三神山——蓬莱、方丈和瀛洲。山上的宫阙都是用黄金和白银筑成的，住着长生的神仙，仙人有不死的奇药。秦始皇出巡海上，听信方士之说，曾派齐人徐市（即徐福）带五百童男童女入海寻求，结果徐市一去不复返。公元前215年，秦始皇东临碣石（今河北秦皇岛附近），又派燕人卢生去寻仙人的不死之药。仙人和不死之药世上当然不存在，按秦法：所献之方无效验者，就要处以死刑。卢生和另一方士侯生数年来尽管通过种种手段迷惑秦始皇，但真相迟早要暴露，于是卢生跟侯生相谋说："皇上专断暴戾，以刑杀为威，不如早日脱逃。"两人主意一定，遂挟带骗取的金银财宝逃之夭夭。秦始皇听到这个消息，气得差点背过气去，遂传令御史，把咸阳城内的方士、诸生抓来讯问。这些白面书生哪里受得住狱吏的严刑拷打，哭爹喊娘地互相告发，株连460余人，都被坑杀于咸阳。

只听萧何叹息道："唉，皇上这般视民如草芥，怕要自己点燃六国旧贵族的复仇之火呀。听说不久前，有一颗陨石落到东郡，立刻有人在石上刻了'始皇帝死而地分'的标语，皇上震怒之下，竟下令把陨石旁边的住户全部屠杀。这样下去，天下怕是又要战乱不休了，那时倒霉的还是我们老百姓。"

樊哙在一旁接着说："兄台有所不知，如今老百姓已经到了忍无可忍的地步，传闻有人在华阴的平舒道（在今陕西华阴附近，北濒渭水，南限华山，为关中通向东方的重要道路），拦住皇上的使臣，诅咒说'今年祖龙（指秦始皇）死'。我看老百姓造反的那一天已为时不远了。"

刘邦沉吟良久，端起酒杯说："不谈这个，不谈这个，杀几个儒生、方士小事一桩，国家的治乱还轮不到我们去操那份闲心。真要有那么一天，我们也非等闲之辈，俗话说'乱世出英雄'嘛。喝酒！喝酒！"

这时吕雉插话说："皇上去年刚刚烧了天下书，今年又拿文人开刀，这不是火上浇油吗！现如今老百姓贺死而吊生，互相告诫说：'生男慎勿举，生女哺用脯。'依贱妾看来，恐怕很快就要发生民变了。你们可要有所打算哪……"

刘邦瞟了一眼吕雉，带着酒气说："这没你女人家的事，妖言惑众是要杀头的，你吃官司不打紧，别连累萧老弟他们知情不举。"

吕雉见丈夫有些微怒，想说这也没有外人之类的安慰话，可话到嘴边又咽了下去，讪讪地到厨房忙去了。萧何望着吕雉的背影，悄声对刘邦说："夫人不仅做事干练，头脑也不简单，你老兄可真有福分哪。"刘邦笑笑没吭声，又招呼大家喝起酒来。

从上述对话中不难看出，秦始皇晚年的"焚书坑儒"之举，不失为加速秦王朝灭亡的重要因素之一。因为秦的"焚书"必然造成秦代统治文化与关东地域文化的冲突，造成原六国人民在文化心理、文化情感等方面与秦朝的强烈对立，特别是把六国文化的载体——诸生推向自己的反面，使之成为宣传反秦的吹鼓手。比如陈胜起义之后，就有孔子的八世孙孔鲋抱着孔子的礼器，往投起义军，当了陈王的博士。正如《盐铁论·褒贤篇》所说："戍卒陈胜奋于大泽，不过旬月，而齐、鲁儒墨缙绅之徒，肆其长衣，负孔氏之礼器诗书，委质为臣。"文人纷纷弃笔从戎，不仅使农民起义军有了明确的斗争口号和目标，而且增强了军事作战的计谋和策略，从而缩短了反秦斗争取得胜利的历史进程。

秦始皇三十七年（前210），始皇帝在最后一次出巡返归的途中，病死于沙丘（在今河北广宗）。中车府令赵高控制了嬴政的小儿子胡亥，胁迫利诱丞相李斯，伪造遗诏立胡亥为二世皇帝，又矫诏赐正在上郡（治今陕西榆林东南）监军的长子扶苏自杀。

秦二世元年（前209），朝廷颁布诏令，从全国各地征发大批刑徒（多为触犯秦朝法令而被罚苦役的贫苦农民）西至骊山（今陕西临潼东南），添筑秦始皇的陵墓。

提起秦始皇的陵墓，人们很自然地会想到秦始皇陵兵马俑。秦俑坑一被发现，就受到中国国内的高度重视，甚至引起了整个世界的震惊。1978 年 9 月，法国总理希拉克参观了秦俑坑，说："世界上有了七大奇迹[①]，秦俑的发现，可以说是八大奇迹。不看金字塔，不算真正到过埃及；不看秦俑，不算真正到过中国。"新加坡《联合晚报》的报道中称兵马俑发现后，"连访问北京的各国领导人或元首，都以前往西安参观兵马俑为一大乐事"。

其实，秦始皇陵兵马俑坑，仅仅是始皇陵的附属建筑之一，而整个陵园的地上建筑和地下建筑在当时可以说富丽堂皇、高大雄浑、气派壮观。

秦始皇陵的修建，始于秦王政元年（前 246）。《史记》记载："始皇初即位，即穿治骊山。"陵园的地点，位于陕西省临潼区骊山北麓。骊山是终南山的一个支脉，在西安市东二十公里的地方。其主峰在陕西省西安市临潼区南门外，所以也称临潼山。骊山山势高耸，绿树成荫，非常美丽，所以也叫丽山。传说中炼石补天的女娲，便在这里居住，如今骊山上有纪念女娲的老母殿。

骊山与生前的秦始皇还有一点缘分。骊山北麓有温泉，因为温泉中的水流出地面时的温度为 43℃，水中含有石灰、碳酸锰、碳酸钠、硫酸钠、氯化钠、二氧化铝等化学成分，可治皮肤病及风湿症。所以早在周代，周幽王就曾在这里建有骊宫。传说秦始皇曾在这里碰到了漂亮的神女，产生了坏念头，调戏了这位神女。神女大怒，就往他脸上唾了一口。秦始皇因此生了一身恶疮，久治

---

① 所谓世界七大奇迹，是公元前 2 世纪古希腊诗人昂蒂帕特将自己所见过的世界著名地点列出七大奇迹，即埃及金字塔、希腊宙斯神像、莫佐勒陵墓、巴比伦空中花园、土耳其狄安娜女神庙、罗得岛的太阳神像、埃及亚历山大港的灯塔。有人也提出过其他七大奇迹。

不愈。他便去向神女叩头赔罪，神女赐给他温泉洗脸，疮才好了。

北魏郦道元在《水经注》中说"骊山山南产玉石，山北产黄金"，是一个美丽的地方，秦始皇喜欢这个美好的名字，所以把陵墓选在这里。如果从古代风水观点来看，就更有它的深意。金、元时成书的《大汉原陵秘葬经》是一本专讲风水的书，其中指出："立冢安坟，须藉来山去水。择地斩草，冢穴高深。"就是说，建坟的地方要背山靠水，坟建在高处，穴要挖得深一些。这样，山环水抱必有气，有气则兴旺发达。而且，坟在高处，地处开阔，明堂清亮。

陵址选好后，便开始按照规划建陵。修陵的主持人是当时的相邦（即相国、丞相），所以，吕不韦、昌平君、隗状、王绾、李斯都曾主持过这一工程，而由少府具体负责。陵墓从秦王政元年（前246）开始动工，秦统一全国以后，则大量征发人民修陵，最多时人数达72万。陵上高大的封土，是从距秦陵北五里的鱼池村运来的。为了防止骊山山水冲了陵墓，在陵南建有防水堤。修陵所用的石料，是从渭河以北的山上挖取的。当时有一首民歌唱道：

运石甘泉口，

渭水为不流。

千人唱，

万人讴，

金（今）陵余石大如坯（土屋）。

"金陵余石大如坯"，是说有一块遗留下的石头大得像一座房子。据说，原来在秦陵东南二里有一块大石头，形状像个大乌龟，高一丈八尺，周围十八步。这是修秦陵时运到这里，再也搬不动而留下的。后代称它为"悢石"，"悢"就是残忍的意思，也可以写作"狠"。元朝时，因修灞河桥，这块"悢石"才被石匠凿开修了桥。

秦始皇在沙丘死后，尸体被运回安葬在骊山陵墓。秦二世让后宫没有生过孩子的宫人都殉葬，并且活埋了许多修陵的工匠。《汉书·刘向传》说：葬始皇帝时，"多杀宫人，生埋工匠，计以万数"。秦始皇入葬后，秦陵修建工程仍在进行，直到农民起义军攻到戏水时，才被迫草草收工。秦始皇陵前后修了 39 年，规模宏大，仅陵的封土，史书说当时就高达 50 余丈。秦汉时的一丈，约合今 2.31 米，这就是说，它的高度达 115.5 米。经过 2000 多年的雨水冲刷和人为破坏，现在从陵前的碑底实测，它的高度已降到 47.6 米。尽管如此，仍冠历代帝王陵寝之首。

秦始皇陵的地上建筑金碧辉煌，就像一座都城。在高大的封土外围，用夯土筑起内外两重城墙，呈南北向的长方形。城墙的四个角上，建有角楼。封土的北边，是秦陵的寝殿建筑，在墓的一边建寝殿，始于秦始皇，以后历代帝王纷纷效法，也在陵旁建起了寝殿。寝殿，古书也称寝。东汉时蔡邕在《独断》一书中说，古代的帝王在都邑里建有庙和寝，庙是安放祖先神位的地方，寝里设置有衣冠、几杖和日常生活用品，都是祭祀时用的。秦以前不在墓上祭祀，重要节日由君王率领大臣在庙里祭祀。秦始皇在他的墓旁建起寝殿，设置衣冠及生活用品，开始了墓祭。

从寝殿向南，是陵墓中象征宫廷乘舆的地方，即宫中的车马坊。这里曾出土铜车马。秦陵还设有饮官，饮就是饲，饮官即掌管墓主人饮食的官员。古人认为"鬼犹求食"，所以，秦汉帝王除了在宫中设有饮官以外，在陵墓上也设置飲官。在秦陵以东，距秦陵七八里的地方，即现在临潼大王镇的东南，有残存的秦阙。现今仅存一个，残柱高 2 米多。所谓阙，就是古代在宫、庙或墓门外所建的两个高大的柱子。因为阙上建楼，所以也叫阙楼。这里的阙，是秦陵的东门阙，位于秦陵封土的正东。进了阙门，便进入了秦陵的神道，由此看，秦陵的墓道正门是向东的。

秦始皇陵的地下建筑，更是豪华多姿、气派壮观。皇陵的地宫是咸阳宫在地下的缩影，地宫以"纹石"砌筑，堵决地下泉流，并涂以"丹漆"以防潮，东、南、西、北四面还有结构宏大、布局奇特的墓道相通。秦陵地宫现未发掘，内部结构不得其详，但司马迁在《史记》中作过如下描述：

> 始皇初即位，穿治骊山。及并天下，天下徒送诣七十余万人，穿三泉，下铜而致椁，宫观百官奇器珍怪徒臧满之。令匠作机弩矢，有所穿近者辄射之。以水银为百川江河大海，机相灌输。上具天文，下具地理。以人鱼膏为烛，度不灭者久之。

古代的其他文献，如《汉书·刘向传》《水经·渭水注》《三秦记》《三辅故事》等，对秦陵的地下建筑和埋藏也有记载，同《史记》大致相同。

秦陵墓顶以明珠为日月星辰，象征着秦朝统治区内广阔的苍穹。我国古人常把天象和人事结合起来，认为天上的列星与地上人类的祸福有很大关系，所以，历代帝王的陵墓中都有天象的示意，叫星图。秦陵地宫中以水银为江河大海，象征着秦国统治区域的广袤大地。江是长江，河是黄河，海是秦始皇东巡时曾到过的东海。这无疑是一幅秦代的疆域模型图，它用水银作江河，用机械转动，使水银川流不息，如江河奔流。

秦陵地宫中的随葬品非常丰厚，据史书记载，项羽入关后，带着复仇的怒火进军咸阳，一把火烧了咸阳的宫殿，大火蔓延了三个多月，咸阳成了一片焦土。项羽又带兵来到秦陵，命令将士挖掘秦始皇陵，用30万人搬运秦陵地面及地下所能得到的东西，运了30多天还没有运完，又放了一把火烧了多天。1983年，考古工作者在秦陵饲官遗址发掘时，只见几千平方米的地面上，到处是焦土。房上的瓦片，也烧得像发酵的面团一样，又黑又轻。木料就更不用说了，成了一堆堆、一片片炭灰。据说，东汉时有一个牧童在秦陵放羊，羊走进了被乱军挖开的地下穴道。放羊娃便拿着一个火把，进入地穴中去找羊，结果失火，大火烧了90多天，又使地下埋藏受到一定程度的破坏。唐朝末年，黄巢率农民军进入长安，又曾发掘秦始皇陵。可怜千古一帝的秦始皇：

> 生则张良椎之荆轲刀，
>
> 死则黄巢掘之项羽烧，
>
> 居然一抔尚在临潼郊，
>
> 隆然黄土浮而高。
>
> ……
>
> 骊山之徒一火焚，
>
> 犁耙耰杆来纷纷，
>
> 珠襦玉匣取已尽，
>
> 至今空卧牛羊群[1]。

――――――――――――

[1] 清朝诗人袁枚《过始皇陵》。

总之，规模浩大的秦始皇陵，是用劳动人民的血汗堆砌起来的。修陵人的身份，有的是触犯了秦王朝的法律而被称作刑徒的人，被送到骊山来修陵服役；有的是按秦王朝的徭役制度，每年为皇家服一定时间劳役的平民；有的是官府的工匠；有的是征集来的全国各地各行业中有一定技术的人。其中，人数占多数的，还是服徭役的人。他们中很多人是戴着刑具，在皮鞭的抽打下从事繁重的劳役，秦始皇陵就是建筑在这些劳动者的累累白骨之上。正如一首诗中所写：

汉国山河在，秦陵草树深。

暮云千里色，无处不伤心。

——唐　荆叔《题慈恩塔》

如前所述，秦始皇死时，秦王朝已经日薄西山，但它毕竟是始皇帝的陵墓，所以，秦二世才诏令全国，征发大批刑徒至骊山，继续修建秦始皇陵。

沛县县令也接到命令。他心中暗想，你刘邦先前不是夺了我儿之"妻"吗？我当时虽然碍于老友吕公的情面没跟你计较，只是暗中一直没有升迁你的官职，可表面上还得装出若无其事的样子，让别人议论纷纷，着实令我极没脸面，这口窝囊气还一直没机会发泄呢，这下好了，就派你刘邦出这趟公差，让你有去无回，神不知鬼不觉地使我出了这口恶气。

刘邦接到命令，真是哑巴吃黄连，有苦说不出，只好赶回家去打点行装。吕雉见丈夫一脸黑气回来，忙问发生了什么事。刘邦恨恨地说："想不到县令这样心胸狭窄，事情都过了这么多年，他还忌恨前怨，竟派我押解刑徒去骊山。"沛令当年向吕公为儿子求婚的事，吕雉早有所闻，听刘邦这么说，就已明白了其中奥秘，她虽知丈夫这一去，恐怕凶多吉少，但还是强颜欢笑地宽慰说："夫君也不必胡思乱想，这等差事你也不是头一回了，不会有事的，我这就去替你准备。"嘴上虽然这么说，可一转脸早有一行热泪掉在地上。

次日，吕雉把两个儿女交给公婆照管，自己去县府为丈夫送行。来到县衙时，萧何、曹参、任敖、夏侯婴等早在那里等候，县令也带着几个侍从来为刘邦饯行。县令一边笑容可掬地把刑徒名册交给刘邦，说着心照不宣的客套话；一边装作不经意的样子斜一眼吕雉，心中不免感慨万千，没想到这个女子已是两个孩子的妈妈了，可那腰身还像以前那样苗条，再看那脸蛋，虽然留下少许风吹日晒的痕迹，却更显出一股诱人的少妇魅力。刘邦啊刘邦，你小子可真艳福不浅哪。县令的内心独白，早被站在一旁的萧何读个清清楚楚，萧何走过去拉住刘邦的手，故意提高嗓门说："仁兄你就放心去吧，家里的事有我们大家照料，如果有人敢动大嫂的坏心，看我们不扭掉他的脑袋。"县令这边听着，脸上一阵红一阵白，恨不得把个萧何剁成肉酱，可又不便发火，只好又说了几句言不由衷的祝福。

夫妻俩依依话别，刘邦就押着刑徒上路了。吕雉待丈夫走远，终于哭出声来，一面望着渐渐消逝的丈夫的身影，一面默默地为丈夫祈祷：苍天啊，你可要保佑我丈夫平安归来呀！

第二章

斩白蛇刘邦举义

蒙羞辱吕雉脱险

刘邦一行的身影早被耀眼的霞光淹没，吕雉依旧纹丝不动地站在那里远眺着。沛令眼盯盯地瞧着吕雉，一丝淫笑又浮上嘴角，腆着肚子走到吕雉身后说道："娥姁，何必这样伤心，季儿不在，还有我来体贴你呀。"嘴上说着，一只手早已摸了一把吕雉。

吕雉浑身一激灵，转过身来，早已收住眼泪，一身正气，一脸严肃，用一种不可侵犯的语气说："县官大老爷的好意贱妾心领了，大人已经为我们操了不少心了。以后假如有什么灾病丧葬之类的事，还有萧官人、曹官人他们呢，大人就不必费心了。"

萧何、曹参、任敖等人强压着一腔愤怒，七嘴八舌地嚷嚷道："是呀，我们都是刘邦的把兄弟，刘家的事就是我们的事。老爷公务繁忙，就不必为这点小事劳神了。"

沛令讨了个没趣，有气无处发，敷衍几句回府去了。

一

刘邦押着百十号刑徒风餐露宿，一路西行，整天担惊受怕，每一号刑徒都对刘邦暗伏着杀机。刑徒们心里很明白，到骊山服役，等于白白送死。听说秦二世比他父亲还残忍，安葬秦始皇的时候，怕工匠们走漏墓道里各种杀人机关的消息，竟恶毒地把工匠们活活闭死于墓中。秦二世以阴谋手段取得帝位，怕其他兄弟如法炮制，不仅逼死长兄扶苏，鸩杀功臣蒙恬、蒙毅兄弟，而且捏造罪名将20多个兄弟姐妹一并处死。刑徒们本来以为新皇帝即位，会颁下大赦令，所以天天盼着能回家跟妻子儿女团圆，没想到这回又把自己解往骊山，因此，一路上三三两两地凑在一起合计着找机会逃跑。刘邦对刑徒们的内心活动一清二楚，很怜悯他们的处境，为此佯装不知，天天喝得醉醺醺的，私下里却刀不离身，时刻准备自卫。

提起秦二世，谁都知道他是历史上有名的昏君。秦始皇本来有20多个儿子，秦二世胡亥是他的第十八个儿子，按理说没有继承皇位的可能。胡亥之所以成为二世皇帝，在很大程度上应归功于奸臣赵高。

赵高的先辈是赵国旧贵族。赵国灭亡后，赵氏宗族被迁徙到咸阳者不少，赵高的父母也在其中。后来赵高的父亲犯了罪，被判处宫刑，因而丧失了繁衍后代的能力。他的母亲也因此受到株连而被没收为官奴。在此期间，她暗地里与人私通，生下了赵高等一群子女。也在秦宫里服役。由于赵高身强力壮，明习法律，还写得一手漂亮的小篆，逐渐受到秦始皇的信任，被提拔为中车府令。

秦始皇在最后一次出巡的途中死于沙丘，临死前曾向赵高口授给长子扶苏的遗诏，让他把兵权交给蒙恬，迅速赶回咸阳主持自己的葬礼。可没等把使者派出，秦始皇就死了。赵高跟蒙氏兄弟矛盾很深，担心扶苏即位，对自己不利，于是就想篡改秦始皇的诏书内容，矫诏立胡亥为帝。

当时，跟随秦始皇出巡的重要人物，只有左丞相李斯、赵高（兼任符玺令）和胡亥等人。秦始皇病逝的消息也只有他们三个人和几名贴身侍卫知道，李斯怕公布了真相，引起天下动乱，所以严密封锁消息，任何人不得外泄。这就为赵高耍阴谋、拥立胡亥为皇帝创造了良机。

赵高首先找到胡亥，对他说："皇上去世时，只留下了一封给大公子的遗书，而没有分封诸公子的遗诏，大公子一回到咸阳，就会立为皇帝，而公子你无尺土之封，怎么办呢？"

胡亥生于宫闱之中，长于妇人之手，惯于和宫女们追逐笑骂，从未经历过战场上的枪林箭雨和政治上的明争暗斗。因此缺少能力，胸无大志，恐怕连做皇帝的梦都从来没有做过。听赵高这么说，仰天长叹道："这是命运决定的，有什么办法呢？我听说明君知臣，明父知子。如今父皇去世，不封诸子，自有他的道理和想法，还有什么可说的。"

赵高说："不对！当今天下之权，在你、我与丞相手中，况且，做皇帝与做臣下，岂可同日而语？"

胡亥心头为之一震，原来自己也有做皇帝的机会，不由得心花怒放。但他暂时还良心未泯，执拗地说："废掉兄长而自立，是不仁义的，不遵循父皇的命令，是不孝的；自己才能不够，勉强靠别人的力量而取胜，是愚蠢的。这三者都是不道德的，即使取得了皇位，天下人不服气，自己的生命也会有危险，连祖宗也要跟着断了祭祀和香火啊！"

听了胡亥的这番话，赵高更明白了胡亥的顾虑所在。于是，便旁征博引地进一步诱惑胡亥："我听说商汤、周武王杀了他们的君王，天下称义。干大事不能谨小慎微，顾小而忘大，否则必有后患；狐疑犹豫，必有后患；敢做敢为，才能成功。"

胡亥被赵高蛊惑得动了心，但仍半推半就地说："现在父皇病逝的消息还没有公布，丧事还没有办，怎好去向丞相张这种口呢？"

赵高说："时机对办好任何一件事都是十分重要的，错过了时机，那就什么也办不成了。如果你不再反对我的建议，请让我以你的名义去找丞相商量商量，这事没有他的支持是不行的。"胡亥欣然应允。

赵高见到李斯，对他说："皇帝临终前，给扶苏留下一封玺书，让他赶回咸阳主持葬礼，继承皇位。玺书未及送走，皇帝就驾崩了，没有人知道这件事。现在玺书和玉玺都在公子胡亥手中，确立谁为太子继承皇位，就在丞相跟我的一句话了。这事，你看怎么办？"

李斯大惊失色道："你怎么能说这种亡国之言，这哪是我们做臣子的应该谈论的！"

赵高淡然一笑，装出十分关注的样子说："丞相啊，你可要冷静地思考一下：论才能，你能比得上蒙恬吗？论功绩，你能高过蒙恬吗？论谋略，你能超过蒙恬吗？论对百姓的好处以及跟扶苏的关系、获得扶苏信任的程度，你又能赛过蒙恬吗？扶苏当权以后，你和蒙恬谁能占上风，难道你自己还掂量不出来吗？"

李斯听他话中有话，忙问道："这五点我都比不上蒙恬，你说这些是什么意思？"

赵高不慌不忙地说："我赵高不过是宫中干杂活的人，只是因为懂得一点儿法律，才在秦宫任职，到现在已经十多年了。我十分了解秦国那些被罢免的丞相和功臣的可悲下场，他们获得的富贵，都没有超过两辈人，其结局只有一个：就是杀头。丞相想一想，如果长子扶苏即位，必用蒙恬为相，到那时，你顶好落个只身还乡。我受命教授胡亥法律已经多年，从来没有发现他有什么过错。他为人老实厚道，不吝钱财，虽然不善言辞，但思维敏捷，礼贤下士，秦诸公子中没有比得上他的。立胡亥，对你我都有好处，请丞相三思！"

李斯虽然担心自己未来的命运，但在毫无思想准备的前提下，仍不敢贸然行事，因此拒绝说："我李斯本是上蔡城中的一个善良百姓，皇帝赏识我，信任我，任命我为丞相，赐给我侯爵，子孙们也都当了大官，享受着厚禄。先帝信任我，所以才把国家的存亡安危交付我，我怎么能辜负先帝的厚爱和信托呢？请你不要再提这种事，免得令我成为先帝的罪人。"

赵高仍不死心，继续摇唇鼓舌道："圣人以变而应时，当今天下的大权和命运，都操纵在公子胡亥的手中，上下同心，大事可成。君听我之计，可长保封侯，舍此而不从，祸及子孙，老先生怎么见事这么迟钝呢？"

赵高这一席软硬兼施的话很奏效，李斯明白胡亥与赵高两人已经串通一气，最后在生与死、成功与失败的选择上，不得不向赵高屈服，说："愿意一切听从你的安排。"

就这样，在赵高的串通下，胡亥、李斯、赵高三人沆瀣一气，开始了一连串的阴谋。

他们伪造了立胡亥为太子的遗诏，又写了一封假遗书给公子扶苏和蒙恬，赐他们一死。

他们返回咸阳后，拥立胡亥登基，做上了二世皇帝。

胡亥当皇帝以后，自然对赵高感恩戴德，言听计从了。一天，他对赵高说："一个人活在世上，就像几匹马拉着车子穿过洞穴那么快，实在是太短暂了。现在，天下既然是属于我的，我'欲悉耳目之所好，穷心志之所乐''长有天下，终吾年寿'，你看有什么好办法？"

赵高为了架空胡亥，巴不得把他引上不问朝政的邪路，并借机铲除异己，于是趁机进言道："陛下说得极是，这是英明的皇帝所愿意干的，是愚蠢的君王所禁止的。这事我早就想到了，只因还有一些障碍存在，使我不敢向陛下提出。"

胡亥迫不及待地说："说吧，说吧，我恕你无罪就是了。"

赵高装出一副诡秘莫测的神情说："陛下，沙丘之谋，诸公子及大臣们都在怀疑。陛下想一想，诸公子都是你的兄长，现在却要跪地称臣，他们会甘心吗？大臣们都是先帝时安置的，现在得不到提升和重用，他们会乐意吗？我担心他们造反，总是战战兢兢。这些障碍不拔除，陛下又怎能安安稳稳地享乐呢？"

胡亥深以为然，忙问应该怎么办。

赵高建议："要严法而重刑，杀掉那些不服的大臣和公子，然后提拔一批亲信，安置到重要岗位上，陛下就可以高枕无忧，恣意享乐了。"

于是，咸阳城很快就湮没于血腥的白色恐怖之中：蒙恬、蒙毅被逼自杀；将军冯劫和右丞相冯去疾也死于非命。

秦诸公子更是胡亥和赵高的心病，当然也就在劫难逃。据史书记载，秦公子十二人被杀死于咸阳市，十位公主被碎尸于杜（今陕西西安东南）。公子将闾兄弟三人，也被罗织罪名，被逼自杀。还有一个公子高想要逃跑，又怕连累全家，便向秦二世上书，请求从死。秦二世十分高兴，可其书，并且赐钱十万。

这一段血腥的历史目前已被秦陵考古所证实。近年来，考古工作者在秦始皇陵外城以东发掘清理了一批贵族陪葬墓。这些墓葬中，不但有棺椁，而且陪葬品也比较贵重，有装饰品如金箔、玉璜，玉璧、银蟾蜍、漆器、丝绸，还有生活用品如铜剑、铜印章、铜带钩、铜铃、铜匜，以及陶仓、陶盆等。但是，从发掘出土的情况看，他们都死得很惨。在清理出来的七具骨骼中，有两个女性、五个男性，都是二三十岁的中青年人。他们的头、躯干、下肢被分离，身首异处。有一具男尸的头，在洞室外的填土中，右颞骨处还插了一支铜镞，看来是被射死后碎尸的。他们死得很惨，埋得草率，但陪葬品却丰富，而且能陪葬于秦陵，显然就是被秦二世杀死的公子、公主的墓葬。

秦二世在安葬秦始皇时，不仅制造了中国历史上罕见的惨剧，而且继续征发各地的刑徒前去应役。据估计，仅始皇陵园中的封土、内外城墙、四大俑坑、防洪水堤等土方量至少要达到1317.7万立方米，需10万人干一年才可能完成。难怪刘邦押解的刑徒都心存死念，想拼死逃跑呢。

话说刘邦押着刑徒没走几天，刑徒中有一大半开了小差。刘邦既不能撇下众人前去追赶，又不忍心将余下的人用绳子捆在一起，但他心里明白，照这样下去，恐怕不等到达咸阳人就跑光了，这可如何是好呢？他左思右想不得要领。干脆，与其自己提着脑袋去送死，还不如我也溜之大吉，主意已定，他倒显得有些兴奋起来。

当天晚上，他们本应在一个传舍住宿，可刘邦却取些铜钱差人买了一些酒食继续赶路，没走几个时辰，就有一汪湖泊拦住去路，刘邦当下传令在湖边就地休息。大家七手八脚燃起一大堆篝火，刘邦就坐下来和刑徒们一起喝酒。几杯酒下肚，刑徒们也多了些胆气，就你一言我一语地骂起秦二世来。

有的说："要不是赵高那奸臣耍阴谋，由着扶苏当皇上，或许还会把我们赦免了。可偏偏李斯也不主持公道，竟和赵高狼狈为奸。"

有的说："狼崽子终归改不了要吃人，扶苏也未必能好到哪去。另外，听说李斯为了自己的荣华富贵，早先把他的师弟韩非都给谗杀了，他还有什么坏事做不出来。等着瞧吧，胡亥能杀自己的亲骨肉，那李斯、赵高也绝没什么好下场。"

刘邦看他们个个情绪激昂，也乘着酒兴说："其实，我的处境也不比你们好到哪去，我也是受沛令的暗算才充了这趟苦差。这下可好，送你们去骊山，大家都免不了一死，家又回不去，干脆你们都逃走算了，也算是我刘邦送给大家一份情谊。"

刑徒们听他这么说，一下子安静下来，你瞧瞧我，我看看你，不知刘邦葫芦里卖的是什么药。刘邦环视一眼这群衣衫褴褛的刑徒，怪笑道："怎么，你们是不想跑，还是不敢跑，难道还不相信我的诚意吗？"

几个胆大的听刘邦说完，慢慢站起身，看着刘邦一步一步向后退着，忽然一转身飞快地跑起来。其他人见刘邦仍泰然地坐那儿自斟自饮，也都一哄而散。只有十几个年轻力壮的，见刘邦如此仗义，就问他："大人放我们一条生路，我们都感激不尽，可不知大人日后作何打算。"刘邦叹息说："你们自管各奔前程吧，我当然不会放着生路不走，回去自投罗网。"这十几个人都纷纷表示，愿跟随刘邦一起闯荡天下，生死与共。于是，刘邦就带领大家南下，向砀郡（治今河南永城东北）进发。

据说刘邦带领大家南下时，怕被秦吏发现，不敢走大路，只能走那些荆棘丛生的小径，为防万一，还派一人在前面探路，有什么情况也好回报一声。当他们走到砀郡地界时，忽听前面声音嘈杂。正要发问，在前面探路的人已面无人色地跑了回来，报告说前面有一条大蛇，长约数丈，挡住去路。当时刘邦醉意未醒，听有大蛇拦路，勃然大怒道："朝廷不给我们生路，这虫也要断我们前程不是？壮士行路，岂畏蛇虫！"说着抽出佩剑，摇摇摆摆地朝着那人回来的方向走去。没走多远，果然见有一条大蛇横在道上，那蛇听到响动，昂起头来，口吐红芯，煞是吓人。刘邦仗着酒劲，提剑将大蛇劈成两段，然后用剑拨开死蛇，继续赶路，没走多远，酒性发作，便在路边昏睡过去。再说其余的人都心惊胆战地跟在后面，来到刘邦斩蛇的地方，却见有一老太婆正坐在地上伤心落泪，更觉心里发毛，不敢过去。有一个胆量稍大点的上前问道："老妈妈孤身一人来到这荒郊野外，不知为何而哭？"

老太婆哽咽着说："有人杀了我的儿子，我怎能不哭。"

那人又问："敢问您儿子是为什么事被人杀的？"

她说："我的儿子原是白帝之子，化作一条巨蛇，挡在道上，没想到今天竟被赤帝的儿子给杀死了（秦祀西方白帝；汉为火德，尚赤，此语意谓汉当灭秦）。"

众人听得蹊跷，正要问个究竟，老太婆却倏忽不见了。真是奇了，众人纷纷议论着赶上了刘邦，便绘声绘色地把刚才发生的事一五一十地讲给他听。刘邦联想到"东南有天子气"的说法，不觉内心怦然而动，种种迹象表明，我刘邦或许就是未来的真命天子。众刑徒经过这次变故，对刘邦更加另眼相看，把他当作自己的"真神"一样来敬畏。

秦汉时期，人们比较关注天人之间的关系，往往把人世间的一切吉凶祸福都看作是"天"的有意安排。基于这种认识，一些好事之徒便造出一些预言，用来蛊惑人心。这类预言后来被称为"谶语"，到两汉之际而广为风行。据说秦始皇时，有方士献上一部图书，其中有谶言曰："亡秦者胡也。"这个"胡"

当时被解释为匈奴，据说秦始皇因此才发兵击匈奴，并筑起万里长城以御之，秦朝灭亡以后，人们又把这个"胡"解释为"胡亥"，寓意是说秦朝二世而亡。可见，这类谶语是没有确定含义的。人们可以根据自己的需要作出不同的解释。

刘邦斩白蛇的故事，在性质上和"谶语"相同，都是前兆迷信的衍生物。不同的是，这个传说是在刘邦做了皇帝以后才补编上去的，目的是说明汉朝代替秦朝是符合"天意"的。后代统治者为了麻痹人民群众，对这类迷信说法大肆宣传，来提高自己的正统地位。比如明朝隆庆五年（1571）就曾在芒砀山南麓立了一块《汉高祖斩蛇碑》，以示歌颂。这块石碑在今河南省永城北 30 公里处已被发现，作为一处古迹供游客观光。

吕雉送走丈夫后，再没落一滴眼泪，她早已打定主意，就是丈夫真的有个三长两短的，自己也绝不能倒下，一定要顶天立地地做人，把两个孩子拉扯大。这一天傍晚，吕雉拖着疲倦的身子，把两个孩子哄睡后，刚想洗漱一下休息，忽然传来几声急促的敲门声，她心中一惊，莫非丈夫出了什么意外？忙奔到门边问道："这么晚了，是谁呀？"

外面有人小声说："是我，我是樊哙，快开门，我有急事相告。"

吕雉刚拉开门栓，樊哙早已一步抢进门来。只见他满头大汗、火急火燎地说："大事不好，你快领着孩子出去躲一躲吧！"

吕雉一时丈二和尚摸不着头脑，有些嗔怪地说："都快三十的人了，怎么还风风火火的，有什么大不了的事，就不能坐下来慢慢讲。"

原来，刘邦私自释放刑徒、自己也半路逃跑的事，已有人快马禀报沛令。沛令一听就感到事情严重，本来按他的设想：这次只派刘邦一人押解刑徒，而不按常规另外配给一至二名军吏护送，刘邦就是有天大的本事也不能保证途中一个刑徒也不跑。按秦法，押送刑徒缺员，如果缺者属正常死亡，则取諴验证；如果属于中途逃亡，则以押官渎职论处，并罚押官充役服刑。这一恶毒手段原来天衣无缝，没料到刘邦竟吃了豹子胆，把人都给放跑了。自己不仅要跟着吃官司，还要天天防着这些亡命徒来找麻烦。他越想越气，越想越害怕，一时倒也无计可施。这时，身后一员侍臣上前悄悄对他说："老爷，你何不乘机派人把刘邦的家眷抓起来，让那小娘们好生侍候老爷，一旦上司追查下来，也好有个交代。"沛令一听，觉得有理，淫笑两声，就吩咐手下赶紧去办。没想到这事很快就让萧何知道了，他一听就急了，佯装外出办事，把这个消息通知给樊哙。

吕雉等樊哙说明原委，不但没有惊慌，脸上反而绽出一丝笑意，想到让自己牵肠挂肚的丈夫总算有了消息，一时竟陷入遐想之中。樊哙见她魂不守舍的样子，还以为是被这突如其来的消息给吓蒙了，一边伸手摇她的身子，一边急切地说："你这是怎么了，官兵马上要来了，你快带孩子走哇。"

吕雉回过神来说道："我一个妇道人家能跑到哪里去，况且还带着两个孩子……"

话没说完，村外已传来官兵的马蹄声。吕雉这下可急了，随手收拾几件孩子穿的衣服塞给樊哙，对他说："官兵主要是来抓我，求你把孩子带走。"樊哙还想说什么，这时马蹄声已进了巷子，就一手抱起刘盈，一手抱起鲁元，没等两个孩子醒过神来，一个箭步跳出后窗，转眼消失在夜幕之中。吕雉听到孩子"妈妈"的叫声渐渐远去，心中顿觉一阵绞痛，不知这是生离还是死别。

吕雉被五花大绑地押往沛县，一路上受尽了官兵的凌辱。这些官兵大白天尚且无恶不作，何况在这夜深人静的时候，他们一面调笑着，一面故意推推搡搡，几个胆大的一会儿去抓她，一会儿去摸她。有一个军吏实在看不下眼，正色道："你们几个别太过分，大丈夫做人要堂堂正正，欺负一个弱女子算什么英雄，要有本事去抓她男人好了。"几个官兵一听他提到刘邦，也有些打怵，说不定那亡命徒什么时候还真会潜回县里，这才变得收敛一些。吕雉没有羞涩，没有畏惧，坚定地走向县府，走向牢狱。

翌日清晨，沛令听说已把吕雉抓来，不免有些兴奋，当即传令把她带到偏室候审。

经过一夜的折磨，吕雉步履显得有些蹒跚，脸上也带着明显的倦容。沛令例行公事地问了几句官话，然后背着手踱到吕雉面前说："你丈夫擅自释放囚徒，按罪当斩。看在你死去的父亲的面子上，本不想株连你，可国法岂能当作儿戏。你现在有两条路可以选择：一是说出你丈夫的下落，可以免你收监；这第二条嘛，就是你自愿为婢，好生服侍老爷，可免牢狱之苦。"

吕雉明白，沛令说到底还是为了占有自己，眼前最要紧的是断了他的邪念，拼死也不能玷污了自己的清白之身。主意已定，吕雉故意装出害怕受到伤害的样子，拿一种乞怜的眼神望着沛令，娇声说："老爷的好意贱妾哪敢不领情，只是有些话不便当众讲出口。"

沛令一听，身子都有些酥了，当下屏退左右，嬉皮笑脸地凑到吕雉面前，嘴上不停地说着"乖乖，只要听话，我哪里舍得让你去受苦"，一手搂起吕雉的柳腰，一手就大胆地去摸她的腰带。吕雉看在眼里，心想机会来了，一手用力推开沛令，一手摘下头上的簪子就向沛令脸上挥去。恰巧沛令正想俯身去解吕雉的腰带，只觉头皮一阵发麻，法冠已被刺飞。慌乱之中，沛令就势一把将吕雉撞倒，连声高喊"来人！"几个听差的几步冲进来抢下吕雉的簪子，架着把她提了起来。沛令一边戴上小吏递上的法冠，一边破口大骂："你这妖女，竟敢行刺老夫，罪加一等，给我把她打进死牢！"

吕雉被拖着走到门口，扭头骂道："你这个披着人皮的老色狼，臭不要脸的狗官。"沛令被骂得脸上火燎燎的，但念及自己与吕公的私交，又不好把事做绝，因为当时社会上盛行行侠仗义的风气，弄不好会毁了自己的名声，于是不情愿地改口道："先把她押进牢房看管起来。"

秦朝的监狱，素以苛峻闻名。沛令不好明里给吕雉定罪，但心口窝着一口气总要发泄，于是暗中吩咐亲信狱吏找茬羞辱她。当时，已进入季春时节，天气渐热，狱吏故意让吕雉脱下身上的夹衣，换上衣不蔽体的囚服，时不时地盯着她那裸露在外的肌肤，说些下流话。吕雉身在囹圄，什么事都由不得自己，只能尽量避开那些淫秽的目光，忍辱蒙羞。好在刘邦的好友任敖也是一名狱吏，虽不负责守监，却随时可以前来照顾，这才使吕雉少吃了些苦头。

一天，沛令正在上堂，门吏进来呈上一份公函。沛令展开一看，立时瘫在那儿，脸都变白了。站在一旁的萧何见了，心中暗喜，知道是自己故意把刘邦逃走一案派人密报郡守的事有了反应，于是佯装不知地问道："不知什么事把大人难成这样，小臣可否替大人出出主意？"

沛令叹了口气，说："还不是为那该死的刘邦，郡上有令，限我十天之内逮捕人犯，否则就要罢我的官。没想到我做了十几年县令，今天却要栽在刘邦手上。"

萧何说："小臣倒有一计，只是不便在此明讲。"沛令一向很敬重萧何，听他这么说，便起身宣布退堂。

萧何陪沛令进了后堂，说："以小臣之计，莫如放了吕雉。"

沛令一听就有些恼怒，怪声怪气地骂道："早听说你跟刘邦来往过密，我还当是什么锦囊妙计，绕了半天还是胳膊肘往外拐，不行！不行！"

萧何慢条斯理地说："大人息怒，小臣吃着国家的俸禄，怎么能帮着这些乱党呢？以臣之见，放了吕雉可以一箭双雕。"

沛令忙问何以见得，萧何便开导说："小臣以为，放了吕雉，一来可以放长线钓大鱼，派人暗中监视吕雉，然后顺藤摸瓜，擒拿刘邦；二来可以向百姓昭示大人爱民如子的恩德。吕雉不过女流之辈，不闻外事，收监以来，无罪名可定，将她释放，正体现了先帝引儒入法，罪止其身之义，也表现了大人的宽大心怀。况且，吕雉之父又是大人的至交，借此亦可率民重义，形成一代风尚。"

沛令被熏得美滋滋的，连声说好，并委托萧何全权处理此事。

二

却说秦二世自即位以后，深恐臣民对自己不服，终日惶恐不安。那赵高原是一侍臣，身份低贱，每次朝见大臣，内心总有一种恐惧感。他为了诛除异己，巩固自己的地位，想出一条妙计，劝秦二世利用出巡的机会，案查郡县守令，以杀罚立威天下。可怜的秦二世竟愚蠢地假刀于人，遂东巡郡县，法办了一大批郡县长吏。泗水郡的郡守就在这次清洗中，因事受牵被杀。当然，他限令沛令十天内捉拿刘邦的命令自然也就形同一纸空文了。

沛令听说郡守被杀，悬在半空的一块石头总算落了地，压抑已久的邪念又浮上心头。一天，他把萧何叫来，问派去盯梢的人有没有发现刘邦的下落，如果没有，还是应当把吕雉抓起来做人质。萧何很清楚沛令的心思，为了转移他的视线，故意顾左右而言他地称说县东一家窑子新来了一名雏妓，不仅长得鲜艳，而且才艺极强，惹得县里的阔佬阔少纷纷出大价钱一显身手……沛令哪里经得住这般诱惑，当天就遣人把那雏妓请来。

次日，当萧何见到沛令时，沛令早把盯梢的事忘得一干二净，让萧何找个借口封了窑面，他要堂堂正正地把那个雏妓纳为小妾。

这年秋七月，秦二世下令征发"闾左"戍守边地。"闾左"是指住在闾里左边的贫苦农民，在秦代本来属于"复除者"，现在也要被征发服役。当时，从南阳郡（治今河南南阳）、陈郡（治今河南淮阳）一带强征了900余人到渔阳（今北京密云）去戍守，在这群戍卒中，有一人叫陈胜，又名涉，是阳城（今河南登封）人；一人叫吴广，又名叔，是阳夏（今河南太康）人。这两个人虽然出身低微，可很有雄心壮志，由于不堪忍受秦王朝的残暴压迫，早就蓄意举行暴动。

当这900余人在两名尉官的押送下，行至蕲县大泽乡（今安徽宿州埇桥区大泽乡镇）时，突然遇到百年罕见的暴风雨，把附近的道路都给冲毁了，使他们无法继续前进。按秦法规定：戍卒不能按期到达指定地点，就要杀头。在这生死关头，陈胜、吴广利用"鱼腹丹书，篝火狐鸣"等手段，大造舆论，首先在戍卒中树立起陈胜的威信，然后借故杀死两名尉官，号召戍卒举行起义。戍卒们"苦秦久矣"，即使不造反也没有生路，遂"斩木为兵，揭竿为旗"，以"大楚"为号，共推陈胜为将军，吴广为都尉，组成了一支手持木棍、衣衫褴楼的起义武装。于是，中国历史上第一次农民大起义的熊熊烈火，就在大泽乡被点燃了。

秦末的形势，好比是地火在运行，只要开一个裂缝它就会喷发出来。陈胜起义的大旗刚刚擎起，就得到四周贫苦农民的热烈拥护，一时父送子、妻送夫，参加起义军的浪潮很快在河南一带卷起，农民起义军的队伍就像滚雪球一样越滚越大。陈胜、吴广率领起义军，首先攻占蕲县，随后向西北挺进，连克铚（今安徽宿州西南）、酂（今河南永城西南）、苦（今河南鹿邑东）、柘（今河南柘城县）、谯（今安徽亳州）等地。当起义军攻占陈（旧楚都，今河南淮阳）时，已拥有战车六七百辆，骑兵1000多人，步兵数万人了。

陈胜起义的消息不胫而走，各地贫苦群众奔走相告，"家自为怒，人自为斗，各报其怨而攻其仇，县杀其令丞，郡杀其守尉"①，以响应陈胜。

沛县距大泽乡不过几百里之遥，老谋深算的沛令再也没有心思终日拥着小妾花天酒地了，他不得不为自己的前程打打小算盘了。这一天，他把萧何、曹参等县中长吏找来，苦着脸对他们说："逆贼陈胜的事各位都已听说了，近日来诸郡县不断发生吏民刑其长吏、杀之以应陈胜的事件，看来天下真要大乱了。本官十几年来虽然兢兢业业，小心谨慎，但仍免不了有一些冤家仇人。如今的形势是，或者固守城池，拼死捍卫朝廷，这似乎是不得人心的，难免要后院起火；或者扯起反旗，响应陈胜，使本县百姓免遭兵灾之苦。不知各位意下如何，有什么万全之策说出来商量商量。"

萧何听沛令这么说，一时摸不透他的真实用意，望了一眼曹参，试探着说："臣以为固守城池怕不是良策，陈县地处鸿沟与颍水汇合之要冲，一直是

---

① 《史记·张耳陈余列传》。

朝廷在河南一带的战略重地，特别屯驻精兵把守，可仍然阻挡不住贼兵的攻势。而沛县这个地方，一无坚城可守，二无精兵可用，固守只能是死路一条。"

沛令哭丧着脸说："依你之见，我堂堂朝廷命官只有俯首听命于陈胜了，也罢，你们这就透些风声出去，观察一下县里的反应。"

萧何见沛令真要起兵响应陈胜，心里不免觉得好笑，心想你沛令平日作威作福，欺压百姓，谁能愿意服从你的领导，不如借这个机会把刘邦请回来，堂堂正正做个首领。嘴上却说："大人是朝廷命官，现在却要反叛朝廷，名不正言不顺，恐怕县中子弟不能服从。不如把逃亡在外的刘邦等人召集回来，表面上是迫于他们的胁迫，顺理成章；内里却得到了他们的支持，然后再去号令民众，就不会有人敢于反抗了。"

沛令也觉得有理，可又一时拿不定主意。萧何看他左右为难的样子，知道他是担心羞辱吕雉的事如果让刘邦知道，那就有点太尴尬了，所以马上趁热打铁地煽动说："刘邦为人向来大度，大人就是有对不住他的地方，他也能以大事为重，绝不会忌恨前仇的，这一点，我和曹官人愿以人头担保。"

沛令本来就无路可走，听他们说得如此肯定，当下修书一封，让萧何遣人去找刘邦。

再说刘邦带着十几名刑徒夜行昼宿，好算潜逃到芒县（治今河南永城北）和砀县（治今河南永城芒山镇）交界处的山林中。这一带地形复杂，芒县北为芒山，其南八里为砀山，合称"芒砀山"。芒砀山丛林茂密，岩石叠嶂，是个藏身的好地方。刘邦等人逃到芒砀山区之后，就在这里潜伏下来，召集逃犯，打家劫舍，像个山霸王。芒砀山区地处两县之间，又是一个两不管的真空地带，哪个县的官兵也不愿意进山剿匪，这使刘邦的部众不仅在这里长期生存下来，而且很快发展到上百人。

据说刘邦尽管躲在山里比较安全，但还是担心被官兵给端了老窝，所以经常转移住处，山外的人如果没人带路，很难觅到他们的住地。而吕雉出狱后，由于心里惦记丈夫，就在樊哙的陪同下，不远几百里山路来寻找丈夫，每次来都能轻而易举地找到刘邦。刘邦感到很奇怪，暗想她一个妇道人家随时能找到我们，若是官兵进山围剿，那不就太危险了吗？所以就郑重其事地问吕雉："我们的住地很隐蔽，而且下了许多功夫把通向外面的山路伪装起来，不知你是凭借什么标志能这么快就找到我们？"

吕雉嗔怪说："妾还当你问什么，原来是为了这个事呀，你有所不知，不论你躲在哪里，只要不跑出天地之间，能瞒住别人，可就是瞒不住贱妾。"

刘邦听得云山雾罩，一脸疑惑地追问是怎么回事。吕雉有些兴奋地说："不瞒你说，无论你藏在什么地方，半空中总是旋绕着一团五彩云气，跟着这团云气走，很容易就能找到你。你别担心，这团五彩云气一般人还看不见，不信你问樊哙，他来了这么多趟，每次都是由贱妾带的路。"

刘邦听吕雉说得这么玄乎，虽然有点半信半疑，可联想到"东南有天子气"的说法，心里还是觉得美滋滋的，也就宁信其有而不信其无了。其他人像听神话一样，想不到老辈人口碑相传的一些说法，今天竟应验在刘邦身上了，看来跟着刘邦闯天下准没错，基于这种认识，这些在逃的刑徒、罪犯对刘邦更加敬畏三分，俯首帖耳，每次出山抢到什么好东西都先孝敬给刘邦。

又一日，刘邦正与手下商谈下山搞粮草的事，樊哙满头大汗地找了上来。

原来萧何担心派别人找不到刘邦，也怕刘邦不放心，这才让樊哙前来联系，樊哙见到刘邦，忙掏出沛令的信件递上，并把县里的决定经过详细作了说明。刘邦一个字一个字地把信看完，表情严肃地向手下们作了一番简短动员，然后带领大家跟着樊哙下了山。

刘邦深知沛令是个反复无常的人，怕夜长梦多，一路上顾不上休息，披星戴月，200多里的山路一昼夜就走完了。可当他们赶到沛县城下时，还是有点晚了，但见城门紧闭，城上守兵来回游动。

却说沛令这两天一直心神不定，忽而希望刘邦一行早日进城，辅佐自己成就大业，独霸一方；忽而又担心刘邦向自己报私怨，反而引狼入室。为了安全起见，他除了加强一些保护措施之外，还派出几名心腹小吏四处探听风声。就在刘邦一行人马赶到沛县的前几个时辰，以前拘系吕雉的那个狱吏，听到沛令召刘邦进城的消息，非常恐惧，于是向沛令密报说："这两天萧何、曹参等人来往甚密，看他们的神态好像在商议什么要紧的事情，恐怕对大人不利。"

沛令本来就有点疑神疑鬼，听他这么说，心里更是没了底，掐指一算，料定刘邦的人马就要到了，宁我负人，勿人负我，看来还是防着点为妙，于是命令军吏关闭城门，禁止出入，并布下伏兵，使人通知萧何、曹参前来议事。萧、曹二人不知其中有诈，轻易就被伏兵所擒，押到沛令面前。沛令指着他们的鼻子一顿臭骂，责令他们交代谋反的计划，供出参与谋反的人员。萧何、曹参听沛令这种敲山震虎的口气，就知道他并没有抓住什么真凭实据，不过只是猜疑而已，因此死活不说实情。沛令无奈，只好让人把他们先押下去，声称如果再不招供，明日一早就杀头示众。

当天夜里，萧何、曹参买通狱吏，在夜幕的掩护下潜逃出城，和刘邦等人会合。大家好久不见，自是一番欢喜，寒暄几句后，话题便回到今后的行动上来。樊哙心直口快，提议拂晓攻城，有不从命者格杀勿论。其他人也齐声称是，斗志很是高昂。萧何却说："依我看来，攻城并非良策，如今沛令已经有了准备，仅凭我们这百十来号人是很难攻下的。况且，周围各县都有官兵把守，我们一旦仓促发动，久攻不下，各县官兵必定来援，到那时，我们恐怕连条退路都没有了。"

众人听了，都一下子安静下来，纷纷把目光集中到刘邦身上，等他拿主意。刘邦扫了一眼大家，并不急于表态，转脸对萧何说："萧老弟，别在这卖关子了，有什么主意快说一说，别埋没了你'智囊'的美名。"萧何说："据我所知，城中百姓未必都服从县令，不过迫于形势才为他守城。我们不如先写封信投进去，向他们讲清利害，这样，城中的弟兄才好发动人们造反，等城里有了动静，我们再发动攻击，成功的把握就大了。"

刘邦一听，觉得很有道理，就让人找来一块麻布，铺在地上写起信来。说话间，天已大亮，刘邦让人用箭把信射进城去，等待消息。

刘邦在信中是这样讲的：

　　沛县的父老乡亲，天下苦于秦朝的酷政已经很久了，而今你们反而替沛令守城。眼下英雄豪杰纷纷起兵反秦，很快就将打到这里，等诸侯军攻破城池，全城百姓都将遭到屠杀。如果大家能行动起来，杀掉县令，推举一个能干的人做首领，以响应诸侯，妻子老小就能相安无事。不然的话，你们为一个沛令而惨遭杀戮，不是太不值得了吗？

这封《告沛县父老乡亲书》很快就在城中传开了，任敖、夏侯婴、周勃等人听说刘邦的大队人马已经开到城外，更是到处煽风点火，鼓吹大家举行暴动。城里的一些被称为"少年""恶少年"的人，原本就与官府持不合作态度，他们平时满城游荡，斗鸡走狗，好勇斗狠，唯恐天下不乱，如今听说有人领头闹事，很快就集合起几十人来。他们平时跟樊哙、周勃等人打得火热，现在自然听令于周勃。周勃得到这些人的支持，马上亲自去找城中的父老们商量对策。当时所谓"父老"是指一些德高望重的长辈，他们虽然无官无职，但在民间却有很高的威信。在周勃等人的鼓动下，父老们一致同意杀掉沛令以迎接刘邦。就这样，父老们亲自率领一群"少年"向县衙冲去，在他们的影响下，全城的青壮年男子都纷纷参加到起义队伍中来，很快就会集起几百人。

沛令听说刘邦不攻城，反而投进一封告民书，知道大事不妙，于是一面派人追查信的下落，下令有私下议论者，就地正法；一面命家仆收拾细软，准备一旦有变就溜之大吉。可他万万没想到，还没等他准备停当，外面就传来喊杀声，吓得他一边拉起小妾往后院跑，一边给侍卫下死令，让他们堵住大门。哪知这些侍卫也看风使舵，不但不去阻挡冲进来的人群，反而和众人一起乱刀把沛令砍死。

那一头，夏侯婴也带人杀向城门，除了几个不从命者被手刃之外，其余的守城士兵都纷纷响应起义，打开城门，把刘邦等人迎入城中。

众人相拥来到县府大院，共同商讨反秦的大计。各位父老都有意让刘邦做沛令，率领大家保境安民。刘邦推让说："如今天下大乱，诸侯纷纷起兵，如果将领选择不当，就会一败涂地。我不是吝惜自己的生命，而是担心能力薄劣，不能保全父老兄弟。这是大事，希望能推选出另外有才能的人。"

萧何、曹参等人是文吏，看重个人的身家性命，恐怕事情不成，将来被秦朝诛灭全族，所以都推举刘邦。诸父老也说，向来听到许多有关刘邦应验符瑞的事，必当大福大贵，况且以卜筮占之，也没有人比刘邦吉利，希望他不要再推辞了。

就这样，大家共同拥立刘邦为"沛公"。刘邦派萧何、曹参、樊哙等人到沛县辖境内征集兵马，很快就组建起一支3000多人的起义队伍，然后带领大家杀牲歃血，衅鼓立旗，旗为红色，取赤帝子杀白帝子之义，正式举行起义，以响应陈胜、吴广。

刘邦起兵后，先后投入他所率领的起义队伍而成为领导集团成员的，有萧何、樊哙、陈平、韩信、灌婴、周勃、曹参、周苛等，他们在起义前大部分是小生产者或小官吏，在秦王朝的暴虐统治之下，才被卷入反秦斗争的洪流之中，成为秦末农民起义武装力量中的重要组成部分。

第三章

宴鸿门狼烟再起
霸西楚衣锦还乡

刘邦在沛县起兵后，就以丰邑（今江苏丰县）为根据地，派兵进攻胡陵（故治在今山东鱼台东南）、方舆（今山东鱼台西）。不久，秦泗水郡郡监将兵围攻丰，刘邦出战，将秦兵击溃。刘邦命雍齿守丰，自己引兵攻占薛（今山东微山东北），杀了秦泗水郡郡守。不料，镇守丰邑的雍齿却投降了魏（陈胜部将周市立魏旧贵族魏咎所建立的魏国）。刘邦进退失据，正在左右为难之际，项梁、项羽领导的项氏楚军打到薛县，刘邦于是投奔项梁，请兵还攻丰邑。刘邦当时或许不会想到，项梁之侄项羽后来会成为跟他争夺天下的竞争对手。

一

项梁、项羽是楚国名将项燕的后代。项氏原籍下相（今江苏宿迁西南），世代为楚国将门，因封于项地（今河南沈丘），而以"项"为姓。项梁的父亲项燕在秦灭楚时，战死沙场。后来，项梁因为杀人，带着侄儿项羽潜逃到吴（今江苏苏州）。由于项氏名望很大，所以吴中的士大夫都很推崇项梁，项梁遂在吴县定居下来，常常主持办理一些征发徭役和丧葬等大事，并训练宾客子弟，准备起兵反秦。

项羽，名籍，字羽，自幼心志就很大。有一次，秦始皇出游会稽（郡名，治吴县），项羽随叔父前去观看，当他见到秦始皇的仪容时，不禁脱口说了一句"彼可取而代之"。项梁慌忙伸手掩住他的嘴，小声说："你不想活了，让人听到，全家都要被杀。"说完，拽起他挤出人群就走。项羽还有些不服气，边走边说："我还当皇帝生着三头六臂，和凡人不一样，想不到他竟长得那么难看，一双细长眼，鼻子像蜂的屁股一样尖突，胸似鹰鸷一般前鼓，连他都能做皇帝，我当然可以取代他了。"

项梁见四下无人，耐心解释说："你有这样的雄心，也不枉为项氏之后，我当然高兴。可我们现在是亡国之民，凡事都要谨慎小心，你要取代他的地位，复兴大楚，也要等待时机呀。"项羽再不答话，只在心里暗下决心，一定要练好本领，有朝一日非干出一番大事业。

据《史记·项羽本纪》记载：项梁曾教项羽习字读书，可项羽感到索然无味，没学几天就厌烦了。项梁又教他剑术，他练了几天也不愿再练，气得项梁不断怒斥他。他反而振振有词地说："如今是一个尚武的时代，读书习字怎么能报了我的深仇大恨，能认识自己的名姓也就罢了，击剑不过是匹夫之勇，对敌一人，我要学同万人作战之术。"

项梁觉得他说的也有道理，从此就教他兵法，项羽非常高兴，可当他掌握了大致的要领以后就又不想继续学了。项梁就埋怨他，你这也不想学，那也不想学，将来怎么做我的帮手？项羽乐呵呵地说："我认为兵法是在战场上打出来的，知道其中的基本原则就可以了，死记硬背那些教条，反而不利于在实战中灵活运用，赵国那个纸上谈兵的赵括，不就因此而丧身辱国了吗？"一席话说得项梁无法回答，也就由着他的性子去了。

项羽长到二十几岁时，身高八尺（秦一尺约合今 23 厘米）有余，力能扛鼎，才气过人，吴县的年轻人没有能和他相匹敌的。

陈胜起义的消息传到吴县后，会稽郡郡守殷通也如坐针毡，惶惶不可终日。这些平日作威作福的地方大员，当老百姓被逼造反时，最害怕的就是他们。殷通也不例外，随着陈胜起义军的节节胜利，他也感到形势对秦不利，如果自己再迟疑不决，说不定哪一天会稽也会发生暴动，与其坐以待毙，不如先下手为强，自己也做个反秦的领袖。于是，殷通就派人把项梁请来，一起商议对策，他的意图很明显，就是想利用项氏家族的声望和势力，使老百姓服从自己。项梁来到郡府后，殷通一反平日趾高气扬的面孔，谦恭地对项梁说："江北各地的反乱已经兴起，种种迹象表明，苍天灭秦的时刻已经到来。俗话说：先发制人，后发则为人所制。机不可失，本官想请你出山，和桓楚同为将军，立即起兵。"

项梁听殷通这么说，心里早就明白了几分，故意谦让道："大人的好意我心领了，只是小民无德无能，怎好担此大任，大人还是另请高明吧。"

殷通赶紧恭维说："项兄就不必谦让了，想当初，秦亡六国，楚最无罪，令尊大人一向受楚国人民爱戴，竟惨死在秦将王翦刀下，至今楚人每念及此，仍不免伤心落泪。如果能用令尊大人的名义号召天下，肯定一呼百应。这将军之任是非你莫属哇！"

项梁听殷通把自己的意图和盘托出，就顺水推舟地说："既然大人如此器重在下，小民也就勉为其难了。只是桓楚仍逃亡在外，无人知晓他躲在何处，听说项羽好像跟他有些信息来往，不如让项羽去召他回来。"殷通表示同意。项梁就走到门外，悄悄吩咐项羽进去后见机行事，然后带他一起去见殷通。

殷通等他们进来，就把自己的打算告诉项羽，让他火速去找桓楚。项羽说："臣无凭无据，桓楚怎能相信，不如大人修书一封，好使桓楚不起疑心。"

殷通认为有理，就伏案写起信来。

项梁见时机已到，喊声"动手！"项羽已抢步向前，没等殷通明白过来，人头就已应声落地。

项梁把郡守的印绶佩挂在身，手举殷通的人头走向大厅，大厅里的侍卫霎时被惊呆了，几个反应快的兵丁见郡守被杀，迅速冲了过来。项羽挥动佩剑，几个回合就砍倒一大片，其余的人再也不敢近前。项羽把剑一横，微笑着说："哪个还想陪你们的狗官一起去死，不妨过来试试我的剑法。"众侍卫你看看我，我瞧瞧你，上也不是，退也不是，一时围在那里不知所措。

项羽把剑一挥，震喝一声："不怕死的送命来！"众侍卫立即被吓得刀枪落地，纷纷跪在地上不敢抬头。

项梁走过来对他们说："诸位不用害怕，我不会难为大家，只要今后听从我的命令，保你们享受荣华富贵。"众侍卫赶紧磕头谢恩，纷纷表示唯命是从。

项梁于是召集吴中父老亲朋，告诉他们起兵反秦的决定，并宣布自己为会稽郡郡守。然后以"楚虽三户，亡秦必楚"相号召，征集士兵，招抚下属县，得精兵八千人，任命项羽为副将，举兵北渡长江，向江北进发。

项梁率兵渡江后，先是合并了陈婴领导的东阳（今江苏盱眙东）义军2万余人，渡过淮河以后，又有刑徒英（黥）布和蒲将军率领的起义军前来会合，队伍很快就发展到六七万人。

正当项氏楚军节节取胜的时候，陈胜领导的农民军主力在秦军的镇压下，却不幸遭到失败。

原来，陈胜领导的起义军占领陈县后，原魏国名士张耳、陈余受秦缉捕，正变易姓名潜伏在陈县，这时也来投奔义军。陈胜进城后，陈县豪杰父老请求拥立陈胜当楚王。陈胜以张耳、陈余素有大名，就向他们征询意见。

张耳、陈余回答说："秦为无道，灭亡六国，暴虐百姓，将军首举义旗，为天下铲除残暴，深受人民欢迎。可如今刚刚占领陈县就想着称王，是向天下显露自己的私心。希望将军不要称王，迅速统兵西进，同时派人拥立六国后代为王，让他们自己发展势力，以增加秦的敌人，秦朝廷如果分兵去攻击则力量分散，而我们的同盟多则兵强势盛。这样一来，函谷关以东地区不需要派一兵一卒，没有哪个县为秦守城，将军就可以长驱直入，诛灭暴秦，占据咸阳，号令诸侯。诸侯亡国后又得以复国，必然对将军感恩戴德，将军以仁德使其服从，帝王之业就大功告成！现在只有将军在陈称王，恐怕天下顷刻间就会四分五裂。"

陈胜出身寒苦，不懂得那么多大道理，占山为王的思想在他的意识深处是根深蒂固的。听张耳、陈余反对自己称王，心里非常不悦，反驳说："依二位先生的意见，是要复立六国的后代为王，那不是让他们各自忙着收复本国的土地，而无心西击灭秦了吗？这样做反而分散了我们的力量，不可取。"于是，陈胜自立为王，号"张楚"，然后分兵略地，以主力西击秦。

陈胜的部署是：命邓宗统兵南下九江郡；以陈县故交武臣为将军，邵骚为护军，张耳、陈余为左、右校尉，统兵三千北攻赵、魏故地；任命吴广为假王（假是代理的意思），率兵进攻荥阳。入关灭秦的主力军又兵分两路，由宋留率兵经南阳（今河南南阳）直叩武关；由周文率领主力军直捣咸阳。

陈胜自以为遣将四出，都会马到成功，于是高枕无忧，享起荣华富贵来。不难想象，陈胜早年穷困潦倒，经常靠替地主打工维持生计，如今称王天下，前呼后拥，难免有些沾沾自喜，贪图享乐。因此，陈胜把各路大军派出以后，似乎觉得可以坐享其成了，天天饮酒取乐，左婢右妾，不仅杀了昔日跟他同甘共苦的旧友，而且信任佞臣，以朱房为中正，胡武为司过，制驭群臣，有功不能赏，有罪不能罚，以致失掉人心。他这样终日沉醉于歌舞升平之中，哪里会想到就要大祸临头了。

却说那秦二世自以为帝位永固，最初根本没把起义军放在眼里。当周文的大军步步逼近咸阳时，他才大梦初醒，惊恐万状，急忙召集群臣商讨对策。少府章邯提出：调集军队已经来不及了，不如把修骊山墓的刑徒武装起来，用他们去镇压起义军。秦二世无计可施，只好大赦天下，命令章邯率领这几十万刑徒向周文大军反扑。同时又快马调回戍守在北方的数十万军队，令王离统率，从上郡直接东渡黄河，经太原下井陉，深入赵地，镇压河北义军。

正当秦军疯狂地向农民军反扑的关键时刻，起义军内部又接连发生分裂。武臣所率北路军攻至邯郸后，张耳、陈余就鼓动武臣自立为赵王，脱离陈胜指挥。武臣竟利欲熏心，在他们的煽动下，遂自立为赵王，以陈余为大将军，张耳为右丞相。

在武臣的带动下，另一路被陈胜派往北方的周市军，攻下魏国故地后，也立魏国旧贵族魏咎为魏王。与此同时，齐国的旧宗室田儋则趁机在狄县（今山东高青东南）自立为齐王。被武臣派去攻取旧燕故地的韩广也在燕地自立为燕王。

至此，起义军四分五裂，这些自立为王的六国旧宗室贵族完全不顾大局，置吴广、周文军于不顾，在黄河以北地区拼命抢占地盘，全然不听从陈胜的号令，从而使起义军遭到了极大损失。

本来，周文的军队在吴广的策应下，已经横扫淮河、黄河流域，突破函谷关，进至距咸阳城仅百里的戏（今陕西临潼境内）。但由于孤军深入，在秦军的反击下，虽然浴血奋战了两三个月之久，最后，终因寡不敌众，在渑池（今河南渑池西）败亡。

吴广军攻至荥阳后，久战不下，听说周文败死，吴广部将田臧等以"假王骄，不知兵权"，竟诛杀吴广，率军迎击章邯军于敖仓。结果田臧兵败战死，使章邯得以一路东下，轻易解除荥阳之围。

周文、吴广两路义军败亡后，北方诸侯军不仅不能主动出兵策应陈胜，反而拥兵自重，互相残杀，这就为秦军逐一消灭各路义军创造了良好的时机。

秦二世二年（前208）十二月，章邯攻占陈县，陈胜退至下城父（今安徽涡阳东南）时，被御者庄贾所杀，陈胜领导的农民起义军至此失败。

陈胜败死后，奉陈胜之命率兵攻广陵的召平，看到秦军步步逼近，就主动与项梁取得联系，并以陈胜的名义，任命项梁为上柱国，令他立即率兵西进，主动出击秦军。项梁、项羽遂率八千子弟兵渡江西进，从此，这支突起于江东的武装，就成为推翻秦王朝的主力军。

当项梁得知陈胜败死的确实消息后，便召集诸将在薛（今山东滕州市东南）商讨对策。70岁的居鄛人范增深谋远虑，劝项梁吸取陈胜自立为王、不立楚后而遭惨败的教训，应"立楚之后"，以便号召群众。项梁采纳了他的建议，在民间找到一个正在为人牧羊的楚怀王之孙叫熊心的，于秦二世二年（前208）六月，拥立心为楚怀王（义帝），封陈婴为上柱国，自为武信君，然后调兵遣将，向秦军展开反攻。

项梁率领主力军接连在东阿（今山东阳谷东北）、濮阳（今河南濮阳西南）大败章邯所率秦军，旋又攻克秦的东方重镇定陶（今山东定陶北）。项羽、刘邦率领的另一路军队，也攻克城阳（今山东菏泽东北）、兵围雍丘（今河南杞县），斩杀了秦的三川郡郡守李由（李斯之子）。

可项梁占据定陶这个大都市以后，却变得志得意满，渐有骄色。章邯趁项梁麻痹轻敌之机，夜间偷袭定陶，项梁战死。这使各路义军一时失去了统一的指挥，形势十分危急。好在章邯错误地估计了形势，认为南方的义军主力已被消灭，"楚地兵不足忧"，于是挥师北上，匆忙向河北扑去，这才使项羽、刘邦等赢得了喘息之机。

当时，项羽、刘邦正率兵进攻陈留（今河南陈留东北），听到项梁兵败被杀的消息，立即改变作战计划，回师东向，趁章邯挥师北上，将各路义军调集彭城（今江苏徐州）。吕臣驻城东，项羽居城西，刘邦屯于离彭城不远的砀郡，又把楚怀王迎至彭城，从此，彭城就成为起义军的指挥中心。

章邯北上之时，秦将王离已率北方大军包围了巨鹿（今河北平乡西南），章邯的到来，使秦军战斗力大为增强，赵国的形势十分严峻。当时的形势是：如果赵国的主力在巨鹿被歼，则秦军无后顾之忧，可以长驱而下齐、楚；如果义军北上救赵，可以把秦军主力牵制在河北，而以轻军直捣关中。所以，当赵国遣使者到彭城求援时，楚怀王遂决定以宋义为上将军，项羽为次将，范增为末将，率主力军北上救赵；派刘邦率另一支义军向西挺进，收陈胜、项梁散卒，直取关中。并与诸将约定："先入定关中者王之。"

宋义领兵行至安阳（今山东曹县东南）后就驻扎下来，不再前进，一直拖延了46天。项羽心急如火，可又毫无办法。一天，项羽向宋义建议：趁秦军围赵于巨鹿，应主动出击，楚军从外面进攻，赵军在城内呼应，就一定能击败秦军。

可宋义却说："不，不行。打牛虽然能打死表面上的虻，却打不着毛里的虱子。章邯的军队是露出外表的虻，我们的心腹之患是秦本国的军队。现在秦军全力攻赵，假使战胜了赵军，士兵也必然疲惫不堪，到那时我们就可以乘机轻易击溃它；如果秦不能胜赵，我们也可以向西进入秦的本土，这样必定能灭秦，所以还是先让秦和赵交战为好。若论拼死沙场，我不是你的对手；但运筹帷幄，你却比不上我。"

项羽一时语塞，气得两眼圆瞪，恨不得一拳把他的脑袋砸个稀烂。当时，正值天寒大雨，士卒都忍饥挨冻，可宋义却天天在军营里饮酒高会。

项羽激奋地对手下将领说："上将军不与赵军勠力而攻秦，还借口等待秦军疲惫，坐观胜败，以收渔人之利。以强大的秦军攻赵，其势必是赵败，则秦军益强，哪有什么疲惫可等呢？国家安危在此一举，他却饮酒享乐，不能体恤士卒，这哪里称得上是社稷之臣呢？"

其他将领也义愤填膺，纷纷表示听从项羽的命令，请项羽当机立断，早点拿定主意。

次日清晨，项羽请求和宋义面商事宜，在军帐中杀死了他，然后提着宋义的人头向全军发布军令说："宋义通齐背楚，我奉楚王的密令杀了他。"

诸将慑服，无人敢于反抗，都说："首立楚王的是将军一家，现在诛杀乱臣也全靠将军，我们对将军唯命是从。"

于是众将商议拥立项羽为代理上将军。项羽当上主帅后，一面布置做好渡河救赵的准备，一面派桓楚把事情的经过报告怀王。怀王便任命项羽为上将军，并把英布和蒲将军所部两万余人划归项羽指挥。

项羽先是派英布和蒲将军领兵两万渡漳水救巨鹿，作试探性进攻，但没有取胜。随后，项羽亲自率领全军北渡漳水，并下令凿沉渡船，打碎釜、甑，烧毁营帐，每人只携带三天粮食，以表示有进无退，誓与秦军决一死战的决心。这种"破釜沉舟"的壮举，是中国人民敢于同黑暗势力作斗争的象征，它从此彪炳于史册，永远放射着夺目的光彩。

项羽率军一路急驰，很快进至巨鹿城下，将秦将王离的军队包围。王离猝不及防，慌忙整军迎战，可还没等他摆开阵势，项氏楚军就已掩杀过来。项羽身先士卒，锐不可当，哪里有秦军集结就冲向哪里，楚军将士个个勇猛杀敌，无不以一当十，以十当百，一时杀得昏天暗地，喊杀声震耳欲聋。

当时，被调来救巨鹿之围的各路诸侯军队不在少数，但他们都不敢同秦军接战，踞于营垒后面观战，见战场上人仰马翻，血肉横飞，一个个吓得心惊胆战，两腿发软。

在楚军的拼命攻击下，秦军迅速土崩瓦解，王离被俘，涉间自焚，章邯被迫引军后退。

战斗结束后，战场上变得死一般沉静，只是偶尔传出几声伤兵的惨叫，显得格外瘆人。当各路诸侯军前来拜见项羽时，一个个诚惶诚恐，入军门都不敢步行，纷纷跪在地上，屈膝而入，不敢抬头仰视项羽。从此，项羽真正成为诸侯的上将军，各路将军无不甘心归属项羽的指挥。

巨鹿之战后，项羽又引军连败章邯，逼得章邯不敢出战。而在此时，赵高已当上秦朝廷的丞相，为独揽朝权，赵高指鹿为马，诬杀李斯、冯去疾、冯劫等朝臣，并以秦二世的名义指责章邯，令他十日内消灭项氏楚军。章邯损兵折将十几万人，哪有力量挽回败局，内外交困之下，被迫于秦二世三年（前207）七月，率余众向项羽投降。

巨鹿一战歼灭了秦王朝的主力，从此，咸阳的小朝廷已成为瓮中之鳖，秦的灭亡只是个时间问题了。

项羽接收章邯的军队后，当即率领各路诸侯军向关中挺进。行至三川郡的新安（今河南渑池）时，以秦降卒私下不满，恐怕他们入关后发生变乱，乘夜发动袭击，将秦降卒 20 余万人全部坑杀在新安城南，然后率军西进，发动对关中进攻的最后一役。

二

在农民起义风起云涌之时，昏庸的秦二世在赵高的唆使、怂恿之下，不但不能改变政策，组织有效的镇压，反而变本加厉，暴虐无道。

赵高为了攫取更高的权力，进一步控制胡亥，防止胡亥与其他人接触，首先编造谎言对胡亥说："天子之所以受人尊敬，只要让人们能听到他说的话就行了，不应和群臣经常见面。如今陛下富于春秋，处理各类事务，未必能做到事事恰到好处。如果在大臣面前暴露了自己的弱点，天下人会说陛下是个不称职的皇帝，以后陛下最好不要上朝，有什么事就由我和侍中里习法的人批答处理就行了。"

秦二世哪知有诈，非常乐意地采纳了他的意见。从此，朝廷大事都由赵高决断，胡亥成了赵高手中一个彻头彻尾的傀儡。

赵高几乎拥有了一切，但他仍然不满足，他要把挡在他通向权力顶点道路上的一切障碍全部摧毁。应当说，首当其冲的当然就是李斯。李斯知道沙丘之谋的内幕，如果不除掉李斯，这一阴谋随时都有泄露的可能。为此，他绞尽脑汁，终于想出了一条毒计。

一天，他哭丧着脸对李斯说："丞相啊，现在关东反叛的盗贼，此起彼伏，而皇上压根儿不放在心上，只知道修建宫殿，什么猫哇，狗哇，尽弄一些无用之物。我很想劝阻皇上，可想到自己职卑位低，恐怕说了皇上也不会理睬。丞相是先帝时的大臣，说话一言九鼎，何不劝谏劝谏呢？"

李斯称许说："是呀，我有责任这样做，可就是找不到合适的机会，如今皇上常居深宫，很难见到，我想说也没法子啊！"

赵高见李斯上了钩，就说："只要丞相真想进谏，我一定留心，看皇上有闲暇，立即禀报就是。"

赵高深知胡亥已经沉湎于酒色而不能自拔，当然就非常讨厌别人在他玩得高兴的时候来打扰。于是，趁胡亥拥娇妻、挽美妾，狂歌燕舞到兴致最浓时通知李斯："上方闲，可奏事。"[①]李斯一听，慌忙赶去求见，但遭到拒绝。一连几天，都是这样。李斯不但没见到皇上，反而把二世惹恼了。胡亥大声骂道："李斯这个老贼，太不知趣了。我闲着没事的时候，他不来奏事，正当我玩得起兴时，他却一次又一次来扫我的兴，他大概是看我年轻，瞧不起我吧！"

赵高立即应声道："丞相要是真的这么想，那可太危险了。沙丘之谋丞相是参与者，现在陛下当了皇帝，而他的富贵却没有增多，大概他是想裂地而王才满足吧！"并诬陷说："丞相的大儿子李由任三川郡（治今河南洛阳）郡守，造反闹事的陈涉又是丞相的同乡，所以才敢如此横行。盗贼经过三川时，李由守城不出战（其实，陈胜起义军西进时，是李由拼命死守，才使吴广军无法西

———————————

① 《史记·李斯列传》。

进），还与陈涉有书信往来。这件事，由于还拿不到真凭实据，才暂时没敢奏明圣上。"

正在气头上的胡亥，信以为真，立即派人去三川郡调查李由通盗的事。李斯听说赵高玩权术竟玩到自己头上，不由大怒，上书胡亥，揭露赵高独揽朝政，贪欲无厌，想干弑君篡权的勾当。胡亥根本听不进去，反而斥责李斯说："赵高忠信于我，精明强干，下知人情，上合朕意，不能怀疑！"并且把李斯的揭发材料密告赵高。

赵高趁机进谗道："丞相父子谋叛已久，所担心的就我一个人，我如果死了，他便会像田常那样杀死陛下夺取皇位。"经过这一番恶毒的挑拨，胡亥竟下令将李斯抓起来，交给郎中令赵高查办。

就这样，通过一系列精心策划，李斯的罪名终于被赵高罗织而成。李斯悔恨交加，最后含冤抱屈被腰斩于咸阳。

赵高除掉了李斯，更加为所欲为，竟在光天化日之下，演出了一场"指鹿为马"的丑剧。

秦二世三年（前207）八月的一天，赵高趁群臣朝贺之机，命人牵来一头鹿（即马鹿，形似马）献给二世，口里却说："我把一匹漂亮的小马献给陛下玩赏。"

胡亥一看，失声笑道："丞相说错了，这是鹿，不是马。"他还转过头去问左右的人道："大家看，这是鹿，还是马？我没有说错吧？"

围观的人，有的慑于赵高的淫威，缄默不语；有的弄不清赵高这葫芦里卖的什么药，便说了真话；那些拍惯了赵高马屁的人，即使在皇帝面前也硬说是马。胡亥见众说不一，还以为是自己害了什么病，因而把话说错了，便命大臣去算卦。在赵高的授意下，算卦的人也胡编瞎说："因为陛下祭祀时没有斋戒沐浴，才出现了这种认马为鹿的现象。"胡亥信以为真，便按赵高的意图，打着斋戒的幌子，躲进了上林苑。

赵高玩弄这幕"指鹿为马"的闹剧，目的是想当着皇帝的面在群臣中显示自己的地位和影响。即使自己"指鹿为马"，皇上也不敢奈何他。还可以通过这场闹剧，检验出胡亥被自己愚弄和信赖的程度来。

愚蠢透顶的胡亥，自然不知道赵高的狼子野心。他钻进上林苑后，"事无大小辄决于高"，他自己却"高枕肆意宠乐"起来。

胡亥走后，赵高立即张开了魔爪，把那些敢于说是"鹿"的人统统杀掉。

这样一来，朝野上下，人人缄口，个个自危，无不重足而立。整个秦王朝至此彻底陷入瘫痪，丧失了镇压农民起义的职能。正如列宁所说，一场社会革命只有在被统治阶级无法被统治下去的时候，而且统治阶级也无法统治下去的时候才能成功。这时的秦王朝就恰好到了这种境地，因此它的灭亡也就在所难免了。

刘邦的起兵，对吕雉来说是且喜且忧。喜的是这可能又是"东南有天子气"的应验；忧的是，时下兵荒马乱，丈夫万一有个闪失，还不如让他在家做个本分的农民。

刘邦接受楚怀王的命令后，就从砀郡赶回老家和太公、吕雉告别，并留下同里旧友审食其（yì jī）帮助料理家事。吕雉亲自把丈夫送到砀县，一路上千叮咛万嘱咐，真有说不尽的情话，她可能不会想到，这次和刘邦分别险些成了死别。

秦二世三年（前207）二月，刘邦率军由砀县出发，北攻昌邑（今山东巨野南），久攻不下，遂挥军南下，取道高阳（今河南杞县西南），在高阳他结识了著名辩士郦食其。

郦食其是高阳人，家境贫寒，善言好辩，属战国纵横游说之士。他从青年时代就酷爱读书，而对经营产业不感兴趣。一般来说，在社会动荡的年代，这种靠舌辩游刃于各种政治集团之间的游说之士还是大有用武之地的，他们自己并不想直接成为统治者来扭转乾坤，而是依靠自己的三寸不烂之舌去影响各派实力集团的政策与行动，就好像在棋盘上摆弄棋子，可以从中获得一种喜悦感，当然也能从中取得一定的利益和地位。据说这个郦食其虽然身份低贱，仅仅是一个把门的，但架子还不小，一般人他都不放在眼里。

这次刘邦的大军打此经过，他便想利用这个机会，施展自己的才干。他曾听人说刘邦是一个比较善于用人的长者，便找到一个在刘邦手下做事的同乡，对他说："听说沛公傲慢无礼，待人冷淡，但是很有谋略，这样的人正是我所希望交往的。请你见到沛公时对他说：我的乡里有位郦生，年过六十，身长八尺，别人都称他为狂生，而他自己却说不是狂生。"

那人回答说："沛公平生最讨厌儒者，有儒者去见他，他就摘下人家的儒冠往里面撒尿，同人家说话也总是大骂一通。你要是以儒者的身份去游说他，我看是白费心机的。"

郦生说："哦，不要紧，你替我传达一声就行。"

这人倒也没食言，找个机会把这事告诉了刘邦，刘邦就派人把郦食其叫到他的住处。

郦食其进门的时候，刘邦正斜靠在床上，让两个少女为他洗脚，见郦食其进来，抬头望了一眼算是打了招呼。郦食其也不下拜，只是拱手作揖道："足下是想帮助朝廷攻打诸侯，还是想率领诸侯破秦呢？"

刘邦一听，气得坐直身子，破口骂道："你这迂腐的儒者，天下长期以来遭受朝廷的苦难，因此各路诸侯才联合起来攻打朝廷，怎么说是帮助朝廷攻打诸侯呢？真是胡说八道。"

郦食其不恼不火、慢声细语地说："既然要率领义军去讨伐没人道的暴秦，怎么能伸直两脚来会见长者呢？"

刘邦于是不再洗脚，站起身，整理好衣服，把郦食其让到上坐，表示道歉。郦食其便同刘邦谈论起当时的形势。刘邦非常高兴，谦恭地向他请教破秦的策略。

郦食其给刘邦分析说："足下就是把陈胜、项梁的散乱之卒收拢起来，也不过万人而已，凭着这点兵力去攻秦，无异于把手伸入虎口里去，这是非常危险的。陈留是个四通八达的天下要冲，而且储备着丰富的粮食。我和陈留县令有些交情，不如由我先走一趟，说服他投降足下。如果他不投降，你再进兵攻打他，我在城里作内应。"

刘邦觉得有理，就派郦食其在前面先行，自己率兵随后，想不到没费一兵一卒，果真降伏了陈留（今河南开封东南）。刘邦大为高兴，封郦食其为广野君。郦食其又把自己的弟弟郦商推荐给刘邦，让他一同西上，他自己则作为说客，往来于诸侯之间。

刘邦在陈留得到人员和物资的补充，兵势日强，遂西攻开封（今河南开封西南），与秦将杨熊战于白马（今河南滑县西），大破秦军。这时，活动在颍川（治今河南禹州市）一带的张良也赶来投奔刘邦。可以说，张良的一生是和刘邦的事业相始终的，也跟吕雉的政治生涯紧密相连，特别在楚汉战争中发挥了不可忽视的作用。

张良，出身于旧韩名门之家，祖父和父亲都当过韩国的宰相，仕过五代韩王。秦灭韩时，张良还是少年，就发誓要报仇。张良家是拥有僮仆300人的贵族，但他弟弟死了他也不为其厚葬，而是用全部的家资来招募有本领的人，等待时机刺杀秦始皇。

有一次，张良到东方海滨旅行，结识了一位大力士，他就不惜重金与之交结，并把自己的意图告诉了他，所谓"士为知己者死"，大力士满口应允下来。张良于是到铁匠铺做了一个重120斤（约合今60斤强）的大铁锤，准备用来砸死秦始皇。

秦始皇二十九年（前218），始皇帝巡行东方，张良得知秦始皇将经过阳武博浪沙（今河南原阳东南），就和大力士潜伏在山中等待。当秦始皇出巡的队伍从半山腰的道路经过时，张良瞄准一辆特别豪华的车，令大力士下手，说时迟那时快，大铁锤应声飞了出去，把那辆车砸得粉碎。也许秦始皇命不该绝，他当时恰好没坐在那辆车上，而是坐在副车里。张良自然不晓得，异常兴奋地和大力士分开逃跑。

秦始皇受到惊吓，暴跳如雷，下令大规模搜捕刺客。张良只好变换姓名，逃亡到下邳（今江苏睢宁西北古邳镇东）躲藏起来。秦始皇的罗网撒得再大，也一时罩不到下邳这个地方，张良遂在下邳过起安闲的日子。

有一天，张良出外散步，走到桥上的时候，对面走过来一位衣衫褴褛的老人。看到张良，老人忽然想起什么似的，故意把鞋扔到桥下去。

"小家伙，帮我把鞋取来。"老人傲慢地说。

张良觉得太过分了，可想到他是一位白发苍苍的老人，只好强忍着性子把鞋子拾了上来。

这时，老人把脚从裙裤下面伸出来说："把鞋给我穿上。"

张良心想，反正鞋已经取上来了，就跪下替老人穿上。老人点头笑了一声，便起身离去。张良满腹狐疑，愣愣地目送老人。老人走出几步后，又转身笑吟吟地对张良说："小家伙，五天以后的早晨，你到这里来，我教你点本事。"

张良虽然不太相信老人有什么超人的本领，可还是点头答应。五天以后，张良一大早就来到桥边，可老人已先来了，他愤怒地对张良说："年轻人，怎么好意思让年纪大的人来等你，回去！五天以后早点来。"

张良心里尽管有些恼怒，可好奇心还是驱使他到了五天以后，鸡刚叫头遍就出来了。但是，他还是来晚了。老人坐在那儿训斥道："真是没有出息，要想出人头地，五天以后再早点来。"

张良觉得好生奇怪，莫非这老头是仙人不成，心想，我豁出去了，倒要看看你玩的是什么把戏，所以这次他半夜就顶着星星来到桥头。约摸过了一袋烟的工夫，老人飘然而至，和蔼可亲地望着张良说："嗯，年轻人就应该这样。"说着从怀里取出一本书，递给张良说："你仔细读了这部书，就可以成为王者之师。十年以后，就能出人头地。十三年后你到济北（治今山东泰安东南）去见我，谷城山（今山东平阴西南）下的黄石就是我。"[①]

老人说完，忽然间一眨眼就不见了。张良回到住处，展开一看，原来是《太公兵法》，于是就认真阅读起来。

十年后，陈胜起兵反秦，世道忽然大乱。张良认为这正是自己施展抱负的机会，就纠合万余名青年人，准备伺机大干一场。当景驹在留县（今江苏沛县

①后十三年，果然在谷城山下见到黄石，因号老人为黄石公。

东南）被秦嘉立为楚王时（前208），张良就打算去投奔他。但在途中，遇到刘邦正率领千余人攻略下邳的近郊，于是就归属了刘邦，被任命为厩将（别将之一，地位略低于将军）。此后，张良经常同刘邦谈论《太公兵法》，刘邦总是非常高兴地采用，张良以前也对别人讲过，可没人肯听他的意见，因此，张良认为刘邦不同凡俗，是位具有天授其才的人物，便长期追随刘邦。

后来，张良因为念念不忘复兴韩国，就向项梁请求立韩公子横阳君为韩王，项梁表示同意。张良便告别刘邦，与韩王率领千余士兵攻略原来的韩地，降伏了数城，可旋又为秦所占，张良只好暂时在那里打起游击来。

这时，刘邦来攻开封，张良便赶来相见。

公元前207年十月，刘邦用张良计，降伏宛城（今河南南阳），经武关入关，进军霸上（今陕西蓝田西）。

此时，秦王朝早已四分五裂。

赵高导演"指鹿为马"的丑剧后，眼见秦王朝已经摇摇欲坠，他是既想苟延残喘，又想险中求贵。他一面派人暗中与刘邦联系，要同起义军讲和，求关中之地自立为王；一面则对玩腻了的傀儡皇帝胡亥采取断然措施。

首先，他把弟弟赵成和女婿阎乐找来，进行策划。赵成身居郎中令要职，可以自由出入宫廷，充当内应。阎乐是咸阳县令，手下有一部分兵力，由他率领士兵假扮成山东（崤山以东起义）军攻打望夷宫。赵高亲自指挥全局。

接着，赵成便在望夷宫内散布谣言，说什么山东强盗打过来了，搅得人心惶惑不安。同时，命令阎乐召集士兵"保卫"望夷宫。阎乐遂乘望夷宫守备不严时，率兵闯入宫中，他们逢人就砍，到处放箭。一时宫中血肉横飞，惨不忍睹。被蒙在鼓里的胡亥吓得目瞪口呆，瘫软在龙椅上，一个劲儿地喊着让卫士反击，但没有一个人敢出战，早已溜之大吉。只有一个小宦官木鸡似的呆立在他的身后。

胡亥焦急地说："你怎么不早告诉我赵高要谋反，以至于有今天？"

小宦官鼓起勇气回答道："正因为我平时不敢说话，才能活到今天啊，要是我从前多说了话，早就被害死了，还能活到今天吗？"

这时，阎乐已冲到胡亥面前，气势汹汹地对他说："你是一个无道暴君，残杀了天下难以计数的无辜百姓，耗费了无数民脂民膏，现在天下的老百姓都起来反对你，你自己拿个主意吧！"

胡亥这时仍对赵高心存一线希望，胆战心惊地问："我可以见一见丞相（赵高）吗？"

"不行！"阎乐断然拒绝。

"那么，我不当皇帝了，可以给我一个郡为王行吗？"胡亥哀求着。

阎乐理也不理。

胡亥哭泣着说："给我一个万户侯当也行。"

阎乐吼道："你还痴心妄想些什么！"

胡亥绝望道："只要保全我的性命，我情愿带着妻子去当老百姓，这总该可以了吧！"

阎乐不耐烦地冲他嚷道："我是奉丞相之命来处死你的，你说得再多也无济于事，快快自裁吧！"

胡亥这才意识到末日来临，在阎乐的威逼下，拔出宝剑，结束了那企图传之万代的皇帝梦。

阎乐向赵高回报了胡亥已死的消息，赵高一听，欣喜若狂，匆忙赶到现场，摘下玉玺佩在身上，大步走上殿去，就准备宣布登基。但是"左右百官莫从"，以无声的反抗粉碎了他的皇帝梦。赵高顿时不知所措，只觉得天旋地转，"殿欲坏者三"。最后，他只得无可奈何地取消了称帝的打算，立子婴（一说是胡亥之侄；一说是始皇之弟）为秦王。

子婴心里十分明白赵高的险恶用心，于是就和自己的两个儿子和贴身宦官一起设计杀掉赵高。这时，刘邦率领的大军已经从武关攻入关中，步步逼近咸阳。

当刘邦大军进抵霸上后，秦王子婴带着象征皇帝权力的印绶到刘邦驻地投降。秦统一天下十五年，至此灭亡。

刘邦手下有人建议杀了子婴。刘邦说："怀王命令我征讨暴秦，就是认为我为人比较宽容，况且杀降者是不吉利的。"于是把子婴交给官吏暂时监管起来。

子婴出降的第二天，刘邦率领大军浩浩荡荡开进咸阳城。众将士进城后，全然不顾军法的约束，到处争抢金帛财物，甚至杀人越货。可想而知，旧的王朝毕竟代表着一种秩序，如今秦王朝已不复存在，而新的秩序尚未建立，所以，蜂拥入城的将士就跟土匪一样，走街串巷，砸店铺，抢民女，可谓无恶不作。

当时，在刘邦的手下，只有萧何比较清醒，他一不贪财宝，二不霸美女，而是带着属下抢先进入秦丞相和御史府。按秦制，丞相佐助天子，处理国家大事。御史大夫相当于副丞相，对外监督各郡御史，对内接受公卿奏事，按章举劾。除军权外，丞相和御史大夫几乎总揽了一切朝政，御史大夫的属官御史中丞负责掌管图籍秘书。要知道，在古代由于书写、测绘的艰难，一些涉及国计民生的地图和书籍都藏在最机密的档案库里，秘不示人，拿地图来说，它不仅记载着地理知识，而且是统治权力的象征。萧何为吏多年，当然知道它的重要，因此率先把秦的律令图书收藏起来，使刘邦对于天下的关塞险要、户口多寡、强弱形势、风俗民情等都能了如指掌。后来，刘邦之所以能在楚汉相争中料敌制胜，这也是一个非常重要的有利条件。

刘邦驱马进入咸阳宫后，见到成百上千的后宫宫女，宛如天仙，娇艳靓丽，胸中那股子贪酒好色的欲望又浮上心头，痒得他拽过两个宫女拥在怀里，就再也不想离开这富丽堂皇的宫殿了。这时，樊哙有事来报，却在宫外被卫兵拦住，樊哙问是怎么回事，卫兵嬉皮笑脸地说，你且听听里面有什么声音。樊哙不听则已，一听里边传出女人的笑声和娇滴滴的撒娇声，肺都要给气炸了，大声吼道："刘季，你且住手，我有事找你商量！"说着便大踏步闯了进去。

刘邦忙披上外衣，嗔怪道："我的樊老弟，有什么大事也不好这般无礼，这不是坏我的好事吗？"樊哙冲着刘邦嚷道："你手下的将士在外面闹翻了天，简直连土匪都不如，你身为一军主帅，不赶紧下令制止，还有闲心在这里调情，我看你是不想当关中王了。"

恰在此时，张良笑吟吟地走了进来，劝谏刘邦说："秦朝统治毫无人道，这才使沛公到这里。你要贪图享受这无人道的成果，就跟无人道的秦王没有什么两样，替天下百姓去残除暴，就应该反秦之道而行之，俭素爱民。如今刚刚进入咸阳，就贪图狗马妇女，这不是'助纣为虐'吗？俗话说：忠言逆耳利于行，良药苦口利于病。我劝你还是听从樊哙的忠告，不要住在这里。"

刘邦心里虽然有些恋恋不舍，可还是勉强接受了他们的意见，整了整衣冠，随二人走出宫殿。走了几步，又吩咐手下侍卫选几个漂亮宫女带回霸上，然后下令把藏有珍宝财物的府库都封存起来，敢私自动用者，格杀勿论。

回到霸上驻地后，刘邦又召集咸阳城及附近诸县的父老豪杰开会，告谕他们：

你们受秦朝的苛酷法律之苦已经很久了，我是为拯救你们而来。在我入关之前，已与诸侯约定：先入定关中者在关中称王。我应当做关中王，因此规定以后的法律只留三章：杀人者死，伤人及盗抵罪。除此以外的秦法一律废除。你们回去后请转告父老乡亲，让他们不必惊慌，安心过日子。

父老豪杰们都满心欢喜，赶快回去告诉自己的乡亲。秦民本来以为这次六国的军队攻入关中，肯定要拿他们报仇，没想到入关的刘邦不但及时制止士兵烧杀抢掠，而且宣布废除秦的苛法，因此都争着赶着牛羊，带着酒和食物，到霸上来慰劳刘邦的军队。刘邦听说后极为高兴，想不到依张良的计谋行事，竟能如此取悦民心，因此，走出营帐对众人说："诸位的心意我们心领了。尽管我军带的粮食不多，可也不能给你们增添麻烦。谢谢大家，还是请大家把东西带回去吧！"

刘邦坚决把犒军的东西辞退，使秦民更加高兴，唯恐刘邦不在关中称王。

这时，一个叫鲰生的人对刘邦说："秦地物产丰饶，地势坚固，据我所知，项羽已降伏了章邯，正快速地向关中奔来。项羽如果进关的话，沛公您就无法保住关中之地了。依我之见，不如赶快派兵固守函谷关，不要让诸侯的军队进来。"

刘邦采纳了郦生的建议，当即派兵镇守函谷关。等他把这一切都处理停当以后，便思念起家乡的亲人来，于是把自己的连襟樊哙找来，一边喝着酒，一边唠起家常。刘邦说："都说大丈夫应志在四方，不能儿女情长，可把妻子儿女丢在家里，也实在让人不放心。"

樊哙说："这你大可放心，如今你是一军主帅，我想不会有人敢欺负他们，何况还有审食其他们在家打点，你就不用操心了。"说着又敬了刘邦一杯。刘邦仰头把酒喝干，长叹一声："唉，你有所不知呀！"樊哙忙把话岔开，说等在关中站稳脚跟，他就亲自出关一趟，把家眷都接过来。

三

自从项羽、刘邦出兵以后，刘邦的家乡丰邑倒也风平浪静。丰邑与彭城原来都隶属秦的泗水郡，相距不过一百多华里，如今楚怀王定都于此，丰邑就成了彭城的近畿之地，安全是有保障的。楚怀王一直把刘邦视为宽厚长者，所以有心照顾好他的亲人，不仅经常派人前去探望，逢年过节，还差人送些食物过去。

刘邦出兵以后，吕雉的生活也稳定下来，太公和鲁元、刘盈有仆人侍候，家里家外的杂务也再不用她亲自料理，都由审食其差人去做，大户人家的生活又回到吕雉身边。吕雉自从嫁给刘邦以后，还一直没这样清闲过，如今一旦静下心来，难免更担心起刘邦的安危了。

当时，吕雉年仅二十七八岁，可每天除了为儿女缝些衣物，便无事可做，于是经常一个人出门闲逛。有一天，她信步来到村外的小溪，找一处僻静的地方坐下来，想到丈夫出兵打仗，蒙风雨，冒矢石，生死难测，心中不免有些酸楚，于是把脚伸到清澈的溪中戏起水来。那时候，溪中的鱼儿多的是，有几条小鱼竟游到岸边来啃吕雉的双脚，吕雉顿时感到两脚痒痒的，浑身生出一种舒畅的感觉。

正在这时，从上游不远的地方传来一阵激水的声音，吕雉赶忙穿上鞋，带着一种好奇悄悄摸了过去，在转弯的地方，当她拨开柳枝窥望时，顿时被眼前的一幕吸引住了。原来，是一男子正赤身裸体地在水里洗沐，吕雉本能地用双手捂住眼睛就想离开，可两只脚却不听使唤，一股强烈的好奇心又驱使她移开手指，偷偷地望着，这一看不打紧，脸颊一下子羞个透红。这该死的，原来是他。这人正是审食其，审食其原本背对着吕雉，这会儿却鬼使神差地转过身来，向岸边走来。吕雉怔怔地望着审食其，心中暗想，平时看他文文静静的样子，没什么稀奇，却不知他竟这般强壮，好不招人喜爱。她这么想着，那边审食其已穿上衣服，嘴里哼着小曲走开了。

吕雉愣愣地站在那儿出了会儿神，这才转身往家走。没走多远，审食其不知从什么地方冒了出来，向吕雉施礼道："嫂夫人，这是到哪里去了，看你的脸色是不是身体不舒服？"

吕雉感到有些难为情，顺着他的话茬说："是食其呀，这两天不知怎地，总感到有些头晕，本想出来透透空气，可还是不见好转。"

审食其关切地问："是不是天气闷热的缘故，要不我去找个大夫看看？"

吕雉忙说："没那么要紧，或许是平日太寂寞的缘故吧，以后你有时间，不妨多到我屋里聊聊。"审食其有点受宠若惊，赶紧点头答应。

　　两人说着话，不知不觉已走到村头，审食其见吕雉心情极佳，壮着胆子开玩笑说："嫂夫人，你这毛病其实不是病，纯粹是天天守着空房闲出来的，要不，我找个机会给你治治？"吕雉被臊得满脸通红，一脸生气的样子说："别胡说，小心我撕烂你的臭嘴。"审食其不知吕雉是在故作姿态，赶紧连声赔不是。吕雉瞥了他一眼笑道："瞧瞧，你哪里像个男子汉，快给我一边去吧。"说着径直走回家去。

　　从此以后，审食其还真的经常有事没事地到吕雉房里跟她说话逗笑，这审食其虽然没什么文才武略，可长得眉清目秀，口齿伶俐，哄起女人来还真有那么一套，没几天工夫，竟使吕雉有些离不开他了。由此一来二去，两个人在情感上如胶似漆，审食其往吕雉房里跑得更勤了。

　　这一天，楚怀王遣人来报，说刘邦已打进关中，秦王子婴出降，并顺便送来许多酒食。

　　听到这个消息，审食其对吕雉说道："沛公已率先入关，不日就要称王关中，派人来接我们过去啦！可吕雉非但没高兴起来，反倒面带愁容地说："项羽现在也正开赴关中，一山不能容二虎，他怎么会甘心让刘邦在关中称王呢，搞不好还不得打起来，可刘邦现有的力量恐怕敌不过项羽吧。"审食其听了，立刻感到有股寒意向自己袭来。

　　不出吕雉所料，项羽入关后还真的险些要了刘邦的命。

　　项羽一路急行军，很快就进抵函谷关（在今河南灵宝东北王垛村）。此关位于深谷之中，东西十五里，绝崖立壁，深险如函，是出入关中的东方门户。

　　前方探子来报，关口有重兵把守，看样子好像是沛公的军队。项羽一听大怒，骂道："老子在巨鹿浴血奋战，沛公乘隙抢先入关，不派人前来犒军，竟敢闭关拒我，真是岂有此理！"当下点兵三千，派英布领兵进攻。

守关的士兵连日来沉醉于酒色之中，听说东方发现一支军队，自以为有关可守，并没当回事。没过多久，忽听三声鼓响，忙纷纷拿起兵器登上关隘，可还没等他们站稳脚跟，楚军已经潮水般涌了上来，一阵喊杀声过后，刘邦的军队就死伤大半，余下的或缴械投降，或弃关遁逃。这场战斗就这样轻描淡写地结束了。

公元前 207 年十二月，项羽的大军浩浩荡荡进至戏（在今陕西临潼东北戏水西岸）。这时，刘邦手下有个左司马曹无伤听到这个消息后，知道形势不容乐观，想那项羽强大无比，要攻打刘邦，必胜无疑，自己何必效命刘邦呢？还不如私下交通项羽，也好为自己留条后路，于是就派人对项羽说："沛公刘邦想当关中王，并声称任命子婴为丞相，独占珍宝。"

项羽更加愤怒，下令大飨士卒，明天清晨发动进攻，一定要踏平刘邦的军营。

当时，项羽拥兵 40 余万，号称百万，在新丰鸿门（古邑名，在今陕西临潼东北鸿门堡村）布阵；刘邦有兵十余万，在霸上布阵。

范增对项羽说："刘邦在山东时贪财好色，可进入关中以后，财宝一无所取，不近女色，这充分表明了他的野心。我派人到霸上观阵，见刘邦军营的上空充满了五彩云气，你可要赶快击溃他，不要坐失良机。"

在这千钧一发之际，项羽的内部也出了内奸。项羽有一个叔父叫项伯，以前因为杀人逃到下邳，曾受到张良的保护，所以一直跟张良交往甚密。此时想到张良还在刘邦的军营，而明天两军就要交战，于是连夜驰马来到霸上，悄悄把张良唤出来，将项羽准备攻打刘邦的消息告诉了他，劝他和自己一起离开。

张良想了一会儿说："我是奉韩王之命来到沛公麾下的，现在沛公有难，我独自逃跑是不义的，我不能不把这事告诉沛公，请你在这稍候片刻。"说完就走进营帐，把情况详细告知刘邦，刘邦大惊，一时不知如何是好。

张良想想说："以大王的兵力能敌得过项王的军队吗？"

"根本敌不过，可现在应该怎么办才好呢？"刘邦沉默一会儿，诚恳地说。

张良回答说："这样吧，我先拜托项伯替你求情，让他告诉项王，就说你压根儿不敢背叛项王，先把项王稳住再做打算。"

刘邦听张良这样说，自己也镇静下来，问道："你跟项伯有多深的交情？"

"我们也算是生死之交了，过去项伯杀人，我曾救过他，他这次来通知我，也许是想报恩吧！"

刘邦一听，计上心来，忙问张良跟项伯谁的年纪大，张良说项伯年纪大。刘邦就说："那你把他请进来，我以兄长待他。"

张良出来，说沛公想见项伯，项伯开始不肯，可在张良的恳求下还是进了营帐。刘邦见项伯进来，赶紧施以大礼，邀至上座，并举起酒杯为他祝寿。酒过三巡，刘邦问起项伯的家人，听说项伯有子未娶，就说自己膝下有一女，尚未许嫁，希望能和项伯结为儿女亲家。项伯见刘邦待人亲切，忙说自己不敢高攀。刘邦说你是项王的叔父，我才是高攀呢。就这样，两家的儿女婚姻便达成口头协议，而对刘邦来说，这仅仅是一种策略而已。

刘邦又接着说："我入关以后，没敢擅自动用任何财物，一心整理好官员和百姓的户籍，封好府库，等待着项王的到来。我之所以派兵把守函谷关，是为了防备盗贼出入和发生什么意外变故。我日日夜夜盼望项王早些进关，怎么敢反抗项王呢？希望兄长能把我的意思告诉项王。"

项伯说："沛公的意思我一定传达，或许可以暂时缓和一下你们的关系，但要避免发生火并，还希望您明天一早能亲自到鸿门向项羽赔礼道歉。"刘邦赶忙满口答应。

项伯告辞刘邦、张良，又连夜驰回鸿门，向项羽详细转达了刘邦的话，接着说："大王，如果不是沛公率先平定关中，您怎么能这样容易就来到这里。沛公立有大功而我们还要去攻打他，这是不义的，大王不如以礼相待，这样才能取得部下的拥护。如果明天攻打沛公，其他诸侯军就会人人自危，要是发生什么意外，那就危险了。"

项羽说："你说的也不无道理，随我入关的诸侯军将领不过慑于我的武力，这才听从我的号令，说到底，我跟他们的关系不过是诸侯军之长罢了，他们未必对我心服口服。暂时就按你说的办，看刘邦明天有什么说法。"

第二天早上，刘邦率领百余名侍从来到鸿门，见项羽走出营帐来迎接，急忙下马，半跪在地上，拱手赔罪说："我和将军合力攻秦，将军在河北作战，我在河南作战，如今我能先入关破秦，还不是仰赖将军在河北牵制了秦军的主力，并将章邯、王离两支铁军击溃。对此，天下人有目共睹，我刘邦哪能分不出个轻重。现在有些无聊的人唯恐天下不乱，散布一些流言蜚语，使我和将军之间产生误会。将军若是轻信这些谗言，我人就在这里，要杀要罚都请将军了断。"

项羽见刘邦讲得很诚恳，哈哈大笑几声，拉起刘邦说："沛公这话从何说起，你我均受楚怀王之命出兵攻秦，谁是谁非也该由怀王裁决，我不过听了你的左司马曹无伤的话，才有些生气，现在误会不是烟消云散了吗？"于是下令大摆酒宴，在军中款待刘邦。

宴席上，项羽和项伯东向而坐，范增面南而坐，刘邦北向而坐，张良面西坐在陪位上。

这餐酒宴，大家表面上谈笑风生，可仍然冲不淡弥漫在整个军帐中的紧张空气，每个人都在审视着对方，揣度着对方的内心世界。刘邦尽量装出若无其事的样子，连连举杯为项羽祝酒，可头上早已渗出密密的汗珠。

项羽一边应酬，一边暗想，我今天要想杀了刘邦，再消灭他那群群龙无首的十余万军队是易如反掌的，可随我入关的诸侯军将领会怎么想，关东复兴的齐、燕、赵、魏、韩诸国又会怎么想。我仅仅是楚怀王派出的上将军，要是擅自斩杀刘邦，挑起诸侯军之间的混战，可就成为千古罪人了。如果今天放刘邦一马，他会不会重新挑起战火，跟我争夺天下的统治权呢？为此，项羽一直犹豫未决。

范增是个老谋深算的军师，见项羽坐在那儿无动于衷，心里暗暗着急，多次拿眼神示意项羽，但项羽却毫无反应，于是又拿起身上佩戴的玉玦，玉玦是一端有缺口的玉饰，玦与"决"同音，意思是在暗示项羽下决心杀死刘邦。他一连表示了三次，项羽都默然不动。"项王啊项王，你今天不杀刘邦，那就等于纵虎归山，日后可要后患无穷了！也罢，由我替你做主吧。"范增这么想着，就起身走出军帐，找到项庄（项羽堂弟）说："项王不忍心杀沛公，你入席去为大家祝酒，然后请求舞剑助兴，借机杀了沛公。不然的话，你们这些人将来都会成为沛公的俘虏。"

项庄于是走进军帐，举杯为大家祝酒，然后说："主君和沛公欢宴，只是军中没有什么可以助兴的，请允许我来舞舞剑。"

项羽说："那好哇，这里正缺点助酒兴的把戏。"

项庄于是拔出佩剑，开始起舞，舞着舞着就舞到刘邦的身边。可在他准备下手时，项伯也起身拔剑舞了起来。每当项庄想下手的时候，项伯就倚身挡住他，或用剑拨开他的剑锋，使项庄一直没找到刺杀刘邦的机会。

席间的空气仿佛凝固了，刘邦早吓得大汗淋漓，那张强颜欢笑的脸好像被扭曲了一样难看。张良心里更是紧张，他再也坐不住了，于是假装小解走出军门，喊樊哙过来。樊哙忙问："里面的情况怎么样？"

"非常危险，项庄舞剑，意在沛公。"

"这还了得，让我进去跟他们拼命。"

樊哙提剑持盾，闯入军门，守卫军门的士兵将戟相交，想阻止他，樊哙用盾把卫士撞倒在地，就冲了进去。他掀开帷帐，面西而立，头发倒竖，瞋目欲裂，愤怒地瞪着项羽。这一突如其来的变化，把军帐里面的人都震住了。项羽手按宝剑，单腿跪地，大声喝问："这是什么人？"

张良回答说："这是沛公手下大将，叫樊哙。"

项羽说："壮士。给他酒喝。"

立即有人送来一大杯酒。樊哙施礼拜谢，然后把酒一饮而尽。项羽说："给他猪肩肉。"

樊哙把盾横在地上，放上肉，拔剑切肉而食。项羽又问："好个壮士！还能再喝吗？"

"我死都不怕，还会推辞喝酒吗？秦王像虎狼一样凶狠，杀人如麻，刑人不计其数，因此天下都背叛他。出兵前，怀王曾和诸将相约：'先破秦入咸阳者为王。'现在沛公率先入关破秦，而他自己一件东西也不取，封闭宫殿，退兵霸上，一心恭候大王的到来。派兵守卫函谷关，只不过是为了防备盗贼和万一出现的情况。如此劳苦功高，不但没有得到封侯的恩赏，相反，大王却听信无端谣言，要杀有功之人，这不是步亡秦的后尘吗？恕我直言，这样做对大王不会有什么好处。"

项羽沉默许久，环顾左右说："壮士言之有理，不过，说我要加害沛公，也是听信了小人的谣言吧。壮士请坐。"

樊哙就坐在张良身边。过了一会儿，刘邦起身上厕所，故意装作东倒西歪的样子，喊樊哙过来扶他一把，张良也乘机跟了出去。刘邦出去半天没回来，项羽就让陈平去请刘邦回席。

刘邦出了军门，张良让他赶紧溜回霸上。刘邦说："刚才出来的时候，没有辞行，就这样走了有些失礼吧？"

樊哙就说："都到这般地步了，还讲什么礼节，现在人家像切肉的俎板和菜刀，我们像是鱼肉，还谈得上什么招呼呢！"

刘邦于是决定马上离去，留下张良前去道歉。张良问："大王来时准备了什么礼物？"

刘邦说："我带来白璧一双，想献给项王；玉斗（玉制酒器）一对，想送给亚父（项羽称范增为亚父）。遇上他们生气，没敢献上，你就代我献给他们吧。"

说完，刘邦也没敢带着随行侍者、车骑等，就和樊哙、夏侯婴、靳疆、纪信等四人，握剑持盾，从小道徒步逃回军营。

张良送走刘邦，估计他们已经走远，这才进去道歉说："沛公醉得厉害，没能前来辞行，就离开了。他交代我，谨向大王献上白璧一双，再献给亚父玉斗一对。"

项羽忙问："沛公现在在哪里？"

张良回答："听说大王有意要追究他，因此脱身一人先回去了，大概现在已经回到军中了。"

项羽接过玉璧，放在座上，范增接过玉斗，一下子把它摔在地上，愤愤地说："唉，竖子（明指项庄等，实指项羽）不足与谋！夺项王天下的人一定是沛公，我们这些人将来都要成为沛公的俘虏。"

刘邦回到军中，立即杀了曹无伤。

项羽在鸿门休整几天，就率兵进入咸阳城。他这次入城是怀着强烈的复仇心理的，因此，下令大肆屠城，杀秦降王子婴，烧毁宫殿，大火整整烧了三个月，几乎把咸阳化为废墟。他还把宫中的财宝、美女抢个精光，然后就准备领兵东归。

这时，有一个叫韩生的人向项羽进言："关中依山傍河，是阻隔四方的要害之地，而且土地肥沃，物产丰饶，如果在这里定都，就可以称霸天下。"

项羽见关中的宫殿已被烧得无影无踪，心里又非常思念故乡，就说："我们好不容易富贵了，如果不回故乡，就好比穿着锦绣衣服在夜里走路，谁也看不见。"因此执意不听劝告。

项羽为人比较坦率，而且富有人情味，但同时他也缺少控制情感、作为政治家所不容忽视的性格，一种狭隘的思乡情绪终于使他放弃了关中这块四塞之地，拱手让给了刘邦。正如韩生评论的："世间都说楚人（项羽是楚人）只不过是戴着帽子的猕猴，的确是这么回事。"

后来项羽听到这话，就下令把韩生给烹了。

反秦斗争取得胜利后，如何进行权力的重新分配就提到了日程。项羽虽然握有天下兵权，可在名分上还是楚怀王手下的将领，因此，项羽首先派人驰告怀王，关中已被平定，请示下一步指示。怀王回答说："按事先约定的去办。"
怀王的意图很明确，就是让刘邦在关中做秦王，项羽回军彭城，一切恢复战国
时代七雄并立的局面。

当时的局势是：楚、齐、燕、赵、魏、韩均已复国，刘邦如果立为秦王，
则项羽就无王可封。楚怀王仅仅是被项氏叔侄拥立的一个傀儡，对其他诸侯没
有任何号召力，如果按怀王的指示做，那么天下又会战斗不休。在这种条件
下，项羽为了在全国树立起一个权威，借以节制其他诸侯，决定自己做楚王，
而尊奉楚怀王为"义帝"。

接下来就是论功行封了，在分封诸王的问题上，最令项羽头痛的当然是
如何安排刘邦。按义帝的约定，刘邦应封王关中，可项羽也深知刘邦是一个极
有野心的家伙，因此不能把关中这块要害之地分给他。但又不能公然无视义帝
的约定，否则有可能引起诸王的不满，甚至还可能酿成诸王的反叛。所以他就
采纳了范增的计谋，把关中作为广义的称呼来解释。当时狭义的关中指函谷关
以西今陕西关中盆地一带，而广义的关中也可包括巴、蜀、汉中地区，这样一
来，就可以活用义帝关于"先破秦者称王关中"的约定了。于是，项羽封刘邦
为汉王，以偏僻的巴、蜀、汉中地区作为封地，建都南郑（今陕西汉中南郑
区）。为了防止刘邦向东扩张势力，项羽又把东函谷、西散关、南武关、北萧
关的"关中"地区一分为三，分封给秦朝的三个降将：章邯为雍王，建都废丘
（今陕西兴平南）；司马欣为塞王，建都栎阳（今陕西西安阎良区东南）；董翳
为翟王，建都高奴（今陕西延安），号称"三秦"。

然后，又把关东六国的疆域重新划定，除了楚地之外，其他诸国往往被析
为数国，用来分封跟随他入关破秦的将领和原有的诸侯王，又封了十四个诸侯

王，加上汉王和三秦王，项羽一共分封了十八个诸侯王。项羽自己号称西楚霸王，领有梁、楚九郡之地，建都彭城（今江苏徐州）。

公元前 206 年四月，项羽罢兵东归，各个受封的诸侯王也都领兵回到自己的封地。

项羽在反秦斗争中，虽然对秦国怀有强烈的复仇心理，但他也看到了战争给整个社会带来的深重灾难，多次表示自己要尽力去避免新的战争。他本以为在承认反秦斗争中兴起的各种势力的基础上，进行适当的调整和分封，就可以实现天下太平，殊不知这种缺乏战略远见、掺杂个人恩怨的分封并没有维系多久，一些对项羽分封感到不满的人出于个人私利，很快就起兵反楚，重新燃起了一场旷日持久的战争之火。

项羽分封诸王表 [1]

姓　　名	王　号	封　地	都　城
魏　豹	西魏王	河　东	平阳（山西临汾西南）
申　阳	河南王	河南郡	洛阳
韩　成	韩　王	韩国故地	阳翟（河南禹州）
司马卬	殷　王	河　内	朝歌（河南淇县）
赵　歇	代　王		
张　耳	常山王	赵国故地	襄国（河北邢台西）
黥（英）布	九江王		六（安徽六安）
吴　芮	衡山王		邾（湖北黄冈）
共　敖	临江王		江陵（湖北江陵）
韩　广	辽东王		无终（天津蓟州区）
臧　荼	燕　王		蓟（北京西南）
田　市	胶东王		即墨（山东平度）
田　都	齐　王		临淄（山东淄博）
田　安	济北王		博阳（山东泰安东南）

---

[1] 不含汉王和三秦王。

第四章

囚楚营汉王无义

战垓下霸王别姬

项羽在分封中，迁刘邦于巴蜀，徙故王于恶地，王亲信诸将于善地，无不挑动和加剧了各路诸侯之间的权力纷争，并且迅速激化了他与刘邦之间的矛盾。所以，诸侯罢兵不久，田荣、彭越、陈余等就先后起兵反楚，刘邦也暗度陈仓，还定三秦，从而掀起了历时四年（前206—前202）之久的"楚汉战争"。

在这四年之中，吕雉可以说是历尽磨难，被囚于楚营长达二年零四个月之久。这使她进一步认识到人生的多艰和战争的苦难，也让她更真切地体会到权力的魅力和人性的残忍，这种多棱镜式的人生感受对塑造吕雉的政治性格无疑产生了极大影响。同时，在这四年里陆续在刘邦手下登场亮相的一些风流人物也各显神通，淋漓尽致地施展了各自的政治和军事才干，他们在西汉建立后都曾和吕雉打过交道，发生过权力冲突。

一

刘邦听到项羽封自己为汉王的消息，差点气个倒仰，在军帐里乱摔一气，就要出兵攻打项羽。周勃、灌婴、樊哙站在一边，开始有些不知所措，听刘邦要找项羽拼命，慌忙过来相劝，可刘邦哪里听得进去，嚷着叫传令兵号令三军，准备出战。萧何与刘邦交往多年，还从未看他这样激动过，大声谏阻道：

"汉王你是不是疯了，今天你到僻远的汉中称王，虽然不尽如人意，可总比送死好哇！"

刘邦骂道："你怎么知道我会送死！我看你是在诅咒我。"

萧何不甘示弱地反驳道："就凭你现在这点兵力去攻打项王，还不是以卵击石，百战百败，不是送死是什么！历史上能屈尊一人之下，最后取信于天下而成就大业的，是商汤、周武王。希望大王听臣一言，先委屈点去做你的汉王，休养民生，招揽贤才，巩固巴、蜀，还定三秦，就有希望夺取天下了。"

刘邦听了这一席话，倒也冷静下来，连声称善，遂决定去汉中，并委任萧何为丞相。

汉王元年（前206）四月，刘邦率领手下从关中出发，前往汉中。张良把刘邦送至褒中（在今陕西勉县褒城东），刘邦对张良说："长期以来，你跟随着我，也够辛苦的了，现在可以回去了，韩王正翘首等待着你呢。"

张良说："大王，我就此拜别了。但是我最后还要再进一言，请大王沿途烧掉所经过的栈道，一来可以防备诸侯军队的袭击，二来也可以借此表明你没有东窥三秦的意图。"

刘邦喜道："你可真不愧是尽得《太公兵法》的真传哪，这样一来，不仅项羽，就是三秦王也会放松对我的戒备。好主意，好主意，我一定按你说的去做。"

当时，从关中进入汉中的道路，崎岖难行，刘邦率领人马由杜南（今陕西西安东南）沿秦岭北麓西行，然后向南折入褒谷，即历史上著名的褒斜道。

褒斜道是当时往来秦岭南北的重要通道，其大致走向是：自今陕西眉县沿斜水及其上流石头河，经今太白县，循褒水及其上流白云河可直达汉中。因取道褒水、斜水两河谷地而得名。两水同出秦岭太白山。褒水南流入汉水，谷口在陕西勉县东北褒城北10里处；斜水北流汇入渭水，谷口在陕西眉县西南30里处。

这条通道丛林茂盛，怪石叠立，河谷两侧悬崖绝壁，万丈深渊，因此，人们被迫在河岸崖壁上开凿了一段段所谓栈道。栈道又称"阁道""复道""栈阁"，即在河岸崖壁上凿孔架桥连阁而成的一种两层建筑物，外形为一连串楼阁，上面可通行人马车辆。

刘邦的大队人马每经过一段栈阁，就放火把它烧毁。这些跟随刘邦的士兵多数是关东人，见道路被毁，东归无望，因此一个个愁苦连天，情绪低落，很多人都在中途开了小差。到达南郑以后，逃亡的人越来越多，甚至有些将军也不辞而别。此时的刘邦，心情坏到了极点，但还要强打精神硬挺着。

忽然有一天，有军吏来报，丞相萧何离军出走，不知去向。刘邦大吃一惊，险些摔倒在地，真有点支撑不住了。要知道，萧何不仅是刘邦的旧友，而且是一位非常难得的人才，刘邦起兵以后，举凡兵源的补充、粮草的输送，以及资金的调拨都是由萧何一手料理的，所以，萧何的出走自然使刘邦像失去左右手一样沮丧。

可是过了两天，萧何又回来了。刘邦又喜又怒地说道："丞相啊丞相，难道你也打算逃跑吗？"

"请大王息怒，为臣怎敢辜负大王而逃跑，臣不过是去追逃跑的人。"

"你去追谁？"

"追韩信。"

刘邦又骂开了："我说丞相，跑掉的将尉已经几十个了，你都没有去追，为什么偏偏去追韩信？"

是呀，要想知道韩信在萧何心中的位置，还要从韩信的身世讲起。

韩信是秦末淮阴（今江苏淮安市淮阴区西南）人，从小丧父，家境贫寒。他平时虽然衣着破旧，却非常爱好武艺，经常佩带着一柄宝剑，天天刻苦练功，因此他的剑法，在当时是数一数二的。韩信人穷志不短，他母亲去世时，家里穷得无法举葬，他却选择了一块宽敞的高地把母亲安葬。当时的人都很迷信，认为坟地选得好，后世就会发达。韩信这样做，是认为母亲的坟旁有可以安置上万家的地面，希望韩氏家族能在自己手上兴旺起来。

韩信自幼无人管教，不会料理生活，许多人都很讨厌他。当时，做官要有人推举，韩信无依无靠，自然没有做官的机会。对做些小买卖，他又一窍不通，因此，只好到别人家里去寄食。秦朝的时候，社会上还保留着战国时代的养客风气，一些有钱有势的人，为了扩大自己的影响，常常招揽一些宾客、食客来壮大自己的门面。在他们的带动下，一些地方小吏也往往争相效仿，以养客为荣。韩信因生活没有着落，就常到下乡南昌亭长家里吃闲饭。过了几个月，亭长见韩信无所事事，难免有些不耐烦，亭长的妻子领会了丈夫的心意，便每天提前开饭。一连几天，韩信都没有混上饭吃，便领悟到这实际上是在赶他走。他很恼火，但又无法申说，于是决心离开亭长，去另谋生活。

韩信离开亭长以后，便流浪到淮阴城下，天天蹲在河边钓鱼，每天忍饥挨饿，形容憔悴。当时，有几位老太太每天都到河边漂洗棉絮，其中有一位好心肠的漂母，见韩信这副模样，很可怜他，就主动把自己带的食物分给韩信吃。一连几十天，不论刮风下雨，漂母都给韩信送来食物，这使韩信非常感动，就对漂母说："承蒙老母这样厚爱，我韩信将来要是得志，一定重重报答您。"

谁知漂母听了十分生气，郑重地说："男子汉大丈夫不能自谋生计，天天靠别人施舍过日子，能有什么出息。我看你一表人才，竟沦落到这种地步，有些于心不忍，这才给你饭吃，谁稀罕你以后报答，但愿你从此能振作起来，做些为国为民有益的事。"

韩信听了，既感动又惭愧，暗自下定决心，一定要干出一番事业，绝不能辜负了漂母的一片心意。

当时，淮阴城里的一些纨绔子弟都很瞧不起韩信，经常拿他开心。一天，一个无赖少年见韩信从对面带着刀剑走来，便故意拦住他说："你这家伙，长得人高马大，还挂着一把这么漂亮的宝剑，应该有点本事吧。不过，我倒觉得你一定是个胆小鬼！"

周围的人听了都哈哈大笑。韩信感到非常难堪，可还是强忍着没答话，迈开大步就想走开。那个无赖少年见韩信有点怕他，又伸开双臂把韩信拦住，得意忘形地说："你要是个男子汉，哪怕有针眼那么大一点胆量，就抽出剑来刺我；如果你连这点勇气都没有，贪生怕死，那就请你从我的裤裆底下钻过去吧。"

说着，便叉开两腿，叫嚷着让人们过来观看。韩信哪里受过这样的污辱，真恨不得一剑把他的胸膛刺穿。但是冷静想一想，此人虽然不怀好意，可自己要是为了出一口恶气而断送了两个人的前程，也实在有些不值得，于是就默默地趴在地上，从那家伙的裤裆下钻了过去，起身背起一片哄笑声大步离开。从此，韩信"受辱胯下"的故事，就在淮阴城里迅速传开，一提到韩信，人们都轻蔑地说："那是个贪生怕死的胆小鬼。"

项梁起兵后，很快打过淮河，来到下邳（今江苏睢宁西北）招兵买马，韩信就带着他的宝剑，投奔了项梁，做了一个无名小卒。不久，项梁在定陶战死，韩信又转归项羽，充当郎中（侍卫）。韩信便利用这种身份，经常接近项羽，并且屡次献计献策。那时，项羽凭着一股锐气，百战不殆，很少受到挫折，因此根本没把韩信放在眼里，也从来不肯采纳他的意见。韩信见项羽刚愎自用，自己永远不会有崭露头角的机会，就想离开项羽，另谋出路。

各路诸侯军先后攻入关中后，项羽分封刘邦为汉王。郁郁不得志的韩信就从楚营逃跑，随刘邦来到南郑。刘邦让他当了一个称为连敖（管理粮草）的小官，这使韩信大失所望。有一次，韩信等十三人犯了军纪，被处以斩刑。其他人都一一被杀掉了，眼看就要轮到韩信。正在这时，韩信突然看到刘邦的亲信夏侯婴从这经过，便故意大声呼喊："汉王不是想坐天下吗，为什么要残杀壮士？"

夏侯婴觉得此话出自一个死刑犯的嘴里有些不一般，就扭头仔细打量一眼，只见他体魄魁梧，相貌堂堂，觉得这样的人死了可惜，就下令把他放了。经过交谈，夏侯婴很赏识韩信的才干，后来就把他推荐给刘邦。刘邦看在夏侯婴的情面上，就任命韩信为治粟内史。

治粟内史为九卿之一，掌管封国内的钱谷，直接受丞相统属。韩信就任以后，就经常跟萧何打交道。在接触的过程中，萧何逐渐发现韩信有胆有识，是个不可多得的人才，因此多次在刘邦面前推荐韩信，希望能够予以重用，可刘邦对这个胯下之勇的韩信一直有些偏见，尽管表面上不加反驳，却一直没把萧何的话当回事。韩信见萧何不止一次地向刘邦推荐自己，而刘邦始终无动于衷，因此这才悄悄离开。

话说回来，萧何见刘邦还在气头上，就耐心地解释说："大王有所不知，那些逃跑的将领才能平庸，并不难得，至于韩信，可是个难得的栋梁之材。大王如果打算长期在汉中当王，不用韩信倒也可以；如果想得天下，没有韩信恐怕不行。所以用不用韩信，就看大王今后做什么打算了。"

刘邦笑道："我的心意别人不知，你还不清楚？我当然想打出去，怎么能老闷在这里呢？"

萧何说："大王若决定出汉中，就必须重用韩信，那样他才会留下；如果不能重用，他还是要离开的。"

刘邦感到有点左右为难，消消气说："我且不管韩信是不是难得的人才，看在你丞相的面子上，就拜他做个将军吧。"

萧何又说："仅仅做一般的将军，还是留不住韩信。"

刘邦犹豫一会儿，一字一顿地说："好，我就听你一回，拜他为大将，总能称你的心吧！"

萧何十分高兴，立即表示赞同。于是刘邦就要召见韩信。萧何见刘邦把拜将这样的大事看得如此轻率，就立刻制止说：

"大王素来傲慢无礼，在你看来，拜大将就像招呼一个小孩子一样简单，这样随随便便，怎么能树立起韩信的威信？大王要拜韩信为大将，就要选择良辰吉日，沐浴更衣，戒荤戒酒，然后搭起坛场，召集群臣，按照礼节，亲自授印才行。"

刘邦摆摆手说："也罢，也罢，一切都由你做主吧！"

当时，刘邦手下的将领们听说要拜大将，无不兴高采烈，知道刘邦就要有所行动了。可又不知道这位未来的大将到底是谁，甚至有些人觉得，被拜为大将的不会是别人，肯定是他自己，所以个个喜笑颜开，像过节一样，到处喜气洋洋。等到拜大将的那天，他们万万没有想到，登上将台的竟是"受辱胯下"的韩信，全军上下，个个惊得目瞪口呆。

拜将仪式结束后，韩信被让到上座，刘邦问道："萧丞相多次在我面前推荐你，你有什么锦囊妙计呀？"韩信早有准备，并不急于正面回答，却反问刘邦："大王要东征，夺取天下，你的对手难道不正是项王吗？请你先自己权衡一下，要论勇悍仁强，你和项王相比哪个更强？"

刘邦沉默一会儿，很不自在地说："我不如项王。"

韩信见刘邦很有自知之明，实事求是，就继续说道："是呀，我也认为你比不过项王。我曾经在项王手下干过，很了解他的为人。他是一个叱咤风云的人物，一声怒吼，就能吓退成千上万的敌人；但他缺乏头脑，不善于任用贤能、驾驭良将，所以这不过是'匹夫之勇'。项王待人恭敬慈爱，谈吐温和，部下有了疾病，他表现得非常同情，把自己的食物分给他们；但是当部下立了功，应该封赏时，他又很吝啬，犹犹豫豫，迟迟不肯把印绶颁赐给人家，这不过是见识短浅的'妇人之仁'。项王虽然称霸天下，驾驭诸侯，却放弃四塞之地的关中而定都彭城，又违背义帝的盟约，分封亲信，所以诸侯都不满意；项王为人残忍，所过之处，烧杀抢掠，天下多怨，百姓不服。所以说，项王名为霸王，实际上很不得人心；他貌似强大，但很容易由强变弱。如果大王能反其道而行之，任用天下勇武之士，有什么强敌不能被您诛灭？如果您把天下的城邑分封给功臣，谁还敢不唯命是从？如果您统率仁义之师，利用将士思念故土的情绪进行东征，有什么敌人不被您打得落花流水？"韩信因此建议：现在就佯装要修复褒斜道的样子，吸引敌人的注意力，而以精锐之士暗中开通"故道"，给敌人来一个措手不及。

刘邦听了韩信的精辟分析，喜出望外，大有相见恨晚之慨。于是就根据韩信的计策，着手部署兵力。一方面让萧何留守南郑，巩固后方，负责向前方输送兵员和粮饷；一方面调兵遣将，亲自率军进攻关中。

韩信所说的故道，也称陈仓道，北起陈仓（今陕西宝鸡东），西南行，出散关，沿故道（地名，在今陕西宝鸡西南）水谷地至凤县，折东南入褒谷，可直抵汉中。这条路自古就是沟通秦岭南北的一条孔道，褒斜道开通后，便逐渐荒废，长年失修。韩信采取声东击西的战略，就是要明修栈道，暗度陈仓，使关中之敌防不胜防。

而在这时，关东地区的诸侯之间已经爆发了战争。

首先起兵反叛项羽的是田荣，田荣因为没有被封为诸侯王，便起兵赶走了齐王田都，杀了胶东王田市，并联合彭越杀掉济北王田安，自称齐王；陈余也跟田荣联合，赶走了常山王张耳。齐、赵和彭越的起兵，对西楚构成直接威胁。为了制止事态的扩大，项羽先派萧公角将兵迎击彭越，结果大败，不得不亲自率领主力部队前去镇压，以稳定局势，这就给刘邦造成了可乘之机。

汉元年（前206）八月，刘邦率大军出故道，一举打败了雍王章邯。接着挥师东进，迫使塞王司马欣、翟王董翳投降，"三秦"之地很快平定。

这时的关中，几经战乱，早已残破不堪，秦都咸阳已化为一片瓦砾，刘邦只好暂都栎阳。刘邦夺取关中后，首先在萧何的协助下，采取措施，整顿关中的残破局面。

1.宣布率一万人或一郡来降者，封万户。

2.开放故秦园囿苑池，令民耕种。

3.赐民爵，赐牛酒。

4. 蜀汉民由于军役负担较重，免除两年租税；关中从军之士兵，免除其家一年负担。

5. 大赦罪人。

6. 每乡举年五十以上在民众中有威望之民一人为"三老"，择乡三老一人为县三老，佐助县令、丞教化民众，并免除其徭役。

7. 令民废除秦社稷，立汉社稷。

上述工作处理停当后，刘邦又展开外交攻势，声讨项羽。

汉二年（前206）十月，项羽密令九江王英布、衡山王吴芮、临江王共敖在郴县（今湖南郴州）秘密杀死义帝，把这个傀儡一脚踢开。刘邦抓住这个机会，隆重为义帝发丧，袒（脱去衣袖，为当时致哀的一种礼仪）而大哭，哀临三日，然后派使者遍告诸侯："各路诸侯共同拥立义帝，北面事之。而今项羽不仅把义帝流放江南，而且竟残忍地把义帝害死，实在大逆不道！我要率领关中士兵，讨伐乱臣贼子，替天行道，希望各地的诸侯王都能积极响应，配合我的行动。"

接着，刘邦就率领大军东出函谷关，大举东进。在汉军的强大攻势下，被项羽封在河东的魏王豹、殷王司马卬、河南王申阳相继背楚降汉。

前205年四月，刘邦趁项羽主力被牵制在齐地，一时无法脱身之机，亲率诸侯同盟军56万余人，一举攻入彭城。可悲的是，刘邦被这轻易取得的胜利冲昏了头脑，在彭城大肆掠夺财宝和美女，天天设宴庆贺，而不知大祸即将临头。

正在东方前线追剿残敌的项羽，听说彭城失守，气得暴跳如雷，当下点精兵3万人，从齐地南下，迂回至萧（属泗水郡），突袭彭城。城中的汉兵连日来终日饮酒作乐，欺男奸女，没想到楚军兵从天降，一下子就炸了窝，死的死，逃的逃。刘邦在残兵败将的簇拥下一路南逃，在谷水、泗水处又被楚军追上，仅仅几个回合，就死伤了10多万人。余下的汉军早成了惊弓之鸟，毫无招架之力，活着的拼命逃跑，没人再顾及刘邦。

项羽率军乘胜追击，不给汉军喘息的机会，又在灵璧（今安徽濉溪西）东睢水旁将汉军包围，从东、西、北三个方向同时猛攻。汉军被杀得死伤无数，活着的互相践踏，挤落水中淹死的就有10余万人，尸体塞满了河床，河水都为之不流。

被困在重围中的刘邦，眼见汉军一个个倒下，惊恐万状，真恨不得一头钻到地下去。就在这危急关头，突然刮起了西北风，风势越来越大，拔树毁屋，沙石蔽天，吹得人睁不开眼睛。刘邦乘此机会，好不容易带着数十骑兵顶着狂风逃出重围。

刘邦脱险后，本想拐到沛县，把家人接走，可楚军也察觉了他的意图，抢先把沛县扫荡一空。等刘邦回到丰邑老家，妻儿老小早已无影无踪。

吕雉他们一直以来不愁吃不愁喝，乐得自在，没太注意外面的事情。

这一天，吕雉忽然听外面人慌马乱，忙整理衣服出去打探，邻里告诉她：汉王在彭城全军覆没，楚军正向这边杀来。吕雉一听就慌了神，急忙打发审食其到村外去找正在玩耍的两个孩子，自己简单收拾一下行装就去通知太公，这时，审食其已领着鲁元姐弟回来，一家人赶紧随着人群向村外逃去。没想到，刚跑了没多远，楚军已从对面掩杀过来，一下子就把他们冲散了。混乱之中，吕雉只顾得照顾太公，等楚兵过去，早已不见了一双儿女。吕雉急得放声大哭，叫喊着儿女的名字，四处寻找，想不到她的哭叫声却惊动了楚兵，吕雉刚想避开，楚兵又冲杀过来，把他们几个人团团围住。一个头目过来，见是一对小夫妻扶着一个老汉，当是一般的村民，就想掉转马头离开。这时，忽听一个士兵叫道："这不是汉王的老婆和老父吗？"楚兵一听，纷纷下马来看个究竟，有两个士兵上前把吕雉拉出来，一边动手动脚，一边破口骂道："哑哑，刘邦的娘们长得蛮漂亮嘛！你老公放着汉王不好好当，非要挑起事端，惹得我们哥儿几个从千里以外杀回来，累得半死不活的。今天没抓住你老公，就先在你身上出出气吧！"

站在一旁的审食其见情势不妙，一步冲上来护住吕雉，便大骂楚兵不讲人道。可他哪是楚兵的对手，不但救不了吕雉，自己也被打翻在地，晕了过去。等他醒过来时，身边传来吕雉的哭声，忙问这是在哪里，吕雉告诉他，这里是项羽的大本营，他们三人已成了阶下囚。

再说刘邦找不到妻儿老父，就和随行的几十个将士一路西行，虽然饥渴交迫，也不敢停下休息，只好垂头丧气地往前走。傍晚时分，刘邦一行来到一个村落，几幢民房稀稀落落地散在一片树林之中。刘邦就打算在此暂住一宿，明日再逃。手下将士早已狼狈不堪，见汉王有意留下，就要闯入民宅。刘邦怕搅得四邻不安，鸡飞狗跳墙，反而惊动了附近的楚兵，于是喝令众将士姑且就在林中宿营，不可惊扰百姓。正巧这时有一老丈打此经过，听了刘邦的训话，感到此人与众不同，很能体恤百姓，又见他气度不凡，绝非等闲之辈，因此就把刘邦请到了自己家里。

老丈家中并不富裕，几间草屋显得有些简陋，但对这些奔逃了一天的汉军来说，也比得上是天堂了。进屋以后，老丈把刘邦让到上座，探问刘邦从何而来，刘邦也不讳言，说明自己的身份和遭遇。老丈一听是汉王刘邦，忙起身下拜，说："老朽不知大王驾到，有失远迎，今日得见大王，真是荣幸。"

刘邦起身还礼，连称："打扰、打扰。"并询问老丈家世。

老丈说："老朽姓戚，本是定陶人，两年前项梁与秦军交战，这才避乱流亡到此。当时妻子流离，生死不明，只有小女随老朽逃到这里，暂时定居下来。"说着，两行老泪已流了下来。刘邦本想安慰几句，可触景生情，反而惦记起自己的老父妻小，一时竟不知说什么是好。老丈见刘邦脸色忧郁，沉默不语，忙收起泪珠，招呼女儿准备饭菜。只听里屋有女子甜甜地应了一声，便奏响了锅碗瓢盆交响曲。

没过多久，就有一芳龄女子端着酒食送了进来。刘邦定眼望去，见这小女子虽衣衫朴素，却掩不住婀娜的身姿，袒露在外的一双手臂白嫩细致，小巧动人；脸带微笑，两只杏眼宛如一汪秋水，脉脉含情；尤其是那张小口，晶莹剔透，极富韵味。刘邦看得发呆，直到老丈请他用酒，这才回过神来，心中暗想，这小女子的光彩真让人爽心悦目，身上的疲倦顿觉消减几分。酒过三巡，刘邦问及戚女有否许人。

老丈已察觉刘邦的心意，顺水推舟地说："小女尚未许配，大王若不嫌弃，就请让她侍在枕席，不知大王意下如何？"

刘邦忙谦逊道："寡人逃难到此，有蒙老丈多方关照，已深感盛情难报，怎敢再屈令媛做我的姬妾呢。"

老丈忙说："只怕小女没有福分侍奉大王，如能得到大王厚爱，那是她前世的造化，岂敢奢望过高。"

刘邦心里早有一团烈火在燃烧，听老丈说得诚恳，忙起身拱手施礼，并解下随身玉带，作为信物，声明自己走得仓促，身边没什么贵重礼品赠送，望老丈不要见怪。老丈便喊出戚女，令她为刘邦斟酒。戚女羞答答地慢步出来，如一片白云飘到刘邦面前。刘邦只觉一股清香扑面而来，霎时浑身发软，色眯眯地盯着戚女发呆。老丈非常知趣，声称自己多贪了几杯，起身告退。这边刘邦早把戚女拥入怀中，一起进了内室。

次日清晨，刘邦告别戚家父女，就率领手下扬鞭上路。

没走多时，忽见迎面尘土飞扬，以为遇上了楚兵，急忙藏到林中躲避。等骑兵驰近，才知是自己的人马，为首的正是爱将夏侯婴。原来，刘邦在灵璧突围时，不敢走大路，这才改乘战马，夏侯婴护着空车吸引楚兵，等他摆脱追兵后，早不知刘邦的去向，于是驾车四处寻找。夏侯婴见了刘邦，悲喜交加，急忙把刘邦迎到车上。

刘邦不敢多耽搁，催促夏侯婴整队赶路。沿途多有难民流亡，有的骂楚兵烧杀抢掠，有的骂汉兵打家劫舍，都不是好东西。刘邦奔波一天，晚上又几乎没合眼，这时坐在车上，顿感困倦，于是闭上眼睛打起盹来。忽听夏侯婴惊叫一声，说那两个小孩像是鲁元姐弟俩。刘邦睁眼望去，果见难民群中有两个幼童正向这边顾望，不是别人，正是自己的亲生儿女，遂令士兵把他们抱上车来。刘邦一手搂住一个，刚想询问老父和妻子的下落，就有士兵惊恐叫道："不好，楚兵来了！"夏侯婴见情势危机，顾不得上马，在车后推起车子就飞奔起来。

后面的楚兵越追越近，刘邦怕车子超重逃不脱，竟狠心地把两个孩子推下车去。夏侯婴忙左提右挈，把孩子抱到车上。如此反复多次，气得刘邦破口大骂："我等性命难保，哪里还顾得上孩子，快丢下他们！"

鲁元、刘盈瞪着惊恐的眼睛，早被吓傻了，不住嘴地叫着："爹，爹，不要扔下我们！"

夏侯婴铁青着脸，气喘吁吁地说："他们都是大王的亲生骨肉，无论情况多么危急，也不能把他们舍弃。"

刘邦更加气恼，拔出佩剑就要刺杀夏侯婴。夏侯婴急了，忙令别将推车，自己夹起两儿，飞身上马，随车急奔。

后面的楚兵追了一阵，眼见要进入汉军控制地区，只好打马返回。刘邦父子又一次死里逃生。

二

刘邦摆脱了楚兵的追击，惊恐未定，听说吕泽（吕雉长兄）率领一支汉军正驻扎在下邑（今安徽砀山东），就赶去和他会合，然后一路西撤，沿途收集散兵逃回荥阳（今河南荥阳）。这时，关中的丁壮多数已被征发，萧何得知前线惨败的消息，只好调发一些老弱和不到服役年龄的少年到荥阳增援。与此同时，韩信也收兵到荥阳同刘邦会师。这才使刘邦得以重振旗鼓，在荥阳与楚军相峙。

当时，局势对刘邦非常不利，一些诸侯军见汉军溃败，又纷纷降楚。原先投降刘邦的塞王司马欣、翟王董翳公开投到项羽麾下；本已归附刘邦的齐王、赵王也同楚言和背汉；魏王豹则以归国省亲为借口离开刘邦，并与项羽订立盟约。这样一来，在汉军阵营中，拥有实力的将领，只剩下韩信了。

刘邦为摆脱这种被动的局面，先是决定争取魏王豹归汉，派郦食其前往平阳（今山西临汾西南）进行游说。可魏王豹却说："人生一世，如白驹过隙，我不希望自寻烦恼。汉王很傲慢，无论对待诸侯还是群臣，都像对待奴隶一样，口出秽言，责骂他们。所以，我已经不想再见到汉王了。"

刘邦听到郦食其的复命，顿感心灰意冷，就对群臣说："关东地区我不想要了。谁能立功破楚，我就把关东平分给他。你们看谁行？"

张良说："九江王英布是楚的一员勇将，跟项羽有矛盾；彭越曾和田荣一起联兵攻楚。这两个人都可以应急，请大王派使者去争取他们归汉。大王手下的将领，只有韩信可以托付大事，可以让他独当一面。要平分关东，就分给他们三个好了。"

刘邦觉得有道理，就派随何前往九江，游说英布背楚归汉。

英布是六县（今安徽六安东北）人，在秦朝统治的时候，只不过是一介庶民。少年时，有一个占卦的对他说："你受刑以后才能称王。"到他壮年时，果真因为犯法被处黥刑（脸上刺字）。英布笑着对别人说："以前有人说我受刑以后就能当王，大概指的就是这个刑吧。"周围的人哄堂大笑，都把他当作马戏团的小丑一样看待。

没多久，英布被押到骊山营造秦始皇的坟墓。在这数十万囚徒集中的地方，英布注意和其中的豪壮之士交往，不久就率领一帮人逃到长江流域做起了强盗。陈胜起义时，英布先是投靠了鄱阳令吴芮，跟他共同举兵反秦。后又转归项梁，转战各地，骁勇无比。项梁死后，他又归属项羽，屡建战功。

项羽讨伐齐地时，要求英布领兵出战，英布假称有病，没有亲自前往，只派一员将领率数千士兵从军。刘邦攻陷彭城时，英布也没有出兵支援项羽。为此，项羽对英布很恼火，多次派使者责备他，只因当时正处在楚汉决定胜负的关键时刻，对项羽来说，可以依赖的力量只剩下英布了，所以项羽才一直克制着自己，没有出兵去攻打他。

英布听说随何前来求见，心里早知道他为何而来。他分析了当时的形势，认为刘邦和项羽正打得难解难分，究竟鹿死谁手还很难预料，于是决定采取观望的态度，谁也不得罪。因此，英布吩咐手下卫士，他不见来使。

随何苦苦等了三天，也没有见到英布，就对接待他的官员说："九江王迟迟不肯见我，一定是认为楚比汉强，而惧怕楚的缘故吧！我想拜见大王的正是这一点。请转告大王，务必听我一言。如果我说得有道理，那正是大王所希望听到的；如果我说得不对，就把我的人头砍下，借以向楚表明大王的忠诚。"

英布听了这话，觉得有道理，就召见了随何。随何对英布说："请问大王跟楚国是一种什么关系？"

"我对项王北面称臣。"

"大王跟项王同在诸侯之列，而北面称臣，是觉得楚国强大，可以得到庇护吧。既然如此，项王亲自讨伐齐王，大王就应该率军从征，为楚冲锋陷阵，可大王仅仅派出几千人从军，这难道是臣下所当为吗？汉王偷袭彭城，而项王还远在齐地，大王就应该悉发本国兵，北渡淮水，驰援彭城，可大王却按兵不动，坐岸观火，这也是作为臣下的态度吗？大王表面上臣事于楚，实则拥兵自重，而不敢背叛楚国的原因，不过觉得楚强汉弱罢了。其实，楚国虽然貌似强大，但项王背着一个逆杀义帝的沉重包袱，是很不得人心的。如今，汉王固守荥阳，项王深入敌国八九百里，欲战不能，给养困难，后方有彭越不断骚扰，正困在一种进退两难的窘境。退一步说，纵使楚能胜汉，诸侯们因为心怀戒心，也会结成同盟对抗楚国，就是说，楚国的强大，只能招致天下兵连祸结。

如果大王能站到汉的一边，项王就会受到来自背后的极大威胁，而使汉王赢得时间，一举攻灭项王。汉王已经说过，到那时，就把整个淮南赠封给大王。希望大王三思。"

英布说："承蒙教诲，非常高兴。"可心里仍然踌躇未决。

恰在此时，项羽也派使者前来催促英布出兵攻汉，正在传舍（古代供行人食宿之所，犹如今日的招待所）等候。随何直接走进去，坐在楚国使者的前面说："九江王已经归汉，楚国怎么还来征兵？"

楚国使者听到这话，慌忙离席而去。

随何回来对英布说："事到如今，大王只能背楚归汉了，不能放楚国使者回去。"

英布的退路已被堵死，当即派兵追杀了楚使者，举兵反楚。刘邦拨给英布部分兵将，命他镇守成皋（在今河南荥阳氾水镇）。

魏王豹不肯接受劝降，成为刘邦的心腹之患。这是因为魏王豹恰好介于刘邦和项羽两大势力之间，魏王豹如果出兵攻汉，既可以西渡黄河奔袭汉都栎阳，又可以南渡黄河切断刘邦的后方补给线，从后翼攻击荥阳。有鉴于此，刘邦于汉二年（前205）八月，任命韩信为左丞相，率兵攻打魏王豹。

魏王豹得知韩信来攻的情报，就把重兵布防在蒲坂（今山西永济西），想阻挡汉兵渡河。蒲坂在黄河东岸，同西岸的临晋相对，地势险要，是汉攻魏的必经之地。

韩信早就估计到魏王豹的这种常规想法，为了迷惑魏军，韩信采取声东击西的战术，故意在临晋部署兵力，设置旌旗，并摆出了很多船只，装出要从这里渡过黄河的架势，然后偷偷把重兵移到夏阳（今陕西韩城南），砍伐树木，制造了很多大木瓮，用绳索连接起来，漂在水上代替船只，作为渡河的工具，随后出其不意地东渡黄河，迅速占领了魏都安邑（今山西夏县西北）。魏王豹听说韩信偷袭安邑，大吃一惊，慌忙引兵赶赴安邑，结果被韩信杀得大败。同年九月，韩信俘虏了魏王豹，并平定了魏地，在那里设立了河东郡，使刘邦的地盘扩大到今山西中部和东南部。

韩信平定魏地以后，又向刘邦建议，请求率领三万汉军继续北上，进攻赵、代，讨伐燕国，并向东平定齐地，向南切断楚军的粮道，跟刘邦主力形成钳形攻势，先消灭楚的侧翼，孤立并包围项羽，然后在荥阳会师。这是一个极有远见的战略部署。刘邦采纳了韩信的建议，但把韩信手上的精兵全部调回，布在荥阳前线，只派常山王张耳跟韩信一起，率几千士兵迂回远征。

再说吕雉等人被俘以后，很快就被带到项羽的大营。那个小头目心想这次可以立个大功，就抢着进帐禀报，没想到项羽这几天心情极坏，怒气冲冲地嚷道："抓不住刘邦，抓他老婆有个鸟用，放了算了。"楚军小头目马屁没拍成，沮丧着脸刚想离开，范增在一旁拦住说："项王，臣以为既然已经抓来，就暂时押在军中做人质，或许以后有用得着的时候。"项羽"嗯"了一声，表示同意，就对小头目说："人是你抓来的，就由你负责看管吧。你要记住：一不许把人看跑了；二不许把人看死了。"小头目窝了一肚子火，又不敢声张，只好接受命令退下。

从此，吕雉、太公和审食其就在楚营中开始了囚徒生活。他们白天要戴着刑具做一些杂役，比如：审食其年轻力壮，就从事一些打水、砍柴等重活；吕雉则帮着洗衣、淘米；太公年老，但也要干一些清扫之类的杂活。到了晚上，为防止他们逃跑，就把他们装进一个竹笼子里，然后再绑到车上。

对吕雉来说，做些重活她倒不怕，最令她难堪的是晚上。那个小头目在主子面前受了气，因此总是千方百计地在吕雉身上发泄，有时强迫吕雉侍候他喝酒，有时强迫吕雉为他烧水洗脚，稍有不从，就要遭到一顿毒打，直到他想休息时，才把吕雉关进竹笼。可想而知，把吕雉跟两个大男人关在一起，显然会有种种不方便，尽管审食其能给她一些体贴和温暖，但她连小解也无法背着自己的公公，也实在让她无地自容。这还不算，如果楚军长期驻扎一地还勉强过得去，一旦楚军长途奔袭就糟了，他们在车上的竹笼里往往一关就是一天，没吃没喝不算，连拉屎撒尿也不准出笼，两个男人还好说，吕雉就犯难了，常常把小便便在裤裆里，受尽了摧残。

有一天夜晚，楚军小头目因自己的从兄在前线阵亡，就找来几个同乡在营帐里为他的从兄超度亡灵，他们一面祭奠，一面咒骂刘邦挑起的这场罪恶的战争。祭奠快要结束时，有人提议干脆把吕雉杀了当祭品，也好为死去的将士报仇，小头目赶忙声明项羽已给他下了死令，如果杀了吕雉，大家谁也别想活。另一个军吏说："不杀她也行，但总得让她出点血。"众人都表示赞同，于是就把吕雉带上来，令她跪在地上向死者的灵牌磕头。吕雉倔强地昂着头，宁死不从。这时，两个军吏走上前，抓起她的头发向下猛搋，吕雉的前额立即渗出血来。又有一人走过去，对准吕雉的下身猛踢一脚，只听一声惨叫，吕雉便晕倒在地。想不到这一声叫却因祸得福，由此改变了她以后的囚禁生活。

原来，项羽有位虞姓的姬妾非常受宠，经常跟随项羽东征西讨。虞姬不仅人长得漂亮，而且心地善良，极富同情心。这天晚上，她刚好陪着项羽出外观星赏月，忽听一声女人的惨叫声，感到非常奇怪，就问项羽是怎么回事，项羽也感到莫名其妙，就差侍卫前去查问。当虞姬听说被折磨的女子原来是汉王的妻室，顿生怜悯之情，恳请项羽不要再让士兵折磨吕雉。项羽素来以治军有方自诩，听了虞姬的话，感到很尴尬，于是下令将小头目等每人责打五十军棍，并把吕雉单独软禁起来，不再让她从事繁重的杂役。这已经是吕雉被俘半年以后的事了。

从此，吕雉的情况多少有所好转，肉体上的折磨减少了，但受到的人格污辱还在继续。吕雉心里明白，她能否获得自由，完全取决于刘邦在战场上的胜败。

刘邦退守荥阳后，一直处于劣势，项羽不仅集中兵力，在荥阳、成皋一线加强攻击，还多次破坏汉军的甬道（两旁筑有墙垣的通道），使汉军的粮食供应日益困难。一筹莫展的刘邦眼见危在旦夕，就把郦食其叫来，问他怎么办。

郦食其说："过去商汤王诛灭夏桀，封夏桀的子孙在杞。周武王讨灭商纣，封纣王的子孙在宋。而今秦灭六国，连个立锥子的地方也不留给他们的子孙，因此才使六国后代的仇恨死灰复燃。大王如果能复立六国之后，授给诸侯印绶，他们君臣人民就一定会仰慕大王的恩德，没有人不对大王称臣。大王先行德行义于天下，再南面称霸，就是楚国也会敛衽来朝。"

刘邦喜道："嗯，有道理，先生这就去刻印，代我去颁授给六国后人。"

郦食其没等把印刻好，张良前来拜见刘邦，当时刘邦正在吃饭，对张良说："你来得正好，有人向我提了一个很好的建议。"于是就把郦食其的建议详细告诉了张良。

张良忙问："是谁定下的这个计策？这样做是会断送大王的大业的。"

刘邦问何以见得，张良说："请让我一一说明不能这样做的原因。其一，商汤封夏桀的子孙为诸侯，是因为商汤自度已能制夏桀于死地，现在大王能制项王于死地吗？其二，武王立纣王的子孙，同样是因为已经取了纣王的首级，现在大王能取到项王的首级吗？……其八，这些游说之士，之所以远离家乡，从各地会集到这里来，是因为他们想靠自己的三寸之舌，求得咫尺之封。现在要是复活六国，立韩、魏、燕、赵、齐、楚之后，他们就会各归故乡，去服侍本国的君主，大王还能用谁去夺取天下呢？进一步说，现在明摆着，强大的是楚国，如果立了六国，他们马上就会服从楚国，而不会服从大王。因此说，如果采用游士之谋，大王的事业休矣。"

刘邦把吃的东西从口里吐出来，骂道："混蛋的儒者，差一点坏了我的大事！"当即令人把印章统统毁掉。

刘邦既不能长期抵抗楚军的进攻，又不能用复立六国的办法削弱楚军，正在他进退维谷之时，陈平献上一条离间楚军内部关系的奇计。

陈平是阳武（今河南原阳东南）人。少时家贫，喜爱读书，靠哥哥耕种三十亩薄田度日。陈平平时不愿种地，他哥哥就让他随心所欲。他长得体格健壮，容貌非常漂亮，所以有人就说："陈平家里很穷，真不知他吃了什么，会长得那么好的体格？"陈平的嫂子也不满自己丈夫这样宠爱陈平，就说："虽然我们只能吃糠和米麦粗屑，但他不劳动，游手好闲，所以就长得肥肥胖胖的了。养着这样一个小叔子，真不如没有。"陈平的哥哥听到这些话，就把妻子赶了出去。

等陈平到了应该娶亲的年龄，不论媒婆怎么说合，有钱的人家嫌他穷，不肯把女儿嫁给他；穷人家的女孩，陈平又耻于聘娶。后来，同村有一个叫张负的富人，他的孙女夫运很坏，先后结了五次婚，结果丈夫都死了。回到自己的娘家，已经没有人再敢娶她为妻了。陈平却看上了这个女子，便想找个机会去提亲。很凑巧，这时有一家举行葬礼，陈平也去帮忙，他特意比别人去得早，比别人走得迟，装出一副很勤快的样子。陈平的表现果然让张负看在眼里，等陈平离开时，张负就悄悄跟在他后面。陈平的家坐落在贫民街，一张破草席挂在门口当门用，可奇怪的是这么穷的家庭，门前却留下了许多贵人车马的痕迹。张负回到家里，就对儿子说："我想把孙女嫁给陈平。"

他儿子说："那家伙家里穷得叮当响，却什么都不做，是左邻右舍的一个笑柄，看中他什么呢，竟说要把孙女嫁给他？"

张负说："像他那么出众的美男子，是不会永远贫穷的。"

就这样，张负把孙女嫁给了陈平，由于陈平家里贫穷，聘礼和婚宴的费用都是张负给他的。张负还劝诫要出嫁的孙女说："不要因为陈平贫困，就不谨慎地侍候。对兄嫂要像对父母一样恭敬。"

由于妻家送给资财，陈平更加广泛地和地方上的名士交往。乡里社祭的时候，陈平担任把祭肉分给各户的"社宰"，分得非常均匀，乡里的长老都异口同声地说："很好，陈平做'社宰'，干得很出色！"

陈平感慨地说："如果让我治理天下，我也会像分祭肉一样做得非常出色。"

陈胜起义后，魏咎被立为魏王，陈平领着许多少年前去投奔，魏王让陈平当太仆，就是负责车马的官。陈平在此期间，多次向魏咎谈论军略，魏咎对此缺乏理解力，全然不予采用。后来有人在魏咎面前说陈平的坏话，陈平一气之下就离开了魏咎。

不久，项羽打到黄河流域，陈平就投奔到他的麾下，随军打到咸阳。项羽任命陈平为爵卿，爵卿之义，就是俸秩的名位相当于卿，但没有卿的实际权限。

后来，汉王从封地引兵东向，平定三秦，意欲争霸天下。殷王司马印在汉军的威慑下，背楚归汉。项羽就以陈平为信武君，让他率兵讨伐殷王，陈平平定殷王归来，项羽提升陈平为都尉（仅次于将军的武官），赏给他黄金 20 镒（每镒 20 两）。但是，陈平一收兵，汉军又进攻殷王，殷王再次降汉。项羽大怒，要处罚出讨过殷王的人。陈平听说后非常恐惧，就把得到的黄金和都尉官的印绶派人送还项羽，自己则乔装打扮，从楚营逃了出来。

陈平从小路逃到黄河边，刚乘上渡船，就马上引起船夫的注意。他们私下议论说："哎，你看这家伙体格和脸相都很健美，还挂着长剑，一定是员大将，但没有带随从，大概是逃出来的吧！怀里一定藏着黄金宝器。"

另一个说："是呀，我也注意到了，想不到天上掉下来一只好鸭子。这样吧，等到了河中央，就下手把他干掉。"

陈平不知他们在嘀咕什么，但从他们的神色上已明白船夫在打什么主意，于是就脱下衣服，赤身裸体的，除了滚出几个零钱外，值钱的东西一样也没有。

两个船夫一下傻了眼，泄气地坐了下来。陈平就从船夫手里拿过竹竿，自己撑船到了对岸。

来到修武（今河南获嘉），陈平找到汉将军魏无知，拜托他向汉王推荐自己。当时到汉营自荐或他荐的有七八个人，刘邦召见了他们，并和他们一起用餐，然后就说："退下吧，请先到宿舍休息几天。"人们都纷纷退了出去，陈平走在最后，对刘邦说："我有要事向大王禀报，必须在今天跟您说。"

"噢，你说给我听听。"刘邦听了陈平的一番话后，非常高兴，就问："先生在楚当什么官？"

"都尉。"

刘邦当天就拜陈平为都尉，让他陪乘自己的车，协助主将督率全军。

其他将领听说后，都有些愤愤不平，纷纷议论说："这究竟是怎么回事？大王对一个来历不明的楚降将，还不知道他有多大能耐，就和他同乘一辆车，还让他来监护我们，真是邪门了。"听到这话，刘邦反而更加宠幸陈平，让他跟随在自己身边，去攻打彭城。

刘邦从彭城退到荥阳后，又任命陈平为副将。这时，周勃、灌婴等人也有些看不顺眼，就对刘邦说："陈平是个美男子，脸蛋长得就像一块戴着帽子的玉石，可肚子里到底有多少花样就不知道了。我们听说陈平在家的时候和嫂嫂私通，后来在魏国混不下去了，才逃亡仕楚；如今在楚国又生乱子，这才跑来归汉。大王给他高官，让他监护诸军，听说他竟向诸将索取贿赂，给多的就让驻扎在好地方，给少的就让驻扎在坏地方。由此可见，陈平是一个反复无常，不值得信任的人，请大王无论如何要明察。"

经他们一说，刘邦也不能不怀疑陈平了，就责怪魏无知。魏无知说："我所推荐的是才能，而大王所说的是德行。听说周代有一个尾生，为守信约而牺牲了性命；商代有一个孝己，非常孝顺。可这样的人是无益于战争胜负的，现在大王哪有空暇去录用这种人呢？楚汉相争，胜者为王败者贼，我推荐的是奇谋之士，考虑的是他的智谋是否能对国家有利。至于他是否和嫂子私通、收取贿赂之类，又何必去怀疑呢？"

刘邦仍然不放心，又把陈平找来，责让说："先生事魏不得志，又去仕楚，现在又跑到我这边。一个重信义的人，怎么能这样见异思迁呢？"

陈平回答说："魏王不能采用我的计谋，因此才离开魏王去投奔项王。但是项王却不能信任人，他所信任的只是项氏一族，或是妻子的兄弟，至于奇谋之士，在他手下是发挥不了作用的，所以我才背叛楚。听人说大王善于用人，我这才前来侍奉大王。我来时身无一文，如果不收取点钱财的话，就没有活动的资金。假如我的计谋有用，就请大王采纳；大王若是认为无用，这些钱财我还没有动，可以如数送还，我可以辞官。"

刘邦赶紧起身道歉，赏给他很多钱物，并任命他为护军中尉，监护所有将领。其他将领见刘邦这样信任陈平，也就不敢再说三道四了。

前已述及，刘邦在项羽的咄咄逼人的攻势下，已经感到有点心灰意冷，就私下对陈平说："天下汹汹，何时才能安定？"

陈平说："项王对人恭敬慈爱，一些廉洁重礼的人，都去归服他。但是到了应该给人奖赏和封地的时候，他就舍不得，因此真正有本事的人他也笼络不住。与此相反，大王虽然傲慢无礼，使得重廉耻的人不肯侍奉您，但大王给人的爵位和封地是很丰厚的，所以私欲深、少廉耻的人便都来投靠大王。如果能把项王和大王的优长集于一身，那么天下很快就能平定。可大王待人傲慢已成习惯，不可能使重廉耻的人归心，这一点暂时是改变不了的。其实，楚也有可以攻破的弱点，现在项王的属下最能干的只有亚父（范增）、钟离眜、龙且、周殷等人。如果大王肯出万金，行使反间计的话，就能使他们君臣离间，互相猜疑，项王为人疑心重、信谗言，一定会发生内讧，互相残杀。到那时，我们趁楚内乱发动攻击，就一定能破楚。"

刘邦认为这个办法很好，就交给陈平四万斤黄金，任其使用，刘邦概不过问。于是，陈平就用这些经费，派了很多间谍到楚地，让他们四处散布说："钟离眜这些将军为项王立下了汗马功劳，但始终得不到封王，所以就和汉内通，想借汉的力量诛灭项氏，瓜分项王的土地当王。"

这些流言，也传到了项羽的耳朵里，果然不出陈平所料，项羽越来越不信任钟离眜等人了。

没过多久，项羽因事派使者到汉营来。刘邦依陈平的计划行事，先让人摆出最上等的酒菜，然后出来和使者见面，等使者报明来路时，刘邦故作惊讶地说："噢，我还以为是亚父派来的使者，没想到竟是项王的使者。"然后就让人把酒菜撤下去，换上粗劣的饭菜，一个劲儿地说："请，请，请不要客气。"

使者觉得非常没趣，回去后就把这事详细向项羽做了汇报。项羽果然对范增大起疑心。有一次，范增建议趁汉军饥困交加的机会，发动总攻，一举攻占荥阳。可项羽却怕中了范增设下的圈套，生硬地加以拒绝。这样，经过几件事之后，范增觉察到项羽已经不再信任自己，于是就对项羽说："天下的事大体上已经决定了，君王就自己好自为之吧！我年事已高，不堪担任职务，就请让我辞职返乡吧。"

本来范增是想试探一下项羽，他还抱着一线希望，想竭尽心智辅佐项羽击败刘邦，平定天下。可项羽听了范增的话，并没有挽留的意思，只是说了几句不着边际的感谢话。范增一气之下，真的离开了项羽。

回乡的路上，范增闷闷不乐，心情悲愤，使得背上的毒疮发作，还没走到彭城就病死了。

刘邦虽然成功地离间了项羽的统治核心，但严峻的形势并没有马上改观，楚军的攻势一天天加紧，汉军已陷入弹尽粮绝的绝境，就是想突围也比登天还难。在这危急关头，陈平又想出一个鬼点子。

一天夜晚，明月高悬，陈平下令把城内所有的年轻女子都集中起来，一共有2000多人，让她们穿上花衣服，由汉军驱赶着从东门向城外跑去。守在城外的楚军一见跑出来这么多姑娘，就一哄而上，你争我抢。陈平又让纪信装扮成刘邦的模样，坐在覆盖着黄绢的王车中跟在后面大喊："城中粮食已尽，我刘邦请求投降。"楚兵一起高呼"万岁"，声音到处回响，城周围的楚军都跑到城东看热闹。乘此空隙，陈平率领数十骑精兵保护刘邦从西门逃走，经成皋跑回关中。

汉三年（前204）五月，刘邦在关中补充了兵力，采纳辕生的建议，不再同项羽在正面交锋，而是南出武关，深入南方袭扰楚军侧翼，以缓和荥阳、成皋一线的局势，也为韩信北取齐、赵赢得了时间。

三

韩信平定魏地后，率领几千汉军又马不停蹄地向代国进发，在阏与（今山西和顺西北）大败代军，生擒代相夏说，接着就挥军北向，直取赵国。

赵王赵歇和陈余得到消息后，立即在井陉口（今河北井陉）屯集重兵，严阵以待。当时，赵军号称20万，韩信号称数万，实际上不过数千。井陉口是太行山的险要关隘之一，既是兵家必争之地，又是东西必由之径。韩信攻打赵国，首先必须突破井陉口这一关。

赵国有一个广武君李左车，是当时有名的战略家，他向陈余献策说："韩信、张耳是在打败魏、代以后，乘胜而来，锐不可当。但我听说：千里送粮士兵饥，取薪炊饭肚子饿。井陉口是一个车不能并行，骑不能成列的狭长通道，韩信要通过这数百里的狭窄山路，辎重必然远远落在后面。如果能给我3万精兵，从小道截断他们的给养，您则深沟高垒，不与汉军交战。这样一来，汉军前不能进，后不能退；欲战不能，欲退无路，在荒凉的山野，粮草又得不到接济，不出十日，他们必败无疑，韩信、张耳的头颅就会送到您的面前。如果不这样做，我们反而会成为他们的阶下囚。"

陈余是个书生，不懂得什么战略战术，对李左车的分析很不以为然，反而认为："只要是仁义之师，就用不着诈谋奇计。"因此对李左车说："我记得兵书上讲：'有十倍于敌人的兵力，就把他们包围起来；有两倍于敌人的兵力，那就跟他们较量一番。'现在韩信号称数万，其实不过数千，又千里迢迢来进攻我们，一定早已精疲力尽了。像韩信这样微不足道的敌人，我们都要躲避，以后如果遇到更强大的敌人，我们又如何取胜呢？如果按你说的去做，诸侯会说我们是胆小鬼，以后也会轻易来进攻我们。"

陈余固执己见，拒不接受李左车的正确建议。这一情况，早被汉军派出的密探打听到了，并很快汇报给韩信。

韩信听到密探的报告，心中大喜，于是率领大军继续进发，在距井陉口30里的地方安营扎寨。当天午夜，韩信挑选轻骑2000余人，每人带着一面红旗，从小道上山，隐蔽起来，监视赵军，并吩咐这些士兵说："明日会战的时候，我军假装败走，赵军必定倾巢出动，追击我军。到那时，你们就飞快地冲入赵军营垒，拔掉赵军的旗帜，换上汉军的旗帜。"然后，韩信又命令他的副将们，给士兵分发些干粮，让他们先垫垫肚子，并很有把握地说："明天等攻破赵军，大获全胜后，再饱餐一顿。"将领们半信半疑，只好遵命而行。

一切布置停当后，韩信又派一支人马先行，出井陉口，面向赵军阵地，背临绵曼水，摆开阵势。赵军为了跟汉军主力决战，怕攻击这支先头部队会使汉军主力中途退回，见汉军背水为阵，不仅没有出击，反而哈哈大笑。陈余自称熟知兵法，认为背水为阵只能前进，不能后退，这是兵法的大忌。他哪里知道，韩信正是针对赵军的部署和心理，才有意这样安排的。

等天刚刚放亮，韩信就率领大队人马，举着大旗，擂着战鼓，杀出井陉口，气势十分雄壮。陈余见汉军主力杀来，立即指挥赵军冲杀过来，刹那间，人嚷马嘶，刀枪相撞，打得十分激烈。赵军由于以逸待劳，又求胜心切，所以英勇冲杀；汉军却佯装溃败，丢旗弃鼓，向背水的阵地退却。陈余一见，以为活捉韩信和张耳的机会到了，遂命令赵军全部出动，向汉军掩杀过来。韩信和张耳退到背水阵地以后，两支队伍合在一起，又掉过头来向赵军反攻。由于汉军背靠河水，没有退路，只得拼命厮杀，所以个个勇猛顽强，同赵军殊死决战，死里求生。

这时，韩信事先埋伏在山上的两千汉军，见赵军倾巢出击，营垒空虚，便迅速进入赵军阵地，拔掉赵旗，插上两千面汉军的红旗。战场上正在同汉军混战的赵军，眼看难以取胜，就想撤回营垒，可回头一看，只见自己的营垒里已插满汉旗，无数面红旗迎风招展，顿时吓得心惊胆战，一下子乱了阵脚，争相逃命。汉军两面夹击，越战越勇，赵军被打得落花流水，赵歇被俘，陈余被杀。

战斗结束后，将领们不解地问韩信："兵法上明明写着：'右倍（背）山陵，前左水泽。'即行军列阵要按照'背山临水'的原则部署兵力，但是您不照兵法行事，却让我们背水为阵，我们当时并不赞成，可按照您的指挥，竟取得了胜利，这究竟是什么道理？"

韩信回答说："这个道理在兵法上也有记载，只是你们不曾注意罢了。兵法上不是说'陷之死地而后生，置之亡地而后存'吗？况且我们这支队伍平时既非训练有素，战时也很难听我调遣，因为都是些乌合之众。利用这一帮人去打仗，只有把他们置于危难窘迫之地，他们为了绝处求生，才会各自奋战，去夺取胜利；如果把他们置于有生路的地方，遇到危险他们早就开小差了，谁还肯替我打仗？"

诸将听了，人人叹服，并盛誉韩信善于出奇制胜。

这时，有两个将官把李左车押了上来。原来，在交战前，韩信已向全军下了死令，任何人不准杀害李左车，谁能生擒李左车，重赏千金。韩信见李左车果然被俘，慌忙赶上前去，亲自为他解缚，并把他让到上座，自己坐在下手，用学生对待师长的口吻，非常虚心地向他请教攻打燕、齐的策略。

韩信问道："我想北攻燕、东伐齐，您认为怎样做才能马到成功？"

李左车回答说："我听说：'败军之将，不可以言勇；亡国之大夫，不可以图存。'现在我是你的俘虏，凭什么跟你讨论大事呢？"

韩信说："古代有个人叫百里奚，他曾经住在虞国，但是虞国却被晋国灭掉了；后来他到了秦国，却帮助秦国称霸诸侯。同是一个百里奚，并非在虞国时他就愚笨，在秦国时就聪明。这里只有一个用不用他的策略、听不听他的主张的区别。如果陈余肯接受您的建议，我早就被您活捉了。只是陈余不肯重用您，我才有机会向您请教。我是真心诚意地听取您的意见，请不要再推辞了。"

李左车客气了一番，这才说道："将军生擒魏王豹，活捉代相夏说，现在又一举歼灭赵国的20万大军，真可谓'名闻海内，威震天下'。这是将军有利的方面。但是汉军经过长期征战，已经疲惫不堪，难以再战。如果带领这支又乏又疲的军队，去攻打燕国的坚固城池，恐怕一时难以攻下；长期相持，又会暴露汉军的弱点，再说粮饷供应也成问题。如果连弱小的燕国都征服不了，齐国更会自强不息，奋力抵抗。这样一来，刘、项之争，胜负就很难见分晓了。这是将军的不利方面。恕我直言，将军攻燕伐齐的计划未必正确。所以，善于用兵的人，不能以己之短去攻人之长，应该以己之长去攻人之短。"

韩信急切地问："那么，我该怎么办呢？"

李左车说："现在最好先解甲休兵，安定赵国，犒劳将士，养精蓄锐，并陈兵于燕国边境，装出将要进攻的样子。然后派人送一封信去，把汉军的优势告知燕国，燕国就不敢不唯命是从。燕国顺服了，齐国一听到风声，就会不战而降。这样，天下的事才会大有作为。用兵要先虚后实，就是这个意思。"

韩信接受了李左车的建议，改变了进攻燕国的计划，立即派使者到燕国去游说。燕国见汉军强大，果然投降了韩信。接着，韩信又派人去报告刘邦，请求立张耳为赵王，以便镇抚国内，厉兵秣马，再图进取。刘邦批准了韩信的请求，张耳便当上了赵王。

刘邦南出武关后，一直在宛（今河南南阳）、叶（今河南叶县）一带同项羽纠缠，并乘项羽东征彭越之机，重又攻占成皋。汉三年（前204）六月，项羽打败彭越后，又回师攻下荥阳，并把刘邦围在成皋。刘邦抵挡不住，便和夏侯婴两人，从成皋北门逃出，北渡黄河，来到韩信的驻地小修武（今河南获嘉），悄悄住进了旅馆。第二天早晨，刘邦自称是汉的使者，闯入韩信、张耳的军帐，夺去了他们的印信和兵符。当时，韩信和张耳还在蒙头睡觉，等他们起床时，才知道刘邦已经来到，都大吃一惊。刘邦夺了韩信、张耳的军权，便召集众将，命张耳留守赵地，拜韩信为赵相国，令他收编赵国降卒去攻打齐国。

刘邦夺取了韩信手中的精兵，声势又壮大起来，他先是派兵渡过白马津（今河南滑县东北），南下与彭越会合，骚扰项羽的后方，逼使项羽回援。然后乘机渡河南下，夺回成皋，摆出一副打持久战的架势。项羽打败了彭越，又马不停蹄地驰回成皋，但刘邦始终不肯出战，一直跟楚军对峙了几个月。而彭越又在项羽的后方骚扰，不断切断楚的粮道。项羽非常烦躁，万般无奈之下，把囚在楚营中的太公和吕雉押到阵前，令士兵先把太公放在一个大肉案子上，让人厉声大呼："刘邦，如果你再不投降，我就烹食太公。"

刘邦回答说："我和你都是怀王的臣子，怀王要我们两人结为兄弟，因此，我的父亲就是你的父亲，如果你一定要烹煮你的父亲，请分给我一杯羹。"

这种无赖的口吻，更激起了项羽的心头怒火，心想，你能说你的父亲就是我的父亲，总不能说你的老婆就是我的老婆吧，于是又令人把吕雉推到前面，威胁说："既然如此，我就先拿你老婆开刀，来人，先给她开膛。"

吕雉在楚营已经被囚禁一年多了，脸上早已失去了昔日的光泽，显得憔悴不堪。她同刘邦已分别多年，临死前真想见上丈夫一面，可城垛之上，刘邦却始终没有露面，吕雉心里不免一阵酸楚，两行泪水夺眶而出。这时，刽子手已来到吕雉面前，手起刀落，只听哧的一声，吕雉的外衣就被剥了下来。项羽高声骂道："刘邦你个孬种，还不快出来见上你老婆一面。"汉军阵营一片寂静，没有任何反应。

这时，项伯走到项羽面前说："有志于天下的人，是不会记挂家里人的，就是杀了他的老婆也没有用，反而会招致更多人的怨恨。"

其实，项羽并非真的要杀刘邦的亲人，只不过想借此激怒刘邦，逼他出来跟自己决战，尽快结束这场战争。于是命人把太公和吕雉押下去，然后又对着汉营大声说："天下汹汹，连岁不宁，无非是由于我们两个人的缘故。这样吧，你和我各自一骑，出来决个雌雄吧。我若不胜，解甲归田，何苦劳民伤兵呢？"

刘邦拒绝说："我想用智慧决胜负，根本不想斗力气。"

项羽没办法，就派士兵上前挑战。汉军中有个叫楼烦的名射手，一连把前来叫阵的楚兵射杀好几个。项羽怒火中烧，甲胄披身，持戟亲自叫阵。楼烦拉弓搭箭，正要出手，项羽怒目瞪圆，大声一吼，就把楼烦吓得不敢抬头，手也抖得无法射箭，转身逃了下去。刘邦见了，竟也瞠目结舌，心中赞佩，于是来到阵前，跟项羽对话。

项羽隔着战壕对刘邦说："你终于露面了，这说明你的胆气有些长进，你敢出来跟我斗三个回合吗？"

刘邦说："你不用和我逞强，你身上背着十大罪状，还敢在这里跟我饶舌？当初，你我共同接受怀王的命令，谁先入关谁当关中王，而你却违背怀王的命令，把我封到巴蜀、汉中，这是第一条罪状；你假托怀王的命令，杀死卿子冠军宋义，自封为上将军，这是第二条罪状；你完成救赵的使命后，不请示怀王，就擅自胁迫诸侯领兵入关，这是第三条罪状；怀王明令入关后不准烧杀抢掠，你却焚烧秦朝宫室，挖掘始皇陵墓，这是第四条罪状；秦王子婴已经投降，你又毫无道理地把他诛杀，这是第五条罪状；你封秦朝降将为王，又用欺诈的手段坑杀秦兵20万，这是第六条罪状；你把好的地方都封给亲信将领，而迁徙放逐原来的诸侯王，从而引起天下纷争，这是第七条罪状；你把怀王赶出彭城，又侵夺韩王的封地，兼并梁楚，扩大自己的地盘，这是第八条罪状；

你为臣不忠，派人暗杀怀王，这是第九条罪状；你执政不公，大逆不道，这是第十条罪状。我统率正义之师，诛伐残暴的贼人，让那些受过刑罚的人杀你就够了，你还不配和我交手。"

项羽越听越气，怒从丹田起，摘下弓箭，拉弓劲射。刘邦一看不妙，刚想回马，胸口早中一箭，险些从马上掉下来。身后的汉兵顿时大惊，乱作一团。刘邦忍痛拔出箭羽，轻描淡写地说："这个贼子，射中我的脚趾了。"汉军见刘邦安然无恙，这才稳定下来。

刘邦到了这一步，也不由得产生了一些悲观情绪，他感到再怎么鼓起勇气来作战，也敌不过项羽，就想放弃成皋以东地区，只在巩（县）、洛（阳）一线防御楚军，固守西方。这时，郦食其献计说："常言道：大凡两雄不能并立。既然楚、汉已经形成对峙，就必须决出一个胜负来，否则天下的人心就不知归属。所幸的是燕、赵已经平定，如果再把齐拉到汉的一边，那么天下的大势就可以决定了。但齐国东面临海，领土广阔，是一个富裕强大的国家，使用武力在短时间内恐怕是攻不下来的。我有一计，愿奉大王的诏书去说服齐国归汉。"

刘邦采纳了他的建议，于是派郦食其去游说齐王。

与此同时，韩信也按照刘邦的命令，正率兵行进在东征齐国的道路上。当韩信行至平原（今山东平原南）时，就传来了齐王田广听从郦食其的劝说，背楚降汉的消息。韩信就想停止前进，这时，齐国有个叫蒯通的说客对韩信说："将军是奉汉王的命令去攻打齐国的，可汉王偏偏又暗地里派使者去劝齐国投降，难道汉王有诏书让将军停止进军吗？再说郦食其不过是个书生，凭三寸不烂之舌，就劝降齐国70多座城池；而将军率数万人马，征战一年多，才攻下赵国五十多座城池。您当了好几年的将军，难道还不如一介书生吗？"

韩信听了蒯通的挑拨，非常气恼，于是趁着黑夜，渡过黄河，急袭历下（今山东济南东南）。而齐王田广本来在历下屯有重兵，接受郦食其的劝降后，就放松了战备，天天跟郦食其饮酒谈天。

汉四年（前203）十月，韩信以迅雷不及掩耳之势，一举攻占历下，接着就直逼齐国的国都临淄。齐王田广听到韩信偷袭历下的消息大吃一惊，觉得郦食其欺骗了自己，立即派人把他丢进滚热的油锅里活活烹死，并匆匆忙忙逃到高密（今山东高密西南），同时派人去向项羽求援。

韩信攻下临淄以后，立即追击到高密。这时，项羽也派大将龙且率领大军，号称20万，前来救齐。两军遂在潍河两岸摆开阵势，准备决战。

一天夜里，韩信命令部下准备了1万多条口袋，里面装满沙子，堵在潍水上游，这样下游河水立即变浅。接着，他又率领一半人马涉水过河，去进攻龙且。龙且也不甘示弱，立即率军反击。韩信却佯装战败，慌忙向河西撤退。龙且一见大喜，高兴地喊道："我早就知道韩信是个胆小鬼，全军火速出击，一举消灭韩信。"可就在这时，韩信已下令决开上游的沙袋，可怜的楚军刚刚冲到河心，汹涌的浪涛便没过了头顶。韩信抓住战机立刻发起攻击，结果楚军大败，龙且当场阵亡。留在东岸没有来得及渡河的少数楚军纷纷逃散，齐王田广也被汉军杀掉。韩信乘胜追击，一直打到城阳（今山东莒县），占领了整个齐国。

韩信占领了赵、齐（黄河中、下游地区）以后，大有举兵伐楚之势；彭越又在梁地不断骚扰项羽，使楚军的军粮日益匮乏，形势对项羽越来越不利。另一方面，萧何不断从关中输送兵员和粮草支援汉军，也使刘邦兵足粮足，在荥阳以西稳住了阵脚。项羽见西进无望，后方不稳，便不得不考虑跟刘邦议和。

四

韩信平定齐国以后，就派人给刘邦送去了一封信，说齐国一向叛服无常，难以镇抚，齐国的南境又和楚国接壤，如果不立一个齐王，恐怕这次取得的胜利就巩固不了，因此请求立自己为"假王"（代理齐王）。

当时刘邦正在广武山（今河南荥阳东北）跟楚军对阵，胸部还带着项羽的箭伤，心情很不好。所以他看了书信以后，就大发雷霆，破口骂道："我被围困在这里，天天盼望他来救我，他不但不来，反而想自立为王！"话没说完，张良、陈平在一旁赶忙踩踩刘邦的脚，悄悄对他说："现在形势对我们非常不利，我们怎么能阻止得了韩信为王呢？不如借此机会满足他的愿望，让他守住齐国。不然的话，恐怕要发生变故。"

刘邦听后，顿时大悟，便很机警地改口说："大丈夫南征北战，平定诸侯，就应该做个真王，何必当'假王'！"于是就派张良为特使，带着印绶，去封韩信为齐王，让他出兵攻楚。

项羽虽然英勇善战，但也抵不住刘邦和韩信的两面攻击，于是就派说客武涉前往齐国。

武涉对韩信说："天下长期苦于秦朝的统治，所以共同起兵反抗秦朝。灭秦之后，项王论功行赏，分封诸侯，以便让百姓得到休息。如今汉王刘邦又兴兵东侵，进攻楚国，其野心之大，实非吞尽天下无以满足。再说汉王也是一个不可信赖的人，他的性命多次落到项王的掌握之中，只是项王可怜他，才给他一条活路。但他逃脱以后，马上又背叛盟约，攻击项王，此人实在信不过。现在，你自以为和汉王的关系不错，拼命为他东征西讨，但是你早晚会被他暗算的。现在他之所以没有暗算你，是因为项王还在。楚汉之争的胜负，你的地位是举足轻重的。如果你帮助项王，那么项王就会称霸；如果你帮助汉王，一旦打败了项王，那么汉王要收拾的下一个对象，肯定就是你韩信。你跟项王早有旧交，为什么不跟项王议和，三分天下，成为一方之主呢？现在你放弃这样的大好时机，一心一意地为汉王卖命，难道这是高明的做法吗？"

可韩信不肯这样做。他谢绝说："过去我在项王手下，不过是个侍卫的武官。项王对我言不听，计不从，令我很失望，因此我才背楚投汉。相反，汉王却拜我为大将，交给我几万人马，脱下自己的衣服给我穿，拿出自己的食物让我吃，对我的建议言听计从，因此，才使我有了今天的地位。汉王如此信任我，我怎么能忍心背叛他？就是死了，我忠于汉王的决心也不会动摇。请你千万替我辞谢项王的好意。"

武涉走后，蒯通也想劝韩信反汉自立。他自称是个相命先生，对韩信说："我以前学过相命术。"

"先生是怎么给人相命的呢？"韩信问。

蒯通说："人的贵贱在于骨相，喜忧在面相，成功或失败在于决断，从这三个方面来对照，就可以判断他一生的命运如何，可以说是十拿九稳的。"

韩信说："先生说得不错，那就请您给我看看相吧！"

于是，蒯通请韩信身边的侍从退下，然后才说："看您的面相最多也只能是封侯，而且还有危险；看您的背相，却是前途无量，贵不可言。"①

---

① 蒯通所说的面、背是双关语，其意是说，跟着刘邦不过封侯，背叛刘邦，福禄无边。

韩信不解地问这是怎么回事。蒯通于是回顾了推翻秦朝的经过，分析了楚汉之争的形势，指出项羽和刘邦在荥阳对抗三年，已经两败俱伤。韩信助汉则汉胜，佐楚则楚胜，楚汉的成败，完全取决于韩信。韩信手握重兵，占据齐地，控制燕、赵，只要跟楚汉三分天下，鼎足而立，就会大有作为。他开导韩信说："天授给的福分你不要，反而会得罪；机会来了你抓不住，反而会遭殃。您还是认真考虑考虑吧！"

韩信坚持说："汉王待我恩泽深厚，载我以其车，衣我以其衣，食我以其食。我听说有这样一句话：'乘人之车者载人之患，衣人之衣者怀人之忧，食人之食者死人之事。'我哪能只图个人私利，违背做人的道德呢？"

蒯通仍不甘心，又举例说："张耳和陈余本来是刎颈之交，可后来却变成仇敌，这说明患生于多欲，而人心难测。我听说：'勇略震主者身危，而功盖天下者不赏。'您南征北战，连破魏、赵、燕、齐，可谓'功劳天下无双，勇略世上稀有'。您投靠楚，项王会心怀畏惧；归服汉，汉王也惊恐不安。您虽然处在臣子的地位，但权势却压倒了国君，名望在一切人之上，我真为您担心哪！"

韩信还是下不了决心，只答应，考虑考虑。

过了几天，蒯通又来拜见韩信，劝他不要犹豫，尽快拿定主意，并说："功业难成而易败，时机难得而易失，明智在于决断，犹豫是一种祸害。"韩信犹豫良久，始终不肯背叛汉王。他觉得自己立了这么大的功劳，汉王刘邦总不会再从自己手里将齐国夺去。所以，最后他还是谢绝了蒯通。

应当说，韩信的去留，从某种意义上说决定了当时历史发展的走向，即重新实现统一或三分天下的两种前途。从权谋策略上讲，韩信犯了他一生中最大的错误，没有采纳武涉、蒯通之议而坐山观虎斗，从而在封建专制的时代，铸就了个人的人生大悲剧。就历史进程而言，韩信毅然放弃三分鼎足的形势，坚决不肯背弃刘邦，客观上加快了西汉统一的步伐，无疑是进步之举。

韩信继续站在刘邦的阵线，在楚汉胜败的天平上，为刘邦取得最后胜利增添了一大砝码。

汉四年（前203）八月，楚汉双方约定，以鸿沟（今郑州北，东至开封，南至淮阴一线）为界。鸿沟以西归汉，鸿沟以东归楚，双方罢兵，从此不再交战。

楚、汉鸿沟约界以后，项羽就于同年九月引兵东归，准备返回彭城。当时，刘邦也想带着老父、妻子返回关中，享受天伦之乐，可张良、陈平却劝刘邦说，如果现在放走项羽，就等于养虎遗患；不如趁汉强楚弱的有利时机，消灭项羽。刘邦采取了他们的意见，立即发兵追击。

汉五年（前203，当时的历法以十月为岁首）十月，刘邦率兵追到阳夏（今河南太康）南驻扎下来，并派人跟韩信、彭越联系，命令他们按期在固陵（今河南太康南）会合，共同围歼项羽。然后，刘邦就倾巢出击，到达固陵时，果然追上了楚军，可韩信、彭越的军队还不见踪影。项羽见刘邦孤军深入，便乘机回击刘邦，汉军猝不及防，损失惨重。刘邦只好深挖战壕，修筑壁垒，坚守阵地，不敢出战。

几天过去了，刘邦非常着急，就问张良："韩信、彭越不遵守诺言怎么办？"

张良回答说："项羽眼看就要被打败了，但是韩信、彭越却没有得到封地，他们不听调遣，那是理所当然的。大王如果能跟他们共分天下，他们就会马上前来助战，这样，项羽必败无疑。"

刘邦无奈，答应把陈（今河南淮阳）以东直到东海一带划归韩信；把睢阳（今河南商丘）以北直到谷城（今山东东阿南）一带划归彭越。果然，韩信、彭越得到封地后，迅速挥师南下，与汉王刘邦、淮南王英布等从北、西、南三个方向把项羽团团围住。

汉五年（前203）十二月，项羽退至垓下（今安徽固镇东北），被汉军围得里三层外三层，项羽只好传令全军，小心坚守，不可轻动。

一天夜晚，项羽走出帐外，见满天繁星，夜风习习，心情稍稍放松了一些。忽然，从四面八方传来了一阵楚歌声。歌词大意是：

我本江东庄稼汉，被虏从军驱阵前。

八年风雨征战急，几番热血染征衫。

几番热血染征衫，爹娘妻儿望我还。

遥望关山路不尽，白云何处是家园？

白云何处是家园，荒冢白骨照月寒。

铁骑踏破昨夜梦，有家无归心茫然。

项羽侧耳听了一遍又一遍，像是问身边的虞姬也像问自己："莫非楚地都被汉军占了，怎么四面都响起了楚歌？"

站在一旁的虞姬，细嫩微红的脸上挂满愁容，听项羽这么说，觉得事情不妙，在夜色中偷偷擦去流到腮边的泪水，反而安慰项羽说："今日大王虽败，并没有全军覆没，只要鼓舞士气，还是可以反败为胜的，请大王勿忧！"

这时，一个军吏前来禀报："禀大王，将士们听了楚歌，都纷纷散去，连项伯、钟离眜、季布将军也骑马出走了。眼下只剩下亲兵八百骑，还在保卫着大王。"

项羽大吃一惊，吩咐说："传达我的命令，做好突围的准备。"说完，就挽起虞姬回到帐中。项羽闷坐在那里，痴痴地望着虞姬，然后拿起酒壶，斟了一杯，双手捧给虞姬，又给自己斟满一杯，一饮而尽，慷慨悲歌，赋诗唱道：

力拔山兮气盖世，时不利兮骓不逝！

骓不逝兮可奈何，虞兮虞兮奈若何！

项羽反复唱了几遍，虞姬和着歌声翩翩起舞，项羽唱着唱着，脸上已布满泪水，虞姬舞着舞着已泣不成声，用一种绝望的语调边舞边唱：

汉兵已略地，四面楚歌声。

大王意气尽，贱妾何聊生。

最后终于扑到项羽怀里失声痛哭起来。

此时此刻的项羽，心如刀割，想到虞姬一个柔弱女子，纵有八百亲兵保护，可在汉军的重重包围之中，又如何能冲出重围呢？而他又怎么能忍心让她毁灭在战火之中呢？多少年来，虞姬一直跟随他南征北战，在他受到挫折或心情不快时，都能从她那里获得安慰，她就像一汪清澈透明的泉水，总能化解自己内心的愁苦和火气。她生得如花似玉，眼如灿星，唇如涂丹，能歌善舞，娇媚温柔，怎么能丢下她而自己逃生呢？他感到非常内疚，对不起她，这比他军事上的失败压力更大。

这时，虞姬的哥哥虞子期和大将桓楚走进帐内，对项羽说："大王，天快亮了，赶快突围吧！"

项羽从悲哀中解脱出来，果断地说："你们快去准备，我随后就到。"待二人走后，项羽深情地对虞姬说："我死不足惜，无论如何也要带你一起走，要么冲出重围，要么死在一起。"

虞姬抬头深情地望着项羽，胸口如万箭穿心般难受，她留恋人生，更留恋与项羽朝夕相处的恩恩爱爱，多想随他冲杀出去。但是，汉军围得水泄不通，好比铁桶一般，而项羽身边只有八百壮士，她要跟着，岂不是个累赘吗？那样一来，不但自己逃不出去，还可能连累项羽。为了项羽能死里逃生，将来东山再起，她只有一死，才能给项羽增添生的希望。就这样，她下定了必死的决心，声音颤抖着说："妾生是大王的人，死是大王的鬼，在此危难之际，妾不能助大王一臂之力，也绝不能拖累大王，万望大王保重！"

项羽听着虞姬催人肝胆的泣诉，肝肠寸断，这个在万马之中出生入死的硬汉，忍不住背过脸去，落下生离死别的泪滴。

虞姬趁项羽不备，猛然从他的腰间抽出佩剑，向自己的颈下一横，顿时，鲜红的热血流淌出来，她大叫一声"大王啊！"就倒在一片血泊之中。

项羽被这突发的一幕惊得目瞪口呆，想上前阻拦，可已来不及，愣了片刻，便伏尸痛哭起来。

拂晓时分，项羽掩埋了虞姬的尸体，骑上乌骓马，悲壮地率领着八百子弟兵，趁着夜色冲杀出去。等汉军回过神来，已经是黎明了，刘邦派骑将灌婴率军去追。

项羽一路上一马当先，左劈右砍，汉军死伤遍野，不敢靠前。当项羽来到乌江边上时，早有一叶小舟箭一般划了过来，站在船头的乌江亭长高声喊道："项王，快上船来，我渡你过江！"项羽回头望望追兵，心情非常复杂，想不到自己英雄一世，竟落得今天的下场，一时感到心力交瘁，无心再与刘邦斗下去了。亭长催促道："项王，江东虽小，地方千里，人口数十百万，足以称王，快上船吧！"

项羽笑道："天要灭我，为什么还要渡江。想当初，我率八千子弟渡江反秦，而今只我一人生还，我还有什么面目再见江东父老！"

亭长急切地说："大王，俗话说，留得青山在，不怕没柴烧，您何必往绝处想，还是随我回江东吧！"

项羽凄惨地仰天长笑，转而对亭长说："不必了，天下连年战斗不休，只因我与刘邦两虎相争，既然天要灭我，我又何必跟他斗下去。我死不足惜，只是这匹乌骓马随我征战多年，所向无敌，有时一日能行千里，杀了实在可惜，就请你把它带走吧。"

说完，就令十几骑壮士下马，持剑与汉军短兵相接。项羽这时早把生死置之度外，见身边的亲兵一个个倒下，怒从心头起，一口气又斩杀了数百名汉兵，但他身上也受了十余处创伤，终因寡不敌众，自刎于江边。

乌江亭长载着乌骓马已驶到江心，这马极通人性，回头见主人已经战死，仰头长啸几声，就一头跳入江中自毙。

至此，楚汉之争就算落下了帷幕。

第五章

败平城娄敬献策
保鲁元宗女和亲

项羽败亡以后，扫除了刘邦统一天下的最大障碍，但是，他深知还有一个隐患未除，那就是表面上对他称臣，而实力比自己雄厚的齐王韩信。因此，垓下之战刚刚结束，刘邦就回到定陶（今山东定陶西北），出其不意地驰入韩信的军营，夺了他的军权。同年正月，刘邦借口"齐王韩信习楚风俗"，改封韩信为楚王，定都下邳（今江苏睢宁北），从而使拥有重兵的韩信离开了他所控制的军队和地区；与此同时，刘邦又封彭越为梁王，定都定陶，借以牵制韩信。

一

汉高祖五年（前202）二月，由楚王韩信、淮南王英布、梁王彭越、韩王信、衡山王吴芮、赵王张敖（张耳子）、燕王臧荼等诸侯王联名上书，请求刘邦称帝。这一幕"上皇帝尊号"的喜剧导演显然就是刘邦本人，但表面上他还要装模作样地"推让"一番，对文武朝臣说："寡人听说只有贤圣的人才能称帝，而徒有虚名的人是不能取'皇帝'尊号的。现在，诸侯王都推高寡人，可寡人有什么功德处在此位呢？"显得颇为"谦逊"，表示不愿接受"皇帝"的尊号。诸侯王又不免再一次歌功颂德。经过如此这般地一再请求，刘邦才表示接受。

二月初三，刘邦在"氾水之阳"的定陶即皇帝位，举行了简单的登基仪式，正式建立西汉政权。吕雉被册封为皇后，刘盈为皇太子。刘邦君臣表演的这一套"劝进"程式，很具有典型性，在以后的历史进程中，凡是推翻旧王朝建立新王朝的开国皇帝，多数都采用这种被"劝进"的方式，显得无可奈何，口称为民，半推半就地坐上皇帝宝座。尽管当皇帝是他们梦寐以求的事，但临上台前总要假惺惺地"推让"一番。这也是中国封建专制制度的独特现象。

同年五月，刘邦定都洛阳，并在洛阳南宫设宴庆功。酒过几巡之后，刘邦显得兴高采烈，和群臣讨论起楚败汉胜的原因。

刘邦说："我为什么能够夺取天下？项羽又什么会失去天下？"

王陵等回答说："陛下待人轻慢、任性，项羽待人仁慈、恭敬。但陛下使人攻城略地，有功者赏，有能力者用，能和他们共享尊荣富贵，项羽则嫉贤妒能，有功者往往被害，有能力者常常受猜疑，打了胜仗不能论功行赏，夺取了地盘又舍不得分封，因而失败。"

刘邦微笑着说："你们只知其一，不知其二。要说运筹策于帷帐之中，决胜负于千里之外，我不如子房（张良）；治理国家，安抚百姓，筹备粮饷，支援前方，我不如萧何；指挥百万大军，战必胜，攻必取，我不如韩信。这三个人，都是当代的豪杰，我能任用他们，这就是我夺取天下的原因。可项羽只有一个范增，还不能重用，这就是他失败的关键。"

群臣连连称是，对刘邦的分析心悦诚服。

不久，刘邦开始着手论功行封，但由于群臣争功，所以迟迟定不下来。有一天，刘邦把群臣召集起来，宣布定萧何为首功，封他为酇侯，食邑八千户。功臣们一片哗然，都愤愤不平地说："我们披甲执锐，四处征伐，多的身经百余战，少的也打过几十仗，攻城得地，大大小小都有个数目。萧何从来没有经历汗马之劳，只不过在后方做些发议论、理文墨的事情，毫无战功，为什么封邑反而比我们多？"

刘邦问："你们知道打猎吗？"

"知道。"

刘邦又问："知道猎狗吗？"

"知道。"

刘邦对他们说："打猎的时候，追杀野兽的是狗，而指示行踪，放狗追兽的是人。你们能够追得野兽，好比是狗；至于萧何，他是放狗追兽的人。况且你们只是一个人追随我，多的也不过带着两三个家里人，而萧何的宗族有几十人在军中效劳，这样的功劳怎么能抹杀呢？"

功臣们都无言以对，不敢再说什么。

功臣受封完毕，接着开始排定位次。功臣们都说："平阳侯曹参身受战创七十处，攻城略地，功劳最多，应排第一。"

刘邦已经压过大家一次，多封了萧何，对排位次的事不好再说什么，但他认为萧何应排第一。这时，关内侯鄂君说："大家的议论不对。曹参虽然有攻城野战之功，但只是攻城中的一时之事。楚汉相争五年之中，陛下好几次全军溃败，只身逃脱，全靠萧何从关中征调军队来补充。有时就是没有陛下的命令，萧何一次也派遣几万人，正好补充了陛下的急需。楚汉在荥阳相持数年，军粮毫无积存，全靠萧何转漕关中，供应军粮，军队才不致匮乏。陛下几次败退，失掉山东，全靠萧何保全关中，陛下才能重新振作。这些都是创立汉家天下的万世之功。就是缺少百把个像曹参这样的战将，对汉得天下也不会有什么损害。怎么能把这种一时之功列在万世之功的前面呢？萧何应排第一，曹参在后。"

鄂君的这番议论，可以说正中刘邦下怀，于是把萧何排为第一，准许他携剑上殿，入朝后不用跪拜。刘邦又说："我听说进贤者受上赏，萧何功劳虽高，但也要靠鄂君的议论才得以辨明。"于是又封鄂君为安平侯。

然而，刘邦安顿功臣的工作还远没有完成。他虽然陆续封了20多个功勋卓著的人，但由于其余的人互相攀比，争功不休，使得这项工作一直无法进行，这使刘邦感到非常头痛。有一天，刘邦在留侯张良等人的陪同下来到洛阳南宫，当他们行至复道上时，远远望见很多将领围在沙地上，在那里议论着什么。刘邦回头对张良说："他们在那儿议论什么呢？"

张良回答说："陛下难道不知道吗？他们是在谋反呢！"

刘邦奇怪地问："天下刚刚安定下来，他们因为什么要谋反？"

张良说："陛下以平民的身份起兵反秦，靠着这些人取得了天下，而今陛下贵为天子，可所封的人无非都是陛下所幸爱的故人，所诛杀的都是平时和陛下有仇有怨的人。如今军吏计算当封的军功，结果与可以行封的土地人口不符，这些将领担心陛下不能对他们一一行封，更害怕陛下记恨他们以往的过失而加罪于他们，所以才聚在一起谋反。"

刘邦一听，心里有些发毛，忧虑地问："那可如何是好？"

张良问刘邦："陛下一向最憎恨的，又为群臣所共知的人是谁？"

刘邦说："雍齿跟我有旧怨，曾经多次困辱我，我本来想杀了他，但念其功多，所以一直没有忍心下手。"

张良献计说："那么，陛下就赶快先封雍齿，其余的将领就会心安了。"

刘邦于是下令大摆酒席，宴请群臣，在宴会上封雍齿为汁防侯，并督促丞相、御史大夫抓紧定功行封。宴会解散后，将领们都显得兴高采烈，满面红光，纷纷说："雍齿都封了侯，我们还担心什么呢？"

至此，安顿功臣的工作总算画上一个句号。

西汉是楚汉战争后诞生的新王朝，又是楚汉战争中汉国的继续和扩大。因此，这个王朝建立后在许多方面都是汉国的延续，除了对一些功臣谋士加官晋爵外，汉王朝的统治机构不需要重建。但是，也有一些新的问题需要解决，如国都定在何处，就需要刘邦君臣认真考虑。"氾水之阳"的定陶，只是刘邦即位的临时地点，汉国的国都原在栎阳，可随着楚汉战争的结束，如果继续在栎阳建都，对统治广大关东地区就显得有些不妥，因此，刘邦这才定都在洛阳。不难看出，定都洛阳的用意乃是袭东周旧制，居"天下"的"中心"。

没过多久，有一个叫娄敬的人，前往陇西戍守边境，他路过洛阳时，托人求见刘邦，建议刘邦应定都关中。娄敬指出："关中地区是一个四塞（指东有函谷关、西有散关、南有武关、北有萧关）之地，阻山带河，形势险要。而且土地肥美，物产富饶，可以说是天府之地。陛下如果迁都关中，即使关东发生变乱，陛下也可以保全关中，进则如卷席之势，退则有险可守，好比是扼住天下的喉咙而制其脊背，才能操纵自如。"

刘邦一时拿不定主意，就征询群臣的意见。这些人多数都是关东人，不愿意背井离乡到关中去，于是纷纷反对，争着说："周都洛阳，传国数百年；而秦都关中，仅二世即亡。洛阳东有成皋，西有崤山、渑池，背靠河水，面向伊水、洛水，也有险固可以依恃，何必迁都关中？"

刘邦心中越发狐疑，就找张良权衡利弊。张良说："洛阳虽有险阻，但面积不过数百里，土地又非常贫瘠，四面受敌，终究不是用武的地方。关中左有崤山、函谷关，右有陇蜀，沃野千里；南有巴、蜀的富饶，北有草原畜牧，三面据险，一面东制诸侯。诸侯安定，可由河渭漕运，西给京师；诸侯有变，顺流而下，运输方便。这就是人们所说的金城千里，天府之国也。娄敬所说，很有高见，请陛下明察。"

刘邦听了张良的分析，这才下定决心，当天就下令迁都关中，并拜娄敬为奉春君，赐姓刘氏。

刘邦车驾由洛阳入居关中后，因秦都咸阳已被项羽烧得千疮百孔，于是暂居栎阳，令萧何营建长安城。

长安位于今陕西省西安市，地处关中盆地中部。关中盆地南倚秦岭山脉，北临北山山系，西起宝鸡，东到潼关。整个地形呈西高东低，南北高、中间低，渭河河槽南北两侧，地势呈不对称性的阶地和台原。阶地地势平坦，台原之上地面广阔，发展农业有着得天独厚的条件。

秦岭横亘于关中南面，山坡北陡南缓，山势巍峨壮丽。长安面临的终南山是秦岭山脉中的名山。终南山也称"中南山"，据说这是因为古人认为终南山在天下之中，居国都之南，故有此名。它是长安南部的天然屏障。

北山山脉犹如一条气势磅礴的黄龙，首饮黄河，尾衔西天。汉唐时代著名的甘泉宫、池阳宫、扶荔宫和九成宫、玉华宫等，都在北山南麓。

秦岭与北山之间的长安附近分布有许多原地，所谓原地就是高而平的土地。主要有少陵原、白鹿原、铜人原、细柳原和咸阳原等。

长安附近河流众多，主要有渭、泾、灞、浐、沣、滈、潏、涝（潦）等八条河流，历史上有所谓"荡荡乎入川"和"八水绕长安"之说。

萧何接受命令后，即着手营建长安。他以秦的兴乐宫为基础，兴建了长乐宫作为皇宫。

长乐宫也称东宫，位于长安城东南部，筑有宫城，城垣已基本探出，占地面积约6平方公里，约占长安城总面积的六分之一。由于长乐宫是在秦兴乐宫基础上修建起来的，缺乏系统规划，平面不甚规整，尤其南宫墙凹凸转折较多。宫城四面各设一座宫门。东、西二宫门是主要的通道，门外筑有阙楼，称东阙和西阙。南宫门与复盎门南北相对，可直达长乐宫前殿。

前殿四周有墙垣，南面辟有殿门，门内设庭院。庭院广阔，陈列车骑，张扬旗帜，戍卒卫官，周卫交戟，是举行朝仪的地方。前殿是长乐宫的主体建筑，前殿的正殿两边对称分布着大小相同的东厢和西厢，东厢和西厢有着重要用途，其中尤以东厢更为突出。皇帝朝见百官虽在正殿，但许多军机政务都在东厢进行。文武大臣进入正殿之前，往往候于东厢。皇帝的亲信有不便在大庭广众之下向天子说的话，也在东厢汇报。

前殿西侧有长信宫和长秋殿、永寿殿、永昌殿。前殿北面有大夏、临华、宣德、通光、高明、建始、广阳、神仙、椒房和长亭诸殿。此外，长乐宫中还有温室、钟室和月室等。

长乐宫自惠帝居未央宫以后，成为太后居宫。长乐宫中的长信宫是太后的主要宫殿，因而"长信"成了皇太后的代名词。汉成帝时，赵飞燕受宠，排挤其他嫔妃，班婕妤为逃避她的迫害，只得请求去长信宫服侍皇太后，以求庇护，保全性命，因此她不无感慨地唱道：

奉共养于东宫兮，讬长信之末流。

共洒扫于帷幄兮，永终死以为期。

长秋殿、永寿殿和永昌殿也属于太后的宫殿，椒房殿则为高祖以长乐宫为皇宫时的皇后宫殿。

钟室是"长乐宫悬钟之室"，后来，淮阴侯韩信就被吕后斩杀在这里。

高祖七年（前200）二月，长乐宫落成，刘邦由栎阳迁到长安。不久，萧何又主持营建未央宫。

未央宫位于长安城西南部，汉代尚"右"，方位上以西为上，所以未央宫与长乐宫对应而称西宫。未央宫又称紫宫或紫微宫。我国古代天文学家分天体恒星为三垣，中垣有紫微十五星，也称紫宫。紫宫是天帝的居室。把未央宫称为紫宫，是因为它是天子的皇宫。未央宫四周筑有宫墙，形成宫城。宫城平面基本呈方形，面积约5平方公里，约占长安城总面积的七分之一。

未央宫宫城四面各辟一门，称宫门，又称司马门，其中以北宫门较为重要。当时，进北宫门有南北大街直达未央宫前殿，北宫门外有高大的阙楼，称北阙，这是萧何营筑未央宫第一期工程中的第一批重点建设项目。如前所述，阙是门前的两个高耸建筑物，对称分布于门外的门道两旁。皇宫宫门之前的阙是宣布国家政令和张贴重要安民告示之处。文武大臣进皇宫宫门之前都要候于阙下，根据礼仪，他们要在阙下想想自己有什么不足（即"缺"什么）。阙上有罘罳（fú sī），罘罳是把木头镂空雕刻成各种连续的几何纹图形，观其形状，反复不得其解，所以称为"罘罳"，实际是"复思"，即反复思考。阙上装饰了罘罳，就是要求大臣朝见皇帝行至阙下要反复考虑其奏章。北阙之内有许多重要建筑，如高入云天的柏梁台、学者云集的天禄阁，等等，都在北阙附近。

前殿是未央宫的主体建筑，居未央宫正中。它利用了龙首山丘陵造成的高台作为殿址，龙首山实际是条土梁，关于龙首山还有个传说："秦时有条黑龙，从终南山出来，奔驰到渭河饮水，它所经过的地方形成一条土山，山形犹如龙状，土山北部最高处似龙头高昂，故名'龙首山'。"前殿遗址的高大台基，至今仍高高耸立于汉长安城故址之中，南北长350米，东西宽200米，高15米。未央宫前殿遗址，是目前我国历史上保存最完整、规模最大、时代较早的高台宫殿建筑遗址。

前殿为西汉一代大朝之地，其建筑之豪华为其他宫殿所莫及。建筑前殿所用的木材都是清香名贵的木兰和纹理雅致的杏木。屋顶椽头贴敷的金箔，在阳光照射下熠熠发光。华贵的大门上装饰着鎏金的铜铺首，镶嵌着闪光的宝石。窗户上雕饰着古香古色的花纹，回廊栏杆上雕刻着清秀典雅的图案。紫红色的地面，金光闪闪的壁带烘托得大殿富丽堂皇。

前殿的正门在南面，叫端门。门前有谒者十人，全副武装，手持长戟，日夜守卫。门内是广阔的庭院，每逢朝会，庭院之中旌旗迎风招展，仪仗浩浩荡荡。功臣列侯诸将军列队站在西边，面向东方；丞相、御史、太常等文职官员列队站在东边，面向西方。

未央宫中还有石渠阁、天禄阁、麒麟阁、承明殿等文化性建筑物。石渠阁在未央宫西北部，石渠阁因"石渠"而得名，所谓"石渠"即以陇石为渠。据传石渠阁是萧何主持建造的。刘邦入咸阳后，萧何曾收秦朝图书典籍和档案，石渠阁建成后，就收藏于其中。由于石渠阁中有大量图书和档案材料，许多著名学者、文人都曾到那里查阅过资料。

此外，在长乐宫和未央宫之间修筑了武库，在长安东南修建了中央粮库——太仓。这些工程都是由萧何领导，阳成延具体负责设计和安排施工的。

据史书记载，有一次，刘邦从外地回来，见未央宫的规模过于壮丽，就对萧何大发雷霆，怒气冲冲地说："天下汹汹，苦战多年，成败未可知，为什么修治宫室如此过度？"

萧何答道："正因为天下未定，才好借机多作征发来营建宫室，况且天子以四海为家，宫室壮丽才能显出威严，也用不着子孙后代再来重建。"

刘邦这才转怒为喜。刘邦生前，已建成了未央宫前殿，他虽然始终是以长乐宫为皇宫，而且最后也死在那里，但是，刘邦是把未央宫作为新的皇宫修筑的。刘邦死后，刘盈即位，他开始以未央宫为皇宫，此后，终西汉一代未改其制。

惠帝刘盈即位后，开始修筑长安城城墙，这是一项浩大工程。惠帝三年（前192）春，朝廷下令，一次就征召了14.6万人来京师修长安城。由于工程浩大，用工多，所以征用劳力的范围扩及长安周围600里之内，男劳力不够了，就大量征用妇女。这次筑城工程，用去工日438万个。有时工程紧张，不仅冬春之季施工，夏季酷暑还要进行。京畿附近劳力不够用，就从全国各地诸侯王、列侯那里征调刑徒和奴隶来补充。直到惠帝五年（前190）九月，长安城才告竣工。根据实测，长安城城墙周长2.57万米，约合汉代62里多，这与文献记载的长安城周长63里的数字基本相近。城墙纵剖面为梯形，上窄下宽，墙基宽16米，城墙原来的高度在10米以上。城墙全部为版筑夯土墙，墙体坚硬如石。城墙外侧有宽8米、深3米的壕沟围绕，城壕边广植参天白杨，因而又称"杨沟"。

至此，高帝和惠帝时期，分别修筑了长乐宫、未央宫、武库、太仓和长安城城墙等建筑，长安城已初具规模。到了西汉中期，汉武帝又在城内修筑了桂宫和明光宫、建章宫，在城郊开凿了昆明池，充实了上林苑中的各种宫观建筑，大规模地扩建了皇室避暑胜地——甘泉宫。汉长安城的建设，这时达到了顶峰。

在长安城的营建过程中，城郊随着皇帝陵园的出现，还建设了一些陵邑。这些陵邑（为供奉陵园而设城邑）规模宏大、人口众多，在当时京畿地区的政治、经济和文化生活中，起着十分重要的作用，它们成了长安的卫星城。

二

吕雉从一个农家妇女，摇身一变而贵为皇后，可以说今非昔比了。这种一百八十度的大转弯，开始还真把吕后搞得有些不知所从。她每天起床，先由两名近身宫女替她着衣、梳洗打扮，然后御厨侍奉用膳，接着后宫美人、八子、良人等依次前来请安。平时，吕后要根据节令安排宫中事宜，包括为刘邦筹备晋升宫女封号的礼仪，为太子选妃纳妾，安排宦官、宫女的日常工作等。还要定期迎接刘邦的临幸，接见太子妃、良娣、家人的朝拜，对她们进行训导，指导后宫嫔妃习文断字，学做女红，等等。晚上再由宫女服侍洗沐，宽衣上床。应当说，西汉建立后，百废待兴，特别是以刘邦为首的"布衣君臣"夺取天下后，一时还没有建立起严格的朝仪宫规，所以一切宫中规矩还都非常粗略。但是，就是这些仪式规定对吕后来讲，开始时也感到浑身不自在。与此同时，后宫嫔妃以下无不对她唯命是从，也使她固有的权力欲不断膨胀。

吕后随刘邦迁都长安后，一直住在长乐宫，她居住的宫室称椒房殿。椒房殿取名是由于这个殿是以椒和泥涂抹墙壁，"取其温而芬芳也"，同时也取椒多籽之性，以求多子多孙。

吕后这时虽然坐列专席，舆用法驾，母仪天下，贵为"小君"，表面上春风得意，威风凛凛，但内心世界也充满了寂寞和苦恼。原因很简单，吕后此时已人到中年，体态姿色均不如当年，加上她遭遇过秦狱、楚营的磨难，使刘邦在日常生活上越来越疏远她。当然，刘邦这时宫女成百上千，更有戚姬一直专宠，刘邦即使能够无视她的外貌变化，但也没有太多的时间来陪伴她。刘邦每次临幸吕后，往往是出于礼节上的需要，和她谈些军国大事和人事安排，起兵前在丰邑小家庭的那种温馨气氛早已荡然无存。吕后虽然对于听闻一些国事很感兴趣，也常常发表一些自己的意见，但她毕竟缺少陪伴，以前尽管刘邦常年在外，可好在有审食其在她身边，虽然免不了有流言蜚语，但总比坐守空房强得多。现在可好，刘邦在京时难得到她的椒房殿光顾一夜，而审食其也不可能到后宫陪伴她，这就使得吕后度日如年，脾气变得越来越坏。万般无奈之中，吕后只好把自己的名声抛到一边，偶尔借出行的机会，找一处幽静的住处与审食其相见。

但此时的吕后已贵为"小君"，行动已不似在丰邑老家时那么随便了。她每次外出，都是前呼后拥，侍女、宦官、卫士紧随左右，她想私自到辟阳侯府去，已经是万万不可能的，就是想找一处安静的地方见面，也有千百双眼睛紧紧盯着自己。由此论之，她有时真想去当一个普通百姓。

吕后经受不住感情上的折磨，又没法避开世俗的眼睛，左思右想，她还终于想出了一个万全之策。

　　她先是声称自己有病，任宫内御医如何调治，都不见好转，因为她压根儿就没病，至于御医配好的中药当然从来没吃过。然后她又借口偏方治大病，要求找民间巫医诊治，这样的要求顺理成章，刘邦遂下令在京师附近遍访民间巫医。这一举动可忙坏了公卿大臣，他们纷纷派人走街串巷，去寻找医术高明的江湖医生。被征的巫医一批批进宫，无不幻想着能治好皇后的怪病，自己可以名利双收，但他们虽然平时骗得了小民，这次却被吕后给骗了，因此又都一个个垂头丧气地败兴而归。

　　闹了一阵子，吕后暗中派人买通一个居住幽静的巫医，让他向自己进言说，治疗皇后的病，应该屈尊大驾前往他的寒舍，因为治皇后的病需要在他那块风水宝地才能治好。吕后欣然应允，于是就隔三差五地乘坐一辆耕车（汉制皇后日常乘车），带着贴身侍女和其他侍从到那个巫医的诊所去。每次回宫，吕后都显得春光满面，精神焕发，声称这位巫医的医术高超，自己的病情已好了许多。

　　这出由吕后导演的闹剧可以说是天衣无缝，但吕后能瞒过别人，可还是没有瞒过她身边的两个侍女。原来，两个侍女对吕后有病不服药早已感到很纳闷，如今跟随吕后到巫医诊所看病，又从来不让她们侍从左右，搞得神神秘秘的，非常奇怪，让人百思不得其解。话说这两个侍女都是十三四岁的少女，孩童的天真和好奇驱使她们非要看个究竟不可。

　　有一次，她们等吕后进入诊室之后，就悄悄来到窗前，偷偷向里面张望。真是奇了，只见巫医正一个人坐在那儿喝酒，早没了吕后的踪影。俩人正想离开，却见巫医扭头望了一眼身侧的内室，脸上现出一种意味深长的微笑。两个侍女交换了一下眼神，又蹑手蹑脚地绕到内室的窗前，隔着竹帘悄悄向里望去，结果，看到吕后和审食其在一起相谈甚欢。

吕后跟审食其私下见面是在刘邦眼皮底下进行的，尽管做得极为隐秘，但后来还是从宫中泄露出来。

这一天，吕后刚刚兴高采烈地从外面还宫，就有一个宫女前来禀报，说皇上方才驾临，来和皇后商量什么跟匈奴"和亲"的事。吕后脸色一沉，怒斥道："跟匈奴'和亲'关我屁事，下去吧。"

侍女战战兢兢地说："皇上好像说要把鲁元公主嫁给匈奴大单于。"

这事又从何说起呢？

原来，当刘邦登上皇帝宝座的时候，雄踞在中国北方的匈奴族正在虎视眈眈地觊觎着中原这块肥肉。

匈奴是我国古代北方的一个游牧民族，战国时称为匈奴或胡。匈奴的社会组织以部落联盟为主，联盟的首领称为"单于"（chán yú），联盟所属的各个部落包含若干氏族，单于多出于挛鞮（luán dī）氏家族，或父死子继，或兄终弟及。

匈奴人平时住毡帐（古称穹庐），吃马、牛、羊肉，喝牛、羊乳和马乳酒，衣服一般都是用皮革制的。匈奴贵族也居住汉式宫殿，匈奴人还会建造军用的壁垒、城堡等，有车、船，能筑路、架桥。匈奴冶钢业发达，能铸刀、剑、斧、镞和马具等，此外，冶铁和制陶业也有一定的规模。

匈奴有不成文法，盗窃者没其财产，大罪死，小罪轧（身体受刑）；监禁最长不出10天，一国的囚犯不超过10人。

匈奴人朝拜日，夕拜月；月满进军，月缺退兵；战场上能斩得敌首的，赐酒一杯。凡有掠获，皆归己有，以俘虏为奴婢。作战时能运回死者尸体的，可以得到死者的全部家财。匈奴绝大部分是骑兵，能拉动弓箭的男子都是战士，妇女有时也参战，因此攻击作战的能力很强。

秦初，匈奴分布在阴山南北地区，占据了河南地（今内蒙古河套一带），给中国北方的农业经济区带来很大危害性。秦始皇三十三年（前214），派蒙恬率军30万北伐匈奴，夺取河南地，在黄河以东，阴山以南地区设置34县，后置九原郡（治今内蒙古包头西），并在黄河一段地区因河筑塞，利用地形地势，连接秦、赵、燕旧日长城，修筑起一条西起临洮（今甘肃岷县），东至辽东的万里长城，用来保护北方的农业区域。

秦朝末年的时候，匈奴的单于叫冒顿（mò dú），他的父亲称头曼。最初，头曼单于立冒顿为太子，可后来头曼又宠爱续立的阏氏（yān zhī）[1]，并想立她所生的儿子为太子，于是就让冒顿到月氏国做人质。月氏国位于今兰州以西直到敦煌的河西走廊一带，也是古代的一个游牧民族，当时势力很强大，头曼单于表面上与月氏修好，暗地里却想偷袭，并想借月氏人的手杀死冒顿。所以，冒顿质于月氏不久，头曼就率兵对月氏发起进攻，抢走很多人口和牲畜。月氏王得到报告，勃然大怒，当即命令亲兵捕杀冒顿。可亲兵冲进冒顿住的毡帐一看，哪里还有其踪影。原来，冒顿早就暗中防备着这一手，当他听到头曼进攻月氏的消息后，就知道事情不妙，于是偷了一匹好马乘夜逃回了匈奴。头曼见冒顿跑了回来，大吃一惊，生怕自己的阴谋被张扬出去，于是就让冒顿做骑将，统领1万人。

冒顿侥幸脱险后，已察觉到父王的险恶用心，于是就着手准备先发制人，夺取单于的位子。他先是制造了一种骨箭，上面穿孔，发射时呜呜响，号为鸣

---

[1] 阏氏为匈奴单于嫡妻称号，相当于汉的皇后。

镝。然后训练部下："你们看我射出鸣镝，就要一齐射箭，否则斩杀勿论。"手下不知他的用意，但也只好应允。从此以后，冒顿每次率部下出猎，只要鸣镝一发，则万矢齐射，稍有迟疑，立即惨死刀下。冒顿还不放心，竟把鸣镝射向自己的坐骑，手下有几个人不敢射，冒顿当众亲手将他们一一击杀，以儆后者。没过多久，冒顿射猎回来，他宠爱的妻子率领左右侍女出迎，正当她快步跑向冒顿时，冒顿突然拉弓射出鸣镝，有的亲兵一时恐惑，不敢射箭，冒顿便毫不留情地把他们杀了。就这样，冒顿拿自己最心爱的坐骑和妻子做靶子，把部下训练得忠心耿耿，唯鸣镝是从。

有一次，冒顿率众跟随头曼单于出猎，休息时，他暗中指使两个亲信去惊扰单于的坐骑，佯装有猛兽来袭，搭上鸣镝拉弓就射，部下哪敢怠慢，纷纷取箭劲射，好端端一匹马被射得如刺猬一般。冒顿虽然免不了受到头曼的一顿奚落，但心中大喜。过了些日子，冒顿又请求头曼出猎，自己率众尾随其后。走到一个坡洼地时，冒顿乘头曼不备，突然把鸣镝向头曼射去，左右亲兵听到鸣镝声，应声齐射，可怜那头曼单于，听到身后有响动，还没等做出反应，就死在儿子的乱箭之下了。头曼的随身亲兵有欲反抗的，也一一被乱箭穿心，其余的纷纷下马投降。然后，冒顿率众驰回住地，将后母、少弟和不听令的大臣全部诛杀，自立为单于。

冒顿单于统治时期，正当刘邦和项羽打得难解难分之际，冒顿遂东破东胡（活动在今辽宁西北部的游牧部落），西攻月氏，北征丁零、坚昆等部（约在今内蒙古北部至西伯利亚一带），南灭楼烦、白羊（约在今内蒙古南部），并重新占领了河套地区，拥有"控弦之士"30万，对刚刚诞生的西汉政权构成了严重威胁。

就在刘邦称帝的次年，冒顿单于出兵围攻马邑（今山西朔州朔城区）。早就跟匈奴关系暧昧的韩王信放弃抵抗，并向匈奴求和。冒顿收降韩王信以后，令他做向导，南逾句（gōu）注山（今山西代县西北。以山形勾转、水势注流得名。又称西陉山、陉岭、雁门山，为古代北方军事重地），直攻晋阳（今山西太原西南）。

高祖七年（前 200），刘邦得到告急文书后，当即决定御驾亲征，率步骑兵 32 万迎击匈奴。行至铜鞮（今山西沁县南），恰巧与韩王信所率军队相遇。刘邦怒从心头起，挥军猛攻，阵斩韩王信的大将王喜，韩王信逃归匈奴。冒顿单于听说汉发大兵来攻，势不可挡，遂采取迂回战术，避免同汉军正面交锋，派左、右贤王各率万余骑在广武（今山西代县西北）、晋阳一带与汉军周旋，自己则在句注山以北以逸待劳，布下口袋阵，耐心等待刘邦来钻。当时正值天寒大雪，气温骤降，汉兵出征前准备仓促，这时多被冻伤，有十分之二三的将士连手指头都被冻掉了，因此战斗力大打折扣。

刘邦住在晋阳，听说冒顿单于驻扎在代谷（今地解释不一，或说在今山西代县西北；或说在今山西大同附近），就想继续北进，一举消灭匈奴，于是就派人前去侦察。冒顿为迷惑刘邦，引鱼上钩，故意把精兵隐匿起来，把一些老弱士卒置在明处。刘邦派出的十几拨侦察员回来都说匈奴可击，不足为虑，于是率领全军翻过句注山，准备长驱直入。这时，奉春君刘敬回来劝阻刘邦说："臣以为陛下当停止前进，不宜轻敌冒进。"

刘邦有些不悦，作色道："我军一路顺风，匈奴兵吓得不敢争锋，为什么不宜轻进？"

刘敬回答说："臣以为两国相争，理应耀武扬威，显示实力，可臣前去侦察，只见到一些老弱瘦损的士兵，毫无士气，这一定是匈奴有意佯示其虚弱，而把精兵埋伏起来，引诱我军深入。臣恳请陛下慎重考虑，不可贸然轻进。"

刘邦听了大怒，心想那雄悍的项羽都被我制服，何况一个狄人冒顿，于是破口大骂："齐虏（刘敬为齐人）！你靠着一张嘴得个官做，今天竟敢妄言惑众，扰乱军心，阻我军锋。来人，将他拿下，打入广武狱中，待我凯旋回来再行发落。"

刘敬还想争辩，可哪里容他说话，早被戴上器械，推了出去。

刘邦急欲追上冒顿，亲率骑兵部队快马兼程，步兵追赶不上，被远远地甩在后面。当刘邦好不容易追到平城（今山西大同西北）东南的白登山时，蓦然听到一声呼哨，刹那间杀声四起，匈奴兵从四面八方蜂拥杀来。刘邦心头一惊，忙令将士四面迎敌。怎奈汉军长途跋涉，人疲马乏，没战上几个回合，就纷纷败下阵来。刘邦见汉军抵挡不住匈奴骑兵的进攻，急令大军抢占山口，排成纵队，轮番向冲上来的匈奴兵发射箭弩，这才暂时稳住了阵脚。冒顿指挥大军不断发起攻击，汉兵则把不断增加的尸体堆垒起来，构筑成环形工事，一次次有效地将匈奴兵击退。冒顿见久攻不下，便令部下将白登山团团围住，想要困死刘邦。

次日，刘邦登上白登山，俯视山下动静，但见四面八方都有胡骑守着，里三层，外三层，西方清一色的白马，东方清一色的青马，北方清一色的黑马，南方清一色的赤马，人呼马啸，煞是雄壮。刘邦感叹道："寡人南征北战十几年，想不到今天竟中了胡人的圈套，悔不该不听刘敬之言哪！"

夏侯婴在一旁请求说："陛下不必忧虑，请给我2万精骑，一定能杀出重围，保陛下平安。"刘邦此时已无计可施，只好嘱他小心行事，又命樊哙为第二梯队，准备策应夏侯婴。

一切准备就绪，夏侯婴一马当先，率汉军向山下冲去。奇怪的是匈奴兵并不拼命抵抗，汉军很快就突破防线，眼看就要冲乱匈奴兵的阵脚了。刘邦看在眼里，喜在心上，急令第二梯队下山策应，扩大战果。忽然，在汉军的屁股后面，从两侧杀来几万人马，很快就把汉军围住了。樊哙率领的骑兵正想冲上去解围，侧翼又冒出上万匈奴铁骑，拼命向夏侯婴的后路冲杀。这下子可乱套了，汉军首尾挤在一起，回旋不开，而匈奴兵却有计划地一批批杀来，潮水般地冲到阵前，一阵乱箭，又潮水般地退下，每阵乱箭过后，汉军都死伤一片。樊哙见情势危机，遂兵分三路，以两路汉军抵挡匈奴兵的箭羽，自己亲率一路拼命厮杀，这才把夏侯婴救了出来。当他们向山上撤退时，匈奴兵也不追赶，只是把滞在后面的汉军团团围住，乱箭射死。在山上观战的汉军见了这阵势，无不心惊胆寒。从此，刘邦再也不敢组织突围了，一心盼着后面的步军早点跟进，再做打算。可他哪里知道，冒顿早已派兵将汉军的步兵远远地阻在后面，汉军根本无法突破。

就这样，堂堂汉朝开国皇帝在白登山上一直被围困了七天七夜，弹尽粮绝，眼看就要坚持不下去了。最后，陈平想出一条妙计，派使者携带大量珍宝贿赂冒顿单于的阏氏，并献给她一幅美人图。这个阏氏是冒顿新近娶的一个美色女子，非常受冒顿的宠爱。阏氏见汉使送来这么多丝绸宝器，非常高兴，可当她展开那幅图画一看，脸上的笑容顿时烟消云散，嗔怪地问汉使，送给她这幅画是何用心。汉使请阏氏屏退左右，悄悄地对她说："汉帝被单于所围，很想罢兵修好，如果阏氏能为求请，网开一面，汉帝答应每年都送给阏氏大量的丝绸、金银、珍宝等物；倘若单于还不应允，汉帝说就把图上的那位美女献给单于，以表诚意。"

阏氏一听，妒意大发，心中暗想，假如单于得到这个比自己漂亮的汉家美女，哪还会有自己的地位，于是说道："汉帝的心意我已知道了，请使者把这幅图带回去，这里的事由我安排，就请汉帝做好退兵的准备吧。"

送走汉使，阏氏找到单于说："单于，我看你还是把汉帝放走吧？"

单于忙问："汉帝被围困六七日，想来一定饥渴交加，丧失了战斗力，我正想明日发动总攻，一举将汉贼消灭，你怎么反倒劝我放了他？"

阏氏娇声说："单于有所不知，今汉帝被困于此，汉人怎能撒手不管，一定会倾全国之兵赶来救助，即使单于取胜，占领大片汉地，也恐水土不服，不能久居；何况汉帝被困这么久，军中并无惊扰，想来汉帝也有神助，单于何必违天行事呢？"

冒顿也觉得有些道理，就说："那也不能白白地将他放走哇！"

阏氏说："方才单于外出，巧有汉使前来，说只要两主讲和，汉帝每年送给单于丝绸、宝器和酒米，我可是非常想得到那些精美的丝绸哇，想必大王也不希望天天看我穿这样厚重的衣服吧！"说着就搂住冒顿的脖子，撒起娇来。

单于拗不过爱妻，只好答应。

次日清晨，单于传令撤开围兵的一角，放汉帝退兵。陈平怕单于有诈，令汉军张弓搭箭，指向两侧，护卫刘邦突围而出。

刘邦一脸沮丧，返至广武，亲手为刘敬解下囚具，并认错说："寡人悔恨当初没有采纳你的劝谏，以至兵困白登，寡人已将那些虚言匈奴可击的侦骑全部杀了。"于是，加封刘敬为关内侯，食邑二千户，号称建信侯。

平城之败，充分暴露了汉初的国力是很虚弱的，不具备与匈奴较量的实力，为此，刘邦被迫放弃了北攻匈奴的策略，转而以防御为主。可匈奴并不因汉朝的退让而停止进扰，就在刘邦"走麦城"的同年，匈奴再次侵扰代地，抢掠妇女和财物。刘邦寝食难安，又把刘敬找来，向他请教防边之计。

刘敬说："现在天下刚刚平定，士卒疲惫，普遍厌战，不适合兴师远征，臣以为暂时无法用武力征服匈奴。冒顿单于杀父自立，把他父亲的小老婆都占为己有，性如豺狼，也不能跟他奢谈仁义。为今日计，只有想出一条久远的计策，使匈奴子子孙孙向汉臣服，才能平安无事。只怕陛下不能依计去做。"

刘邦几天来一直为匈奴的事大伤脑筋，听刘敬话中有话，急切地问："如果你有妙计能让匈奴臣服，寡人什么都依你，你快些说说有什么锦囊妙计。"

刘敬看刘邦很有诚意，这才大胆地和盘托出："臣以为，要想让匈奴臣服，只有和亲一策。陛下如能割爱，把嫡长公主嫁给单于，厚重地送去嫁妆，想那冒顿不过是一介蛮狄武夫，爱慕汉女和中原器物，一定会立公主为阏氏，将来公主生了儿子，也会被立为太子。陛下每年再把宫中剩余的物品送给单于，派几个能说会道的辩士不断向单于灌输忠孝礼节，就可以渐渐地感化单于，从而使单于甘心臣服于陛下。冒顿在世，是陛下的女婿；冒顿死后，外孙立为单于，天下哪有外孙敢与外公大动干戈、分庭抗礼的。这可是一个不战而屈人之兵的长策呀！"

刘邦听到要把鲁元公主远嫁荒漠，有些不忍心，犹豫半天才说："跟匈奴和亲是一个长远之策，既然是和亲，能不能嫁一个宗室女儿或后宫美女过去，其实这不都一样吗？"

刘敬忙说："愚臣早已猜到陛下会做这种打算，只是找一个后宫女子冒充公主，将来冒顿一旦察觉，就不会贵宠，那不是竹篮打水一场空吗？"

刘邦狠了狠心，说了声："好吧，我这就去找皇后商量商量。"

吕后听说要把鲁元嫁给冒顿单于，一下傻了眼，呆坐在那半天没出声，转而号啕大哭，骂骂咧咧地说："好个狠心的父亲，鲁元从小跟着受罪，刚过上几天好日子，又要把她往火坑里推。"

骂归骂，吕后哭号一阵，还得去找刘邦求情，于是直奔刘邦常住的临华殿。刘邦此刻正在临华殿欣赏宫女歌舞，戚姬在一边替他斟酒，刘邦一边饮酒，一边和着美妙动听的楚乐击瓮吟唱，兴致勃勃。正在这时，侍卫禀报，说皇后驾到。刘邦有些不悦，挥手让舞女退下，没好气地说："早不来，晚不来，干吗非要破坏我的雅兴。"

"怎么？我为女儿的事来找你，也惹你心烦了。"想不到吕后已经进来了。

戚姬见吕后眼圈红红的，情知气氛不对劲，赶忙起身请安，退到一边。吕后拿鼻子哼了一声，尖刻地说："哎呀，这我可担当不起呀，哪敢劳顿皇上的大红人为我请安哪！可话又说回来，你天天不离皇上左右，能不能让我跟皇上单独说几句话呀？"

戚姬生来性情软弱，听皇后这么说，慌忙连声赔罪，趋步退了出去。刘邦张了张嘴，想说吕后几句，可话又说不出口，只好咽了下去。吕后等戚姬走后，这才对刘邦说："皇上，听说你要把鲁元嫁给匈奴单于，此话当真？"

刘邦气哼哼地说："我本想找你商量，可你不在，我已经决定下来，明天就派使者前往匈奴和谈。怎么，你不同意吗？"

吕后带着哭腔说："我当然不同意，我只有这么一个女儿，怎舍得把她远嫁匈奴。再说，皇上如今嫔妃成千，我难得见上一面，平时全靠鲁元、盈儿来陪伴我，才给我带来一些宽慰，说什么我也不能让你把女儿嫁过去。"

刘邦心里也不免有些酸楚，但仍然坚持说："你以前挺坚强的，也很有政治眼光，今天怎么发起妇人之见了。如今匈奴十分强大，我率30万大军尚且不敌，险些丢了自家性命，我总不能为了一个女儿，把江山拱手让出去吧！"

吕后已经哭出声来，哽咽着说："这个道理我也晓得，但我听说匈奴有一种习俗，父亲死了，儿子就娶后母为妻，把鲁元嫁给冒顿，将来让她怎么做人。"

刘邦狠着心肠说："这也是没有办法的办法，只好委屈鲁元了，让她入乡随俗吧！"

吕后一听，收住眼泪，绝望地说："要是皇上真这么狠心，我也不再求你了，女儿出嫁的那天，明年就是我的祭日。"说完，拂袖而去。刘邦愣在那儿，也有些犹豫起来。

到了晚上，戚姬偎在刘邦的怀里，细声细语地说："皇上，贱妾不懂得国家的大事，可我觉得把鲁元嫁给单于确实让人可怜，天下最难过的事，没有比母子别离更让人心碎了，就请皇上想个别的法子，把鲁元留下来吧！"

刘邦本来就有些动摇，听戚姬这么说，这才改变了主意，爱怜地说："我的小美人，你的心肠可真好，难道不记恨皇后白天还跟你耍态度哩！"戚姬搂紧刘邦说："只要皇上对我好，我才不计较别人呢。皇后心情不好，拿我发点脾气，也是情有可原嘛。"刘邦听了心下喜欢，免不了又跟戚姬爱怜一番，然后起身对戚姬说："你如此宽宏大度，就好事做到底吧！我这就到皇后那边去宽慰宽慰她，你可不能生气哟！"戚姬娇声道："贱妾已经心满意足了，正想睡个好觉，皇上住在那儿也不妨。"于是刘邦叫人备车，径直前往吕后的椒房殿。

来到吕后的椒房，吕后正和鲁元抱在一起哭泣。刘邦最见不得这种场面，进宫就说："好了，好了，别哭了，我已经改变了主意。"

鲁元一听，早忘了施礼请安，脸上挂着泪珠就扑到刘邦的怀里，不住地说："父皇真好！父皇真好！我就说父皇不会忍心让女儿去受罪。"刘邦抚摸着鲁元的一头秀发，高兴地说："乖孩子，别只感激父亲，你还应当好好谢谢戚夫人才对呀。"

吕后本来已经破涕为笑，听了这话，脸色又阴沉下来，心里恨恨地想：好个戚姬，我只当皇上仅仅是爱你年轻皮嫩，想不到在皇上面前，你说的话比我还管用，咱们走着瞧，有你哭的那一天。

就这样，经过一番周折，刘邦最后还是在宫中选了一个"家人子"①冒充公主，于高祖九年（前198）冬嫁给冒顿单于，并派刘敬为使者前往匈奴缔结和约。和约规定：汉与匈奴"约为兄弟之国"；汉每年要将大量的絮缯、肉食、酒米等送给匈奴。

刘敬从匈奴返回后，又向刘邦献了一策。他说："匈奴的白羊王、楼烦王驻牧在河南地（今内蒙古河套一带），距离长安近的只有700里，这不过是轻装骑兵一天一夜的行程。而关中刚刚经历过战乱的破坏，百里不见人烟，肥饶的土地白白地撂荒，臣以为应当迁徙人民充实关中。想当初，诸侯军起兵反秦时，无非都是原齐国的田氏宗族支属，原楚国的昭、屈、景等名门旧族。如今陛下虽然定都关中，可北有匈奴骚扰，东有六国旧贵族的潜在威胁，一旦发生意外的变乱，恐怕陛下就不能安枕而卧了。臣建议：把齐诸田氏，楚昭、屈、

---

① 汉代后宫中没有封号的宫女。按汉制，选良家女子入宫，未授封号以前，统称之为"家人子"。她们是皇宫中最低层次的一个妾群，只可算是贱妾。

景及燕、赵、韩、魏的后裔，加上关东的豪族名门，全部强令迁徙到关中来。平时，可以利用他们防备匈奴的袭击；如果诸侯王发生叛乱，陛下也可以率领他们出关平叛。这可以说是一个强本弱末的统治之术。愿陛下三思。"

刘邦欣然采纳了刘敬的建议，全权委托他把关东的强宗大姓十余万人迁到关中，从而加强了关中地区的防御力量。通过这一系列措施，匈奴暂时中止了对汉边的入侵，直到刘邦临死之前，尽管发生过卢绾率万余人叛逃匈奴的事件，但匈奴也没有大举进犯汉朝的边境。

三

刘邦是中国历史上第一位"布衣"皇帝，辅佐他开创西汉王朝基业的大臣中，只有张良为韩国公子，属于贵族；其次张苍曾任秦御史，叔孙通做过秦的待诏博士，属于秦代的上层官僚。其余的文臣武将，多出自社会下层，出身略高一点的，如萧何、曹参、任敖、申屠嘉等曾做过县级以下的小官吏；出身低的就是一些屠夫、贩夫之辈。这些人或许压根儿就没做过充当君臣的美梦，是时势造就了他们，把他们推上了皇帝的宝座、推上了公卿大臣的交椅，终于使他们品尝到了飘然升天的滋味。他们为此而陶醉，为此而趾高气扬，大有天下舍我其谁的亢奋。

刘邦迁都栎阳之初，还依照家人礼节，每过五天一朝见太公。如此过了一段时间，有一个侍从太公的家令对太公说："天无二日，土无二王。皇帝虽是太公的儿子，可毕竟是人主；太公虽是皇帝的父亲，可究竟是人臣，怎么能让人主拜见人臣呢！这样做，皇帝还有什么威重可言呢！"

太公这才醒悟，到了刘邦又来朝拜时，太公手持扫帚以表示恭敬，出门迎驾，退步而行。刘邦大惊，慌忙下车来扶太公。太公轻轻挡开刘邦说："皇帝，是天下的君主，为什么要因为我一个人乱了天下的法度呢？"

刘邦诧异地问："可您是我的父亲哪，让您迎接我，这不是颠倒人伦吗？"

太公原是乡间农夫，不擅于矫情掩饰，于是就把家令的话学了一遍。刘邦心里大喜，想不到当了皇帝会这样高贵，连老父也要屈身称臣，可表面上却假惺惺地把太公安慰一番，这才返回。

当时戚姬刚被接来不久，见刘邦春风得意地回来，忙为刘邦斟满一杯酒，问他何以这般开心。刘邦端起酒杯一饮而尽，伸手揽过戚姬的细腰，笑道："做皇帝还真过瘾，连老父也得称臣，妙哉！妙哉！"见戚姬一脸困惑的样子，就把刚才发生的事学了一遍。

戚姬也为刘邦感到开心，和刘邦闹了一阵，有些忧虑地说："皇上，贱妾以为这样也不稳妥，久而久之，宫中的事传扬出去，天下百姓会说皇上不守孝道呢。最好皇上能名正言顺地定期拜见父亲，才可为百姓做出表率，百姓才能由孝亲而忠君哪。"

刘邦沉思良久，拍了拍大腿，连说："有理，有理！我有办法了。"于是下令赏给太公家令五百斤黄金，并下诏尊太公为"太上皇"，订立了私朝的礼仪。因此，太公得以坐享尊荣，刘邦也用不着以"人主"身份朝见"人臣"了。

未央宫落成后，刘邦又被这雄伟壮观的宫室撩得心里痒痒的，总有一种夸耀功业的冲动，使他想找机会发泄发泄。高祖九年（前198）十月，正值辞旧迎新的元旦佳节，淮南王英布、梁王彭越、赵王张敖、楚王刘交等纷纷来到长安，朝贺正朔。刘邦在未央宫前殿摆下酒席，诸侯王、朝臣依次落座，刘邦举杯为太上皇祝寿，王侯将相依次奉酒。几杯酒下肚，刘邦一时兴起，面红耳热，戏谑地对太上皇说："从前，大人常说儿臣无赖，不能治理产业，不如兄仲勤力田园，善谋生计。今儿臣所创立的产业，与兄仲比较起来，大人说究竟谁多谁少呢？"

太上皇无言可答，只是尴尬地笑着。群臣连忙欢呼万岁，才把这事岔了过去。

刘邦虽然在家人面前耍尽了皇帝的威风，可他手下那帮功臣却一直不买他的账。原来，刘邦称帝后，痛恨秦法繁苛，下令一切从简，不料删繁就简，竟矫枉过正，使得那些乡野村夫出身的功臣武将全然忘了君臣规矩，随便入宫，狂饮喧闹，甚至醉后争功，拔剑击柱，不成体统。有一天，两个武将喝醉了酒，相扶外出，行至阁道上时，偶遇几名宫女从此经过，两人竟淫笑着解开裤带在那撒起尿来，惊得宫女们四下逃散。刘邦看在眼里，烦在心上，可又毫无办法，皇帝的威严在这些把脑袋别在腰带上替他打天下的功臣面前，硬是树立不起来，正在他为此大伤脑筋而又左右为难时，有个叫叔孙通的儒生请求马上议定朝廷的礼仪，以正君臣的名分。

叔孙通是薛（今山东滕州南皇殿岗）人，自幼习儒。秦始皇在位时，他以通晓儒家经典被征为待诏博士。

博士是秦代设置的官称，秦始皇时一共设有七十博士，掌通古今，典教职，议论顾问，充当君主参谋，并兼有礼官性质。充当博士官的人以儒生为主，诸子兼备，其他如诗赋、方技、术数等也都曾立过博士。

博士官的设置，说明秦始皇统一六国之后，虽然把《韩非子》思想体系定为一尊，但在一个时期内，也并没有完全排斥儒、墨、名、道、阴阳五行等诸子百家的学说。比如秦始皇在统治思想中就很注意吸收法家以外各家的学说。一是把阴阳家的五德终始说掺入统治思想，用以辩护秦朝的法统。五德终始说认为，各个相袭的朝代以土、木、金、火、水等五德的顺序进行统治，每一个朝代受一种"德"的支配，周而复始。每一个"德"都有盛和衰的时候，在它盛的时候，它支持一个朝代，到它衰的时候，为它所支配的这个朝代也就灭亡，另外一个"德"就支持另一个朝代起而代之。按照这种理论，秦得水德，水德尚黑，所以秦的礼服旌旗等都用黑色，给人一种庄严、肃杀的感觉；水德主刑杀，所以政治统治力求严格，不讲究"仁恩和义"；与水德相应，历法以亥月即十月为岁首，等等。

二是把儒家宣扬的德刑并施、宽猛相济等思想揉进统治思想。比如1975年在湖北云梦出土的秦简中，有一篇《为吏之道》，其中在对官吏的道德规范和行为标准的要求上，就充溢着浓厚的儒家思想气息。另外，秦始皇每次出巡中都立有石刻，作为他昭示天下的施政大纲，我们在这些石碣的字里行间，也能品味出吸收儒家思想的味道。

但是，随着秦始皇在政治上的专制独裁，这些博士官往往是"特备员弗用"，仅仅把他们当作花瓶摆设，装点门面，这就引起博士官的不满。因此博士官和他们的弟子纷纷指责和批评秦政，从而引出"焚书坑儒"事件。从此，博士官更与秦廷貌合神离，时刻都在准备反秦。

陈胜起义的消息传到秦宫不久，秦二世把博士官和儒生召到宫中，向他们问计说："楚地戍卒攻蕲入陈，你们认为应该如何对付才好？"

博士诸生30余人近前说："人臣蓄意杀害君上而谋乱的，即使没有付诸行动也与叛逆同罪，罪死无赦。希望陛下马上发兵镇压。"

秦二世早被赵高蛊惑得鬼迷心窍，一心想着高高在上，粉饰太平，听了这话，非常生气，只差没有立即发泄出来。

叔孙通看风使舵，就想趁机拖住二世，好让义军发展壮大，于是走到前面说："陛下，臣以为诸生所论未免小题大做。如今天下合为一家，郡县的城防工事已被推倒，兵器被销毁，向天下人表示不再用兵。而且英明的君主高高在上，法令明明白白地公布于下，使普天之下归心朝廷，各守其职，哪里会有人敢造反？使者所言，不过是一些鼠窃狗盗罢了，何足挂齿。放手让郡县官府收捕即可，陛下何必担忧？"

秦二世听了大喜，连声叫"好"。又问那些儒生，儒生有的说是造反，有的改口说是盗贼。于是秦二世下令，把说是造反的儒生统统收捕下狱，而把说是盗贼的儒生放回去，又赏给叔孙通二十匹帛，拜为正式博士官。

叔孙通返回住地后，诸生都愤愤不平地指责他说："先生为什么这般阿谀逢迎，口是心非？"叔孙通回答说："你们有所不知，我差点就掉进虎口了。"因此他连夜就逃跑了。叔孙通出关后，先后投奔过项梁、项羽，后来投靠刘邦，被拜为博士，赐号稷嗣君。

这时，叔孙通见朝臣毫无章法可循，于是就找机会对刘邦说："儒者难与进取，可与守成。愿陛下征召鲁地诸生，让他们和臣的弟子们一起制定朝仪。"

刘邦说："这样也好，可是别搞得太繁琐。"

叔孙通说："五帝不同乐，三王不同礼。礼仪，是要根据时事人情而有所增损的，所以夏、商、周三代的礼仪有继承，也有扬弃。臣下愿意采摘古礼与秦仪可行者定之。"

刘邦说："那就试着做吧，只是要考虑到我能否做到，千万别搞得太烦琐。"

叔孙通于是前往鲁地征召了30多个儒生，有两人不愿意跟他进京，讥笑道："你先后追随了十几个主子，全靠当面说好话才得到亲贵，你竟然不以为耻，反以为荣。现在天下刚刚平定，死的人还没有来得及掩埋，伤的人还没有来得及医治，你倒有兴致制定礼乐。古代礼乐的产生，是积德百年之后的产物，你的所作所为不合古礼，请不要来玷污我们。"

叔孙通笑道："你们真是鄙儒，不知时变。"于是和征召的30余人返回长安，会同皇帝左右侍从以及弟子百余人，在野外编排并操练了一个多月，这才请刘邦大驾光临。刘邦看了他们的排练后，感到礼仪庄严，场面肃穆，很能显示出皇帝的威严，高兴地说："这等礼仪，我可以做到。"

当即下令满朝文武，都要按照叔孙通制定的朝仪反复练习。

高祖七年（前200）冬十月，长乐宫落成。诸侯王、群臣都来朝贺。在谒者的主持下，引导众臣按顺序进入殿门，功臣列侯将军依次站在东厢，面朝西方；文官自丞相以下站在西厢，面朝东方。侍卫武官夹着台阶布岗，手持武器，旗帜招展。一切就绪后，前面传出严肃警告：皇帝驾到。不久，刘邦乘辇车出来。谒者引导诸侯王以下至六百石官吏依次敬礼。气氛庄严肃穆，文武群臣个个心怀恐惧。朝拜礼毕，摆下礼酒，大家坐在殿上，弯腰低头，不敢仰视，以尊卑次第向皇上敬酒祝寿，共行九轮，然后谒者宣布"罢酒"。这时，御史（监察官）出来指控若干举动不合规定的官员，立即逐出宫殿。整个过程没有一个人敢大声喧哗，行为粗鲁。

刘邦乐不可支，高兴得拍着大腿说："到今天我才知道当皇帝可真尊贵呀！”

　　当然，刘邦在品尝了做皇帝的尊贵的同时，自然也会体味到坐稳江山的艰辛。

第六章

佐高祖安定天下
出奇谋冤杀韩信

自从有了叔孙通制定的朝仪，刘邦再也不必为他那群功臣烦心了。可正在他陶醉于山呼地动般的"万岁"声之中时，又有一介儒生向他敲响了警钟。

一

原来，刘邦刚刚建立西汉政权的时候，国内的政治、经济形势非常不妙。从当时的社会经济上来讲，经过秦末农民起义，特别是长达四年之久的楚汉战争，给整个社会经济造成了严重破坏。土地大量荒芜，人口锐减，很多农民成了脱离什伍控制的流民，《汉书·功臣表》记载当时人口同原来情况相比是，"户口可得而数者，十之二三"。而且粮谷缺乏，谷价腾贵，战乱最激烈的荥阳和关中一带，饥荒严重，每石米高达 5000 钱。班固概括当时的经济形势是："自天子不能具醇驷，而将相或乘牛车，齐民无藏盖。"①

从当时的政治形势来说，刘邦在楚汉之争中，为了合力击败项羽，先后分封了七个诸侯王，史称"异姓诸侯王"。他们是：楚王韩信、梁王彭越、淮南王英布、韩王信、赵王张敖、燕王臧荼、长沙王吴芮。这些异姓王的封国跨州兼郡，占据了战国后期东方六国的大部分疆域，又手握重兵，各制一方，对中央权力的稳定与巩固是很大的障碍。

---

① 《汉书·食货志》。

这些严峻的问题是客观存在的，如果刘邦继续采用秦朝的那一套武力高压政策，势必要重蹈亡秦的覆辙。正是在这种条件下，有一个来自楚地的儒生陆贾，才不断在刘邦面前谈论起《诗》《书》等儒家经典来。

刘邦本来就是一个法家思想的崇拜者，在思想意识上并没有超出秦始皇时代的法治体系，重武轻文的文化传统在他的思想深处可以说是根深蒂固的，比如前文提到的，他称说"读书无益"，骂儒生为"竖儒"，拿儒冠当溺器，等等。因此，他听到陆贾在自己面前喋喋不休地高谈阔论，便破口大骂："乃公居马上而得之，安事《诗》《书》！"（其意是：老子在马上得天下，为什么要听什么诗书！）

陆贾也不甘示弱，为了扭转刘邦的错误认识，高声回答说："陛下靠武力取得天下，难道能用武力治理天下吗？商汤、周武王凭借武力犯上作乱，强取天下，却用仁义礼教治理天下。文教和武功同时使用，才是长久之策。从前，吴王夫差、智伯（春秋末晋国六卿之一）、秦始皇都因为太相信武力，才导致灭亡。假如当年秦始皇吞并六国，统一天下之后，施行仁义政治，效法先圣先贤，陛下怎么会得到天下。"

陆贾的这番议论，道出了一个夺取政权与巩固政权，必须采取不同的方式方法的深刻哲理。先秦的法家思想是适应当时社会变革的需要而产生的，在同旧势力进行殊死斗争、在实现全国统一的兼并战争中，都发挥了不容抹杀的积极作用。但法家思想也存在着致命的弱点，它的功利主义价值观只强调进取，而轻视守成，好比钟表的发条越上越紧，以致崩裂。它使人形成一种"崇尚武功""贪狠强力""寡义趋利""刻薄寡恩"的价值取向，忽视一切伦理道德的规范、调节与稳定功能。而儒家思想则是在充分吸取了商周文化精华的基础之上形成的，它提倡仁义道德，注重个人品德的修养和实践，主张德刑并施，把"修身齐家治国平天下"作为个人奋斗的最高境界。这套理论虽然很难用来夺取天下，却可以用来守成天下。正如汉初政论家贾谊在《治安策》中指出的那样："夫并兼者高诈力，安定者贵顺权。"

刘邦本人没有什么理论修养，但他的英明之处，就在于能够根据时势的变化，而及时采纳臣民的建设性主张。所以，他听了陆贾的严词批评后，不仅不恼，反而显得很惭愧的样子说："爱卿说得有道理，那就请你写下秦王朝所以失败，我所以成功的原因，以及古时候国家兴亡的故事，拿给我看。"

陆贾就在这方面，作一概略的论述，共写了十二篇。其书主旨在于崇王黜霸，归本于修身用人，多引《春秋》《论语》之文。每成一篇，就讲解给刘邦听，刘邦对每一篇都大加赞赏，左右侍从们就跟着高呼"万岁"，称陆贾的书为《新语》。

以此为转折，汉初君臣反复总结秦朝灭亡的教训，并引以为借鉴。他们认识到，秦始皇并非不欲为治，秦的速亡，正是由于举措（兵役徭役）太暴、用刑太过的缘故。要想实现长治久安，在当时的条件下，只有轻徭薄赋慎刑，才能缓和社会矛盾，巩固政权。在这一思想方针的指导下，以刘邦为首的西汉统治者，陆续采取了一些重要的措施。

一、兵士复员归乡。规定跟随刘邦入关灭秦的关东人愿意留在关中为民的，免徭役十二年，回关东的免徭役六年。军吏卒无爵或爵在大夫（五级爵）以下的，一律晋爵为大夫；大夫以上的加爵一级，并一律免除本人及全家的徭赋。归农的军吏卒，按照爵级高低，授予田宅。这些被遣散的军吏卒，除少数高爵的上升为地主外，大部分还是一般农民。这些农民由于在和平安定的环境中获得了一份土地，又不需要服徭役，从而提高了生产积极性，因此成为汉初稳定农村封建秩序，恢复农业生产的一支重要力量。

二、命令在战乱中聚保山泽的人各归本土，"复故爵田宅"，使地主返乡，农民返籍。"故爵"无疑指秦代的封爵，秦爵与田宅密不可分，"复故爵田宅"是对秦代中小地主既得利益的法律承认，有利于消除秦朝吏民的反抗情绪，这项安抚政策在汉初稳定封建秩序方面是成功的。

三、宣布因饥荒自卖为奴婢者，一律"免为庶人"。这里限定的"自卖"只是当时奴婢买卖的一种形式，其他还有"略卖""出卖"等。如果再从自由民沦为奴婢的渠道论之，形式就更多了。因此，这项法令并不是要废除奴隶制，而是有限地释免一些"自卖"者，尽管如此，它对解放社会生产力还是有益的。

四、重农抑商。中国自古就是一个农业大国，重农有其历史必然性。重农抑商作为国家的一项基本国策始自商鞅变法，商鞅认为工商业严重妨碍"重农"政策，因为在商品经济获得一定发展的前提下，从事工商业更容易获利。对此，史学家司马迁曾概括指出："以贫求富，农不如工，工不如商，刺绣文不如倚市门。"在工商的利导下，引起农民纷纷脱离农业转而从事工商业，这在农业生产力不甚发达的情况下是有害而无益的。正因为如此，刘邦君臣继承了这一政策，并具体规定：不许商人衣丝、操兵器、乘车骑马，不许商人从政做官，并加倍征收他们的人头税，借以限制商人对农民的兼并。

五、减轻田租，十五税一。秦代的田租是多少我们不清楚，据《云梦秦简·田律》，只知道田赋征收禾稼（粮食）、刍（饲料）、稾（禾秆）等，即每顷收刍三石，稾二石。后来，董仲舒批评秦政说秦代"田租口赋，盐铁之利，二十倍于古"，这里的"二十倍于古"是多少也不清楚。但有一点可以明确，即董仲舒的说法言过其实。总之，汉初力求轻徭薄赋，"十五税一"较之秦代一定是有所减轻。

刘邦君臣通过上述"与民休息"的措施，总算把秦末以来动荡不安的社会局面稳定下来。但问题并非如此简单，汉初复杂的社会矛盾正好比是漂在水上的葫芦，压下这头，那头又翘了起来。

刘邦在楚汉战争进行中，先后分封了七个异姓诸侯王，历史证明，这些分封曾经促进了西汉王朝的统一进程。但随着战争时代的结束，这些封国的存在，不管诸侯王们主观上是否存在反叛的动机，但在客观上都无时不在威胁着西汉中央的安全。正因为如此，刘邦也好，吕后也罢，才要千方百计地寻找和制造种种借口，逐一翦除这些异姓诸侯王。

张敖是赵王张耳的儿子。汉四年（前203），张耳随韩信北定赵地，被封为赵王。次年，张耳死，张敖嗣王。

张耳，是战国末年魏国大梁（今河南开封西北）人，少年时曾追随信陵君魏无忌为客。后来因事逃亡到外黄（今河南民权西北），当地有一个大富翁的女儿，人长得非常漂亮，虽然已是有夫之妇，可一直瞧不起自己的丈夫，视丈夫为"庸奴"。不久，这个少妇不堪忍受丈夫的无能，就私自逃到父亲的朋友家里躲了起来。她父亲的朋友已经儿女满堂，妻妾盈室，总不能让她长期住在家里，就找机会对她说："你若一定要找一个贤君，就嫁给张耳吧。"就这样，张耳娶了这位外黄美女，生了张敖。

张敖长大后，很像他的母亲，长得仪表堂堂，风流潇洒。张耳投奔刘邦后，刘邦在一次宴会上见到张敖，觉得他一表人才，就和吕后商议，把鲁元公主许配给他。

　　一晃过了好几年，到高祖七年（前200），刘邦从平城惨败后，在返回长安的途中，经过赵国首都邯郸。赵王张敖自然不敢怠慢，对刘邦行女婿礼节，非常恭顺。刘邦却以老丈人自居，不讲君臣礼节，大模大样地箕居而坐（像簸箕一样坐在那里，摊开两腿，微屈两膝，是一种傲慢轻视的姿态），动辄破口大骂，满嘴脏话。对此，张敖还能容忍，谁教他想娶刘邦的女儿。可赵国丞相（汉初推行郡国并行制，诸侯国内的官职一同中央）贯高和赵午等人都已年过六旬，对刘邦的表现实在看不下眼，私下里议论说："我们大王，真是一个懦弱的大王。"于是找机会向张敖进言："当初，天下大乱，英雄豪杰纷纷崛起，有能力的人先行当王，而今大王对皇帝这么恭顺，他却自以为了不起，不把人当人看，我们这就设法把他干掉，替大王出这口恶气。"

　　张敖听了这话，吓得魂飞胆破，当下咬破手指，发誓说："你们何以说出这种蠢话！我父亲失去他的国家，全仗皇帝恩典，才得以复国，子子孙孙感恩不尽。我赵国的一草一木、一丝一毫都是皇帝赐予的，二位可别乱说。"

　　贯高、赵午等事后自相商量道："我们的错误在于把决定告诉大王，大王是一位厚道长者，不忘记别人的恩德。但是，主人受到差辱，我们做臣子的宁愿去死，现在皇帝差辱我们大王，我们一定要杀了他，为什么要把大王牵连在里边呢？事情成功，福气由大王享受。事情失败，灾难由我们承担。"

　　次年冬季，刘邦率军出击韩王信的残部，要经过柏人（今河北隆尧西）。贯高等人得到这个消息后，就事先派刺客埋伏在刘邦准备下榻的官邸中，藏在厕所的夹墙里，准备刺杀刘邦。

　　话说刘邦本来要在柏人留宿，可走到城外时，忽然觉得心里有些不得劲儿，就问身边的侍从："这个县叫什么名字？"

"柏人。"

刘邦沉吟片刻，就说："柏人跟迫人发音相似，不吉利。"于是号令大军继续前进，竟没在这里停留，免去了可能发生的悲剧。

如果事情就这么过去也就罢了，可俗话说得好：要让人不知，除非己莫为。贯高谋害皇帝的事虽然只有几个人知道，但还是让贯高的仇家探听到了，并很快把消息报告给京里。刘邦看到检举信后，非常震怒，下令逮捕赵王张敖和所有参与阴谋的人。

赵午等十余人，一听说事情败露，都争先自刎。贯高怒不可遏，骂道："谁教你们现在就死，大王明明没有参与阴谋，而今跟着我们一并逮捕，你们都一死了之，还有谁能证明大王的清白？"于是，贯高等人和张敖一起被押上囚车，解往长安。

在审讯中，贯高供称："是我们做手下的所为，大王并不知道。"狱吏哪肯轻信，对他严刑拷打，用鞭子和木棍捶笞数千次，又用铁锥乱刺，残忍酷烈，打得贯高体无完肤，全身稀烂，可贯高咬紧牙关，死不改口。

吕后听说张敖出事，大吃一惊，自言自语地说："真是一波未平，一波又起呀。前年女儿险些改嫁给单于，今年女婿又谋害皇上，我的鲁元怎么这样命苦哇！按理说，张敖不会做这种打算的，实在是奇怪。"她思前想后，决定还是先保住女婿，即使张敖真的与本案有关，也要设法保他性命，总不能让女儿年纪轻轻的就成了寡妇。话又说回来，这些有钱有势的男人，哪个不是三妻四妾的，公主出嫁，很少有婚姻美满的，好在张敖对鲁元还算一往情深，至今未添二房，如果鲁元改嫁，恐怕再无幸福可言。吕后这么想着，就一面派人买通狱吏，告诫他们不可对张敖无礼，一面多次在刘邦面前通融说："张敖是皇上的女婿，怎么会有二心呢？怕不是有人陷害吧！"

刘邦咆哮道："我一直认为你是很有头脑的，怎么一遇到你身边的人有事，就变得这般婆婆妈妈，你也不想一想，假使张敖当了皇帝，他还在乎你的女儿吗？"

吕后一时语塞，但还是恳求刘邦，看在女儿的分上，千万别太为难张敖。刘邦气鼓鼓地说："你心里就装着女儿、女婿，我的脑袋差点没了，你还帮着他求情。别说是女婿，就是亲生儿子犯上作乱，也没有丝毫情面可讲。"

吕后再也无话可说，反复琢磨刘邦的话，从中悟出一个结论：在权力面前是不讲亲情的。

刘邦一连几天都心情烦躁，只有晚上躺在戚姬怀里时，心情才能平静下来，所以每天早上是他情绪最佳的时候。这天早朝时，廷尉见刘邦气色很好，于是把贯高的口供禀报上去。刘邦的确心境极佳，开口称赞说："是一条汉子，谁认识他，去拜访一下，动以私情，套出实话。"

中大夫泄公进前说："禀皇上，臣跟贯高是同乡，很了解他的为人，他在赵国守信重义，一身硬骨，义气千秋。"

刘邦于是派泄公到狱中拜访贯高。泄公进了监狱，贯高已被拷打得坐不起来了。泄公先侍候他用了些酒食，谈论起各自的家世，互相叙述别后情况，好像朋友平时相见，把臂言欢，最后才探询赵王张敖到底参与了没有。

贯高说："人之常情，谁不爱惜他的父母妻子。如今，我的三族（父族、母族、妻族）都全被处死，我爱大王岂能超过我的亲属？只因为大王确实没有参与谋反，我岂能信口胡言。"于是把事情的来龙去脉和盘托出，证明张敖确实不知情。

泄公把情况禀明皇上。刘邦这才下令释放张敖，维持和鲁元公主的婚姻不变，但撤销了王爵，贬为"宣平侯"。

刘邦很欣赏贯高的侠义守信，派泄公持节特赦贯高，通知他张敖已经出狱。贯高喜不自胜，说："大王真的出狱了？"

泄公说："当然，难道皇上还能骗你？皇帝很敬重你的为人，所以特别赦免。"

贯高凛然道："我全身脓血而不肯死，只为了证明大王无辜。如今大王已经出狱，我已尽到责任，死而无恨。而且人臣背上篡弑的罪名，还有什么脸面再侍奉皇上。"说罢，将头部猛烈后仰，颈骨折断而死。

宋代史学家司马光评论说：刘邦因为傲慢的缘故，才引起臣僚背叛。贯高凶恶逆戾，使他的君王丧失了国家。然而，促使贯高谋反，是刘邦的过失。促使张敖失国，是贯高的过失。

楚汉战争刚刚结束，刘邦为削弱韩信的实力，把他改封为楚王，王淮北，都下邳。

高祖五年（前202）五月，韩信启程前往封地，回到了自己的国都下邳。他首先找到当年经常给他饭吃的那位漂母，赏给她一千金，以报答她的恩情。这就是"一饭千金"的来历。

他又找到下乡南昌亭长，赏给他一百钱，对他说："你是个小人，做好事应该做到底，你却有始无终。"然后又把当年叫他钻裤裆的那位无赖少年找来，封他做楚国的中尉（负责巡城捕盗的武官），并把他介绍给诸将说："这是位壮士，当初他侮辱我时，难道我不能把他杀掉吗？我没有杀他，是因为没有什么理由。当时我忍耐过去，才会有今天的成功。"

韩信青年时无依无靠，流落街头，受尽了苦难和冷遇，长期郁郁不得志。如今做了楚王，免不了有一种出人头地、衣锦还乡的表现欲，所以每次巡行县邑，都陈兵出入，鸣锣开道，守卫森严，威风凛凛。

项羽有个部将叫钟离眜，一向跟韩信很要好，项羽在乌江自杀后，他辗转投奔了韩信。韩信觉得刘、项之争已有结果，以前人各事其主，现在就不该再追究个人的恩恩怨怨了，所以就收留了他。谁知这事不久就传到刘邦的耳朵里，刘邦本来就一直对韩信存有戒心，他那双充满猜忌的眼睛时刻都在密切地注视着韩信的一举一动，听说韩信窝藏钟离眜，气得咬牙切齿，使人命令韩信逮捕钟离眜。韩信为人重义守信，所以一直未予理睬。

高祖六年（前201）十月，有人上书诬告韩信谋反。刘邦对此事的态度是：宁信其有而不信其无，于是召集诸将商讨对策，诸将纷纷表示："陛下赶快发兵，把这小子杀掉算了。"刘邦以为不妥，沉默良久，又征询陈平的意见。

陈平问："有人告韩信谋反这件事，他本人知道吗？"

刘邦答："他还蒙在鼓里。"

又问："陛下的兵精，还是楚国的兵精？"

答："楚国的兵精。"

再问："在陛下看来，各位将领的才能有没有超过韩信的？"

答："这还需问，当然没人比得上他。"

陈平接着说："既然我们现在兵精不如楚，将才不如韩信，如果举兵攻之，那不等于迫使他跟我们决战吗？这是多么危险哪！"

刘邦一听就急了，连忙向陈平讨办法。于是陈平向刘邦献了伪游云梦、突击韩信的计划。具体来说，就是刘邦派人通知各诸侯国，伪称他要到云梦（即云梦泽。在今湖北南部，湖南北部洞庭湖一带。汉初是围猎的地方）游猎，并顺便在陈召见诸侯王。陈在楚国的西边，韩信如果到那里去拜见刘邦，刘邦就不必大动干戈，可以轻而易举地将他擒住。

韩信听说刘邦要到云梦游猎，心里感到忐忑不安，不知如何是好。当刘邦快到楚国时，韩信已经大致猜出了刘邦此行的意图，因此就想发兵反抗，可是仔细一想，自己并没有什么罪过，何必要谋反呢？如果去谒见刘邦吧，又怕束手就擒。正在他左右为难时，有人向他建议说："大王如果斩了钟离眜，把他的人头献给皇上，皇上一定会高兴，那么这场灾祸就可以避免了。"

韩信有些不忍，就去找钟离眜商量此事。钟离眜对韩信说："汉之所以没来进攻楚国，是因为我在大王这里，如果大王把我杀掉去向朝廷献媚，那么我今天死，明天就该轮到大王上断头台了。"说罢，他大骂韩信不讲信义，然后就自杀了。

同年十二月，刘邦到陈大会诸侯。韩信带着钟离眜的人头前去拜会。岂料刘邦除韩信之心已决，当然不以诛杀钟离眜为满足，遂命令卫士把韩信捆起来，装到一辆车上，严加看管。韩信这时才恍然大悟，感慨地说："果然像人们常说的那样：狡兔死，走狗烹；高鸟尽，良弓藏；敌国破，谋臣亡。现在天下已定，我韩信确实该死。"

刘邦听后微微一笑，带着几分嘲弄的语气说："有人告你谋反，难道你还想抵赖吗？"说完就令人给他戴上刑具，把他带到洛阳。

在返回洛阳的途中，当刘邦经过荥阳、成皋这些古战场时，一时触景生情，忆起了当年同项羽拼死厮杀的惊心场面，联想到自己几度身陷险境，多亏韩信对自己肝胆相照，屡立奇功，才反败为胜，最后击溃了项羽，因此，他相信韩信不至谋反的念头又在脑海里占了上风。这样，到达洛阳后，刘邦又宽恕了韩信，但还是削去了他的王爵，降为淮阴侯。

从此以后，韩信才知道刘邦是忌恨自己的才能，所以便借口有病，既不愿意朝见刘邦，也不肯跟随刘邦出去游猎，整天心怀怨愤，郁郁寡欢。

当时，刘邦封了很多列侯，都住在京里，韩信谁也瞧不起。睢阳人灌婴，做过丝绸贩子，被封为颍阴侯；周勃早年以编薄曲（养蚕器具）为生，还当过吹鼓手，因为是刘邦的同乡，被封为绛侯；樊哙以屠狗为业，因为是刘邦的连襟，被封为舞阳侯，一直是刘邦的亲信将领。韩信如今被降为淮阴侯，脸面上总有些不光彩，所以羞与灌婴、周勃他们同列。

列侯是秦汉二十级军功爵中最高的一级，秦时称为"彻侯"，后来因避汉武帝刘彻名讳而改称"通侯"，或称"列侯"。汉初所封列侯都坐食一定数量民户的赋税，大多在京师任朝官，有职有权。但韩信被贬为淮阴侯以后，无官无职，闲着无事，于是就常常找樊哙闲聊。樊哙每次见韩信来访，都引以为荣，把韩信敬如上宾，经常用跪拜之礼迎送，谈话时称自己为臣，说："大王竟肯光临臣的寒舍，实在荣幸！"韩信离开后常自言自语地冷笑道："我韩信此生竟落得跟樊哙这样的人为伍，实在可耻！"

有一次，刘邦闲暇无事，找韩信聊天，两人谈到诸将的能力有大小，本领有高低，各不相同。刘邦一时兴起，问韩信说："你看我能带多少兵？"

韩信信口答道："陛下带兵不过十万。"

又问："那么你能带多少呢？"

答："韩信带兵，多多益善。"

刘邦见他还这样自信，有些不服气，傲慢地说："既然如此，你为什么还被我擒住了呢？"

韩信并不介意地说："陛下不善于带兵，却善于带将，这就是我被陛下捉住的原因。况且陛下靠的是天意，跟您的能力无关。"

刘邦听了哈哈大笑，心里暗想："这小子心里一直不服气，留着早晚是祸害，必须找机会把他干掉。"

高祖七年（前200）冬，韩王信叛逃匈奴，刘邦亲自率兵征讨。不久，宛朐（今山东曹县西北）人陈豨被封为阳夏侯，并被委任为赵国丞相，统领赵、代边防军。据说陈豨临行前曾去跟韩信告别。韩信屏退左右，拉着陈豨的手在院中散步，仰天叹息说："我可不可以跟你谈点肺腑之言？"

陈豨答："请将军吩咐。"

韩信说："你驻防的地方，集结了天下最精锐的部队，你又是陛下最信任的将领。如果有人打小报告说你谋反，陛下一定不会相信；可是，有人第二次诬告你谋反，陛下恐怕就会产生怀疑；到第三次再有人告发你谋反时，陛下一定勃然大怒，亲自率军征讨。到那时，我可以在京城举兵，作你的内应，天下的事，就在你我的掌握之中了。"

陈豨素来佩服韩信，就一口答应下来。

高祖十年（前197）九月，陈豨因为受到刘邦的猜忌，果然公开造反，自立为代王。刘邦亲自率军出征。韩信声称有病，没有随同前往，暗中却派人去跟陈豨联系，指示机宜，并跟家臣密谋，准备乘夜假传圣旨，把奴隶和犯人释放出来，袭击吕后和太子刘盈。部署已定，只等陈豨回音。

却说刘邦出兵以后，将朝中政事，内委吕后，外委萧何，全权处理。吕后本来对刘邦宽宥韩信一事深表不满，几年来一直认为韩信的存在，是朝廷的最大危险，因此，她不止一次地在刘邦面前提示应假罪名除掉韩信，可刘邦念及旧情，始终未忍下手。这次，刘邦出兵以后，吕后就打算先斩后奏，除掉这一隐患。

说来凑巧，韩信有个门客犯了过失，韩信一气之下将他囚禁起来，并准备杀掉他。吕后派人察知这一情况后，就买通这位门客的弟弟，让他上了一个状子，说韩信密谋造反。等状子呈上之后，吕后原想召韩信进宫，乘机把他杀死，可转念一想，又怕韩信不肯就范，反误了大事，于是就找萧何商量对策。吕后说："如今皇上远离京师，有人控告韩信谋反，若让他的阴谋得逞，不但我们母子肝脑涂地，老百姓也会再遭离乱之苦，请丞相务必想个法子，诛灭叛贼。"

萧何听吕后要杀韩信，吓了一跳，心里也矛盾极了。他在刘邦最困难的时候，极力推荐韩信做大将，此后两人的交情一直很好。他也深知所谓韩信谋反不过是吕后精心捏造的，但自己身为汉朝丞相，对这件事只能尽忠尽责，不能从感情出发，因小失大。退一步说，自己和韩信的私交无人不晓，如果自己出面担保韩信，弄不好连自己的身家性命也要搭进去。他思前想后，最后还是咬咬牙给吕后出了一条毒计：派一个人装作刚刚从前线回来，声称带回了刘邦已经取胜的消息，说叛将陈豨战败被杀。这样，列侯、群臣就会进宫祝贺。

吕后依计而行，大臣们不明真相，纷纷到宫中祝贺。可唯独韩信怀疑其中有诈，推说有病，没有进宫。吕后急得团团转，只好派萧何亲自去请韩信。

韩信见萧何亲自来访，非常高兴，寒暄几句后，萧何劝韩信说："皇上消灭了陈豨，大臣们都去祝贺，将军虽然有病在身，但无论如何也应该去祝贺一下。否则，皇后不高兴，别人也会有所议论。"韩信不好推辞，就跟着萧何来到长乐宫。刚一进宫门，就被武士们捆绑起来，韩信忙喊："萧丞相！萧丞相！快来救我！"可回头四顾，哪里还有萧何的影子。

韩信被擒后，未经任何审讯，就被斩于长乐宫钟室。临刑前，韩信仰天长叹："我悔不用蒯通之计，以至落入这帮小人、女子的圈套，难道这就是老天的安排吗？"韩信死后，他的全家和宗族的人，也一并株连被杀。

刘邦平定陈豨叛乱，回到京城长安以后，听说韩信已死，又是高兴又是怜悯，就问吕后："韩信临死前说了些什么？"吕后告诉他，韩信说没有用蒯通的计谋，所以被杀，后悔得很。刘邦说："此人是齐国的辩士。"于是下令，立即通缉蒯通。

不久，蒯通被捕，押到刘邦面前。刘邦用逼人的目光看着他，厉声问道："你唆使过淮阴侯谋反了吗？"

蒯通很镇静地说："是的，可惜这小子没有听我的，所以才自取灭亡。如果他用了我的计谋，陛下还能杀掉他吗？"

刘邦恼羞成怒，下令说："快把蒯通拉下去烹了！"

蒯通却大声喊："冤枉啊冤枉！"

刘邦反问："你教唆韩信谋反，有什么冤枉的？"

蒯通替自己辩解说："当初反秦时，诸侯并起，豪杰云集，都想取而代之。当时谁最有本事，谁就可以先得天下。人各为其主，那时，我只知道韩信，不知道有个刘邦。况且那时想争夺天下的人很多，也不光你一个，只不过他们力不从心罢了。即使在今天，也还有人暗中想做皇帝，难道你能把他们都杀绝了吗？要是陛下因为我过去忠于自己的主人就烹了我，那么，今后怎么去教育你的臣子呢？"

刘邦听了，竟无话可答，无可奈何地说："你总算能言善辩，我姑且放你一条生路。"蒯通拜谢而出，又回到齐国去了。

韩信是汉初杰出的军事家，在辅助刘邦战胜项羽，建立汉朝的过程中，有不可磨灭的历史功绩。古人说："汉之所以得天下，大抵皆韩信之功也。"这话不无道理。对韩信"连百万之军，战必胜，攻必取"的军事天才，刘邦也心悦诚服，自叹不如。

历史上对韩信之死，历来有不同的说法。司马迁用生动感人的笔触，描写了韩信的军事才能，刻画了这位杰出军事家的高大形象；同时又不惜笔墨，用大量篇幅详细记载了武涉、蒯通等人多次劝说韩信背叛刘邦，三分天下，以及韩信坚决拒绝的事实和经过，暗示出对韩信谋反一事的怀疑态度。

班固在《汉书》中，对韩信谋反一事则持肯定态度。认为韩信在被封为王以后，因为过于强大而受到怀疑，便"怀不自安，事穷势迫，卒谋叛逆，终于灭亡"。

司马光在肯定了韩信的功绩之后写道，从韩信拒绝蒯通的劝说，以后又到陈地去迎接刘邦来看，韩信哪有反心呢？他只是"失职怏怏，遂陷悖逆"。司马光指出，刘邦有负于韩信的一面，韩信也有自取灭亡的一面。认为韩信"以市井之志利其身，而以士君子之心望于人，不亦难哉！"意思是说，韩信出身市井，目光短浅，他投奔刘邦为的是功名利禄，还希望刘邦能一一满足他，那是不可能的。

明、清两代学者认为韩信被杀，实际上是吕后、萧何等人罗织其罪。吕后见刘邦年事已高，而太子懦弱无能，必须事先扫除一些障碍，以防刘邦死后，太子难以统治。韩信虽然已是笼中之虎，但如果脱笼而出，后果不堪设想，所以要找个理由将他除掉。

据说，在韩信墓前的祠庙上有这样一副对联："生死一知己，存亡两妇人。""一知己"指萧何，即成也萧何，败也萧何；"两妇人"指的是漂母和吕后，一个是韩信的救命恩人，一个是诛杀韩信的主谋。

二

梁王彭越，也是汉初所封异姓诸侯王中功劳最大、实力最强的一个。彭越是昌邑（今山东金乡西北）人，强盗出身，活动于钜野泽（今山东巨野县北）一带，靠打家劫舍为生。秦末聚众造反，自立山头。楚汉战争爆发后，投归刘邦，成为刘邦牵制项羽的重要力量。垓下决战前夕，刘邦为动员彭越出兵助战，封他为梁王。

高祖十年（前197）九月，刘邦出兵讨伐陈豨，进至邯郸后，遣使征召梁国军队。彭越联想到刘邦伪游云梦、计擒韩信的事，疑心重重，因此声称有病，只派一员将领率军前往邯郸。刘邦又气又怒，就派人责备彭越。彭越害怕起来，就打算亲自到刘邦军中谢罪。这时，他手下一位将领扈辄劝阻说："大王起初不肯率兵前去，如今受到责备才去，去就会落入圈套，还不如就此造反。"

彭越不听，但也打消了前往刘邦军中谢罪的念头。

不久，梁国的太仆因犯罪逃到刘邦那里，诬告彭越跟扈辄谋反。刘邦信以为真，一面率军返回洛阳，一面派使者去传召彭越。使者到了梁国后，彭越照例恭迎，跪地听宣诏书。突然，使者身后的士兵冲了上来，把彭越擒住。彭越的卫士见大王被捉，也冲了上来，将使者和士兵团团围住，剑拔弩张。

使者对彭越说："有人密告大王谋反，皇上请大王赴洛阳辩明。如果是受人诬告，自然会送大王回国，请大王慎重考虑。"

彭越知道是扈辄的密谋泄了出去，可想到自己光明磊落，并无罪过，就喝退卫士，跟随使者前往洛阳。经过审讯，有司称彭越"反形已具"，应依法论处。

所谓"反形已具"，是说扈辄曾劝彭越造反，彭越虽然不反，但也没有检举或诛杀扈辄，这在封建专制制度下是与谋反同罪的。刘邦看了审讯结果，下诏处死扈辄，赦免彭越死罪，削爵夺国，贬为庶人，流放到蜀郡青衣县（今四川雅安市名山区北）。这时，距韩信被杀，才不过三个多月。

彭越带着伤感、委屈的心情，从洛阳出发前往蜀地。在途中的郑县（今陕西渭南华州区东）恰好遇到了由长安来洛阳的皇后吕雉。原来，吕后听说彭越被擒，且喜且忧，喜的是又为盈儿日后掌政翦除了一个心腹大患；忧的是皇上竟然大发慈悲，放虎归山。因此，她不顾旅途劳顿，风尘仆仆地前往洛阳，想劝说刘邦改变主意。

彭越见到吕后，就像见到了救星，痛哭流涕地向吕后陈诉冤情，希望能打动她的恻隐之心，在枕边向刘邦吹吹风，允许自己回昌邑老家做一个平民百姓。

吕后佯为许诺，假惺惺地说："梁王不要哭了，这就随我一同回洛阳去，待我面见皇上，定为大王说情，自然有所安排。"

到了洛阳，吕后对刘邦说："我在长安闻报，梁王彭越谋反，陛下不予重罪，反而放虎归山，这不是贻害后世吗？"

刘邦说："彭越谋反，查无实据，我念他垓下之功，故免他一死。"

吕后摇摇头说："彭越乃一壮士，岂肯就此伏罪？把他发配蜀中，万一再图谋反，凭借天府四塞之险，恐怕陛下也奈何不了他。"

刘邦听吕后这么一说，颇觉有理，有些后悔地说："可彭越已启程多日，现在怕已到达蜀中，这可怎么办是好？"

吕后娇媚地笑道："陛下自管放心，贱妾已在途中把他截回。"

刘邦表露出难得的欢愉，高兴地说："真有你的，彭越就全权交给你处理吧！"

过了几天，吕后就指使彭越舍人诬告彭越又欲谋反，廷尉王恬开便依照吕后的指令，把彭越定为谋逆大罪。高祖十一年（前196）三月，彭越夷三族，并把他的人头高悬于市，"枭首"示众，下令有胆敢收敛彭越尸首的，一律逮捕。

却说有个梁人栾布，从小穷困潦倒，被人掠卖到燕地为奴，后来为主人家报仇，受到燕将臧荼的赏识，任命他为都尉。灭秦后，臧荼被项羽封为燕王，曾经助汉击楚，旋又叛汉，被刘邦击灭，栾布也同时被擒。彭越听说后，就向刘邦求情，把栾布赎下来，任命为梁国大夫。彭越出事之前，栾布刚好出使齐国，回到洛阳时，彭越已被"枭首"示众。他就在彭越的人头下，向彭越汇报了出使经过，然后焚香祭拜，放声大哭。官兵赶忙把他抓了起来，并上奏刘邦。刘邦召见栾布，破口大骂，下令将他烹杀。

正当刽子手要把他投进沸腾的大铁锅里时，栾布回头对刘邦说："臣愿说一句话再死。"刘邦示意把他放下来，说道："好吧，你有什么话要说？"

栾布说："当陛下在彭城被围，在荥阳、成皋战败时，项羽之所以不能向西边穷追，是因为有彭越在梁地骚扰楚军的后方，配合汉军行动的缘故。在那个时候，彭越偏向楚则汉败，偏向汉则楚亡。而且，垓下会战时，如果没有彭越参战，项羽也不会覆灭。天下已定，彭越受封梁王，打算传之万世。想不到只因为一次征兵不到，彭越正好卧病在床，不能亲行，陛下就疑心他谋反。事实上彭越根本就没有谋反，陛下却因为芝麻绿豆小事把他屠灭三族，我怕所有功臣都会为之寒心。如今彭越大王已死，我活着还有什么意思，请陛下这就下令烹杀吧。"刘邦感到理亏，就下令赦免栾布，并拜任他为都尉。

至此，在不到三个月的时间里，刘邦在吕后的挑唆和主谋下，先后把韩信、彭越送上了断头台。吕后的这些活动也一再表明，她在刘邦生前就表现出卓越的政治眼光、杰出的才能和刚毅的性格。当然，她对政敌的残酷无情、心狠手辣，不仅使满朝文武感到震惊和恐惧，也着实让刘邦感到心寒。

刘邦诛杀彭越后，为杀一儆百，竟将彭越的尸体剁成碎块，煮成肉酱，分别派人送给各诸侯王。淮南王英布收到这一血腥的"赏赐"，惊恐万状，当即部署军事力量，以备不测。

英布与彭越、韩信在楚汉战争中替刘邦立下了汗马功劳，刘邦称帝后，他们三人的命运紧密相连，可以说"一损俱损，一荣俱荣"。如今，韩信、彭越已死，他自然惶恐不安。

恰在此时，英布最心爱的一位姬妾有病，到医生那里诊治，医生家跟淮南国中大夫贲赫对门而居，贲赫生来还从来没见过这样美丽的女子，心下爱慕，就乘机送去一份厚礼，到医生家陪那位姬妾饮宴。这个姬妾天生水性杨花，对一脸刺字的英布早已感到厌烦，于是屏退左右，和贲赫偷起情来。这事很快被报到英布那里，贲赫心知大事不妙，就仓促逃到长安，诬告英布谋反。

刘邦看了贲赫的检举信，告诉丞相萧何，萧何说："英布不至谋反，恐怕是仇家陷害，最好先把贲赫囚禁起来，派人前往淮南国调查清楚。"刘邦表示同意，于是吩咐手下去办。

再说英布听说贲赫斗胆来偷自己的女人，气愤至极，亲自率兵去抓贲赫，没想到晚来一步，贲赫已经跑出淮南国境域。英布感到贲赫进京，必定诬告自己，于是一不做，二不休，遂屠杀贲赫全家，起兵叛汉。

消息传到京师，刘邦正卧病在床，就打算派太子刘盈出征。太子宾客东园公、绮里季、夏黄公、甪里先生①拜访建成侯吕释之，对他说："太子担任最高统帅，功劳再大，官位无以复加。可是万一失败，则灾难从此开始。你应该火速晋见皇后，请她找机会向皇上哭泣求情，告诉皇上：英布是天下猛将，又精于作战。而各位将领，跟陛下都是平辈，让太子统御他们，无异于教绵羊驱使狼群，恐怕将领们不会接受节制。而且英布一旦得到消息，就会擂鼓而起，谁能抵御得了。陛下虽然有病，仍请勉强一行，躺在特制的软车上指挥，将领们就不敢不尽全力。皇上虽然劳苦，可为了妻子儿女，只有强打精神。"

吕释之当夜就进宫面陈吕后。吕后联想到刘邦先前欲废太子之事，不觉打了一个寒颤，感到事情严重，十万火急，可又不敢连夜打扰刘邦，于是强挨到天亮，才借口探望刘邦的病情，来到戚姬的寝宫，向刘邦哭诉一番，并把"商山四皓"的话照说一遍。刘邦气鼓鼓地说："我早知道那小子（刘盈）软弱无能，当老子的只好亲自出马。"

刘邦御驾亲征，率军出发。朝廷重臣都留守长安，送别霸上。留侯张良也有病在身，勉强起床，送到曲邮（今陕西临潼东），对刘邦说："臣本应随从大

①号称"商山四皓"，详见后文。

驾，只因病重，不能如愿。楚人（淮南国在楚国故地）反应敏捷，剽悍善战，请陛下尽量避免跟他决战。"并建议拜太子刘盈为将军，监关中兵。

刘邦拜托道："子房，你既然有病，就躺在家里辅佐太子吧。"

英布初起兵时，对他的将领们说："皇上已经老了，一定不能亲自来，只有派他的将领们出战，而将领之中，唯有韩信、彭越才称得上是敌手，如今他们都已经死了。其他的人，我根本没放在眼里。"因此才决定起兵。

英布起兵后，先向东攻击荆国，荆王刘贾逃走，死于富陵。英布合并了荆国军队，继续北上，渡过淮河，进攻楚国，楚王刘交发兵在徐邑（今江苏盱眙东北）、僮邑（盱眙东北）阻截，兵分三个据点布防。有人向楚军主将建议说："英布是沙场老将，人们对他一向畏惧，而且兵法上说：'诸侯在自己封地内作战，谓之"散地"（官兵在本地恋土怀安，战稍不利，便容易一哄而散）。'如今把大军分在三处，只要一处失败，其他两军跟着也就崩溃，怎么能互相援救？"楚军主将不听。

果然，英布军先攻破一个据点后，其余楚军全部瓦解。英布在肃清后方之后，率大军向西挺进。

高祖十二年（前195）冬十月，刘邦跟英布在蕲县西面的会缶乡遭遇。英布的军队，全是精锐。刘邦在庸城（今安徽宿州蕲县镇西）固守营壁，看见英布军阵地，跟项羽当年布阵很相似，内心不觉有些畏惧。两人遥遥相望，刘邦说："你何苦反叛呢？"

英布说："什么反叛，我不过想当皇帝罢了。"

刘邦大怒，纵兵攻击。英布军抵挡不住，向后撤退。渡过淮河后，双方几经较量，英布军全军溃散，英布只带百余亲兵向长江以南逃窜。刘邦遣将穷追不舍，英布一路败逃，最后在番阳（今江西鄱阳县东北）被当地土人所杀。

事隔不久，燕王卢绾也叛逃匈奴。

卢绾是刘邦的同乡，情同手足，追随刘邦起兵，官至将军，封长安侯。高祖五年（前202）七月，燕王臧荼率先反叛，刘邦亲率大军出征。同年九月，叛乱彻底失败，臧荼被俘。

当时，刘邦还没有意识到封国制与中央集权制之间存在的必然矛盾，因此准备另立燕王。在刘邦的心目中，代替臧荼为燕王的人选早已确定，那就是卢绾。群臣也窥视到刘邦的心理，于是都说卢绾跟随刘邦打天下，功最多，可以封王。就这样，卢绾被封为燕王。

陈豨当初反叛时，卢绾奉刘邦之命攻击他的东北。在战争过程中，卢绾派至匈奴的使者张胜，遇到陈豨派去向匈奴求援的王黄。王黄劝张胜说服卢绾缓击陈豨。他指出：燕王卢绾得以幸存，是因为诸侯王接二连三地叛变，兵连祸结，一旦陈豨被灭，燕国也难免遭此下场。不如与匈奴联合，缓攻陈豨以自保。张胜回来说动卢绾，与匈奴、陈豨等勾结，在战场上则连兵不决，敷衍刘邦。

高祖十二年（前195）十二月，陈豨兵败被杀，降将把卢绾和陈豨勾结的事和盘托出。刘邦即令人迎卢绾来朝，卢绾称病不往。刘邦又派辟阳侯审食其、御史大夫赵尧前往蓟城（燕国首都）迎接卢绾，并顺便调查真相。

卢绾越发恐慌，逃走躲藏，对他的亲信说："非刘氏而当王的，现在只剩下我和吴芮二人。前年春天，朝廷屠灭韩信三族；夏天，又屠灭彭越三族。这都出于吕后的阴谋。如今皇上患病，把权力托给吕后，吕后不过一个女人，专门找借口诛杀异姓王和有功大臣。我现在入朝，等于白白送死，等皇上痊愈后，我再进京向皇上谢罪。"于是声称病重，不肯应召。但他手下的亲信眼见祸事越闹越大，都纷纷逃亡，卢绾说的话，也逐渐泄露。

审食其听到这些话，非常气愤，心想你怎么敢诽谤大汉皇后呢，于是回到长安，把卢绾说的话奏明刘邦，但略去了卢绾打算请求赦免的内容。刘邦大为愤怒，带着几分伤感说："卢绾这家伙果然叛变。"

春季二月，刘邦派樊哙、周勃率兵北击卢绾，并封儿子刘建为燕王。卢绾在汉军的进逼下，率数千人逃离国都，在长城下观望。不幸的是刘邦不久病逝，卢绾四顾茫然，只好投降匈奴，被匈奴封为东胡卢王，一年后死于匈奴。

这样，到刘邦死时，先后分封的八个异姓王中，有七个被除掉，只剩下一个地处南方的长沙王吴芮了。而吴芮所以幸存，只因长沙国居地偏远，又处在汉与南越的中间地带，可以起到缓冲的作用，所以直到汉文帝时才因吴芮死后无子除国。

那么，我们应该如何看待汉初的"杀功臣"问题呢？应当说，这是一个比较复杂的问题。从封建专制制度来讲，"杀功臣"是封建社会中统治阶级内部关系的一般规律，所谓"功高震主者危"，夺取政权后的最高统治者都要设法诛除功高权重的大臣，或是夺取他们的权力。至于借口，则"欲加之罪，何患无辞"。这说明，功臣的悲剧命运并不完全取决于皇帝个人的道德性格，而主要是由封建专制制度决定的。当然，我们用历史的眼光来审视"杀功臣"和具体的历史进程之间的关系时，也不难发现，它往往也是巩固统一，加强中央集权和实现长治久安的需要。所以，我们应该摆脱道德感情的纠缠，从历史发展的角度去肯定它。尽管如此，我们还是希望夺取政权后的最高统治者，能像东汉光武帝刘秀、北宋太祖赵匡胤那样，在不违背铁一般规律的前提下，让功臣们解甲之后，过上优裕的生活，安度晚年。因为他们毕竟为新政权的诞生出过血，流过汗，就他们个人而言，又何罪之有呢？

分封制是造成西周后期到春秋战国社会动乱和长期分裂割据的一个政治原因。秦始皇统一全国后，苦于战国战乱不休，社会上生灵涂炭，废除分封制，代之以郡县制，建立起我国历史上第一个封建中央集权制国家。从此，统一成为中国历史发展的主流。

但是，推行了八百年之久的分封制，不论在文化传统上，还是在人们的心理上都是根深蒂固的，特别是六国旧贵族并没有在肉体上被消灭，他们反秦复国的愿望和决心一刻也没有动摇过。同时，秦始皇从事的一系列"举措暴众"事业，不仅没有给刚刚脱离战争苦难的关东人民带来希望，反而进一步加重了他们的负担，这就使原六国各阶层群众难免对过去裂土分封的时代存有依恋之情。正是在这种条件下，秦末汉初，社会上普遍存在着要求实行分封的社会思潮。

项羽出身于楚国的武将世家，割地而王，称霸一方是其固有观念，因此灭秦后，他就分封了章邯、刘邦等十八人为王，自己以诸侯霸主的身份"衣锦还乡"。项羽的分封尽管顺应了人心，与会诸侯也"皆额首称善"，但他仅把分封作为自己的终极目标，把诸侯割地而王视为天下最好的格局，缺少一统天下的长远打算。加以他在分封中又以个人的爱憎为推行分封的根据。因此，他的分封连起码的相安也没有维持多久，终于导致诸侯纷争，酿就乌江遗恨。

同样，在这股分封思潮的支配下，刘邦在楚汉战争中也进行了分封。但他没有把分封作为自己的最终目标，而是作为达到自己短期目标的手段，作为争取力量、孤立项羽、最终取得天下的最有效的方式。所以，在分封的问题上，形成了刘邦"忍小而成大谋"的战略思想。事实证明，刘邦在楚汉战争中进行的分封，起到了促进统一的作用。

刘邦在击败项羽以后，审时度势，肯定和分封了韩信、彭越等八个异姓诸侯王。但刘邦、吕后并不甘心长期割裂一统江山，始终以警惕的目光注视着诸侯王的动向，寻找机会，制造借口，剥夺他们的兵权，废除他们的王爵。由此，先后铲除了七个异姓诸侯王，有效地稳定了统一的局面。

受分封思潮的影响，刘邦在铲除异姓王的过程中，鉴于"汉兴之初，海内初定，同姓寡少，以惩亡秦之败"，为"王同姓以镇天下"，"为盘石之宗"，认为分封刘氏子弟为王能屏藩皇室，也无离心离德之虞。于是，又大封同姓子弟为王，到刘邦死时，被封为诸侯王的刘氏子弟共有九个。

1. 荆王刘贾，是刘邦叔父之子。随刘邦起兵，在楚汉战争中，曾率兵攻入楚地，焚烧楚军积聚的粮草，并参与垓下会战。高祖六年（前201），刘邦囚禁韩信后，将楚分为二国，立刘贾为荆王，"王淮东五十二城"。英布叛乱时，刘贾被杀。

2. 楚王刘交，为刘邦同父少弟。"常侍上，出入卧内"，与刘邦关系最密切。后与刘贾同时受封，为楚王，都彭城，王二十六县。

3. 齐王刘肥，为刘邦长庶男。高祖六年（前201），刘邦把胶东、胶西、临淄、济北、博阳、城阳三十七县封给刘肥，为齐王。

4. 吴王刘濞，为刘邦次兄之子。荆王刘贾死后无子，刘邦遂立刘濞为吴王，"王三郡五十三城"。

5. 淮南王刘长，为刘邦少子。高祖十一年（前196），淮南王英布反，刘邦立刘长为淮南王。

6. 梁王刘恢，刘邦子。高祖十一年（前196），刘邦诛彭越后，立刘恢为梁王。

7. 赵王刘如意，刘邦子。为刘邦宠姬戚夫人所生。高祖九年（前198），刘邦贬张敖为宣平侯，改立刘如意为赵王。

8. 淮阳王刘友，刘邦子。高祖十一年（前196），立为淮阳王。

9. 代王刘恒，刘邦子。高祖十一年（前196），刘邦镇压陈豨后，立刘恒为代王。

刘邦所封同姓王的辖区，限于原来异姓王的故地。在实行分封的同时，汉政府继续推行郡县制，使全国的行政区划形成一种郡国并行制。当然，刘邦对同姓王的自主权也作了一些限制。这主要表现在政治上，同姓王国的太傅、丞相由中央任免；在经济上，同姓王每年要向中央交纳定量献费；在军事上，王国的军队由中央直接调遣，王国没有中央颁发的虎符不得擅自发兵。这些措施，使诸侯王既可以作为王室的屏藩，又不至于构成对中央的威胁。

刘邦为防范异姓封王的旧戏重演，还曾经杀白马跟大臣们盟誓，约定："非刘氏而王者，天下共击之。"至此，刘邦认为刘氏江山从此就可以太平无事了，所以，他在击败英布之后，心满志得地回了一趟老家。

刘邦在行宫大摆酒席，宴请当年的伙伴和父老乡亲，一起畅谈往事，叙叙当年，欢笑一堂，喜气洋洋。当大家喝得将醉未醉时，刘邦情绪激昂，让人取来筑（古代击弦乐器，形似筝，颈细而肩圆），左手按弦，右手执竹尺击之，自击自唱道：

> 大风起兮云飞扬，
>
> 威加海内兮归故乡，
>
> 安得猛士兮守四方！

刘邦唱了一遍又一遍，教100多名童男女跟着一起唱，他自己又跳起舞来，一时意气激动，感慨伤怀，不由得流下眼泪。他对父老们说："离家出外的孩子，总是悲思他的故乡，我虽然定都关中，万岁之后，魂魄还是依恋故土，怎能忘怀。况且，我自从被拥戴为'沛公'，东征西讨，除暴安良，终于取得天下。现在，我把沛县作为我的汤沐邑（汉制：皇帝、诸侯、皇后、公主都有一块封地作为汤沐邑，赋税不上缴政府，作为主人沐浴的费用），人民不必再缴纳赋税，世世代代，永远如此。"

父老子弟高呼万岁，尽情欢宴。

刘邦在沛县逗留了十多天，才启程返回长安。他在讨伐英布时，曾被流矢射中，至此，创伤恶化。吕后找来一名良医给刘邦治疗，医生检查后说："可以医治。"

刘邦诟骂道："我本是一个小民，手提三尺宝剑取得天下，难道这不是天命吗？我的命运握在老天爷手里，如果老天爷让我死，就是神医扁鹊也没办法。"因此拒绝医治，赏给医生黄金五十斤，送他回去。

吕后听刘邦竟说出这样的话来，心里不免有些发毛，就向他请示后事："陛下百岁之后，如果萧何也去世了，谁能接替他的位置？"刘邦说："曹参。"吕后又问谁可接替曹参，刘邦说："王陵。不过王陵有些古板，可以请陈平帮助他。陈平智慧超人，但没有魄力，不能独当一面。周勃也是人选，他厚重而不善言辞，但将来保护刘氏平安的，必然是他，可以任命他为太尉。"

吕后又问谁能接替周勃，刘邦叹口气说："再以后的事，你已经用不着担心了。"

第七章

妒戚姬制造人彘

乱婚配伦常失序

高祖十二年（前195）四月二十五日，刘邦在长乐宫病逝。

刘邦一死，吕后想到太子年轻，内外功臣未必肯服，万一发生叛乱，后果不堪设想，因此立即密谋诛杀一批元老重臣。她先把旧日亲信审食其找来，对他说："诸将和皇上原来都是平民百姓，现在北面称臣，一个个心里就常常不服气。今后让他们去侍奉新皇帝，他们能心甘情愿吗？如果不先把他们一并诛杀，天下就不能太平。"

审食其一听，心里暗暗吃惊，但转念一想，若是把朝中重臣全部屠杀，自己就能乘机捞到丞相一职，那可是一人之下，万人之上的尊位呀！于是就表示赞同，并和吕后一起定出一条计谋：暂时密不发丧，佯称刘邦病重，召集群臣入宫议事，然后将他们一网打尽。

一

吕后尽管心狠手辣，但这次行动毕竟事关重大，心里一直没有底数，于是又把她的哥哥吕释之召进宫来，同他再度商议此事。吕释之听完吕后的计谋，两条腿都有些发抖，他暗自盘算着：如果此举成功，吕氏家族就可以进一步操纵政权，进而控制天下；如果此举失败，吕氏家族也会因此而一败涂地，血流成河，不遗余类。究竟何去何从？吕释之最后还是受到无限贪欲的驱使，决心下一次赌注，哪怕只有一线希望，也要奋力一搏。因此他也深表同意，并和吕后对一些技术性问题作了进一步谋划。于是，一场宫廷流血事件就悄悄地酝酿成熟，并紧锣密鼓地准备起来。

四月的天气，还有些寒冷，长安城内阴云密布。皇宫内除了少数人知道刘邦驾崩的消息外，其他的人还都一如既往地生活起居，唯一的变化，是加强了宫内宫外的防卫，侍卫无形之中比平时增加了许多。宫外的大臣们照样在各自的衙门内忙忙碌碌，对于即将降临在他们头上的灾难一无所知，所有的人都还被蒙在鼓里。

在这决定西汉王朝历史命运的危急关头，一次意想不到的"泄密"，最后挽救了这场宫廷流血事件的发生。原来，吕释之的儿子吕禄和郦商将军的儿子郦寄非常要好，经常到郦寄家里做客。郦寄有个妹妹生得天仙一般，惹得吕禄神魂颠倒，只因这个小妹尚未到嫁人的年龄，所以暂时还未正式提亲，但郦商早已透出口风，将来一定把女儿嫁给吕禄。当吕禄从他父亲那儿得知吕后的阴谋后，内心极为矛盾，因为郦商也在被诛杀的名单上，如果郦商被杀，他自然娶不到自己的心上人；另一方面，他又对未来的前程抱有更大的幻想，可鱼和熊掌不可兼得，他最后天真地想出一个两全之策，把这个消息有保留地偷偷告诉了郦寄，嘱他到时候千万设法阻止郦商入宫。

郦商听说后，这位久经沙场的老将军也不免惊出一身冷汗，他心想：如果吕后的阴谋得逞，一大批开国元勋人头落地不说，整个天下就将因此大乱；如果自己把这件事通知其他大臣，同样避免不了一场大屠杀，那将是功臣跟皇族、外戚之间的殊死搏斗。怎么办？郦商想来想去，最后想到一个可能阻止这场宫廷大流血的人物，那就是审食其。审食其跟吕后之间的关系大家都早有所闻，只是互相心照不宣，如今吕后为巩固太子的地位出此下策，别人的话她听不进去，审食其的话她或许会听。于是，郦商赶忙前往辟阳侯府，十分严肃地告诫审食其说：如果吕后真的要诛杀元勋大臣，必然引起诸侯王与元勋大臣的联合反击，"大臣内叛，诸侯外反"，汉王朝就有可能遭遇灭亡的命运。

审食其听了郦商的分析，觉得很有道理，他深知自己的命运是和吕后、和西汉王朝系在一起的，万一弄巧成拙，不仅丞相当不上，连性命也会搭上，看来还是不能冒这么大的政治风险。事不宜迟，他马上连夜进宫，以自己的口气传达了郦商的分析。经过一夜的密谋，吕后最后还是终止了以前的计划。应当说，不管吕后出于何种考虑，她最终放弃了诛杀大臣的谋划，还是一种明智之举。否则，此后的整个历史进程或许就需要改写了。

刘邦死后的第四天即四月二十八日，吕后传令发丧，允许大臣进宫哭灵。五月十七日，移灵出城，葬在长安城北，号为长陵。长陵位于今陕西省咸阳市窑店街道三义村之北的咸阳原上，坐北朝南，南面是川流不息的渭水，北面是巍峨壮观的九峻山。咸阳原是古渭河带来的泥沙冲积而成，地势高而平坦，土质松软而肥沃，长陵就坐落在这美丽富饶的咸阳原南部，居高临下，威武壮观。

史书记载，刘邦称帝后第二年开始营建长陵，陵园略呈方形，是仿照长安城建造的，只是规模略小而已。经实测，陵园边长约780米，周长3120米，与文献记载基本相符。陵园内建有豪华的寝殿、便殿。刘邦的陵冢位于陵园偏西处，形如覆斗，为夯土迭筑而成。现在陵前立有清乾隆年间毕沅所书"汉高祖长陵"石碑一通。陵冢下是刘邦安寝的地宫。《汉旧仪》载：汉代皇陵地宫是"内梓棺、柏黄肠题凑，以次百官藏毕，其设四通羡门，容大车六马，皆藏之内方。外陟车石。外方立，先闭剑户，户设夜龙、莫邪剑，伏弩，设伏火"。

入梓棺时，皆珠襦玉匣，连以金缕。

陵园之东为陪葬墓群。我国古代，帝王的宗室和大臣死后，往往埋在这个帝王的陵墓附近，叫做陪葬。能进入陪葬墓的，必须是帝王的至亲或有功大臣，因此，死后陪葬，对当时的人来说，还是一种荣誉。这种礼制，周朝以后逐渐固定下来。古人认为："夫西方，长老之地，尊者之位也。尊长者在西，卑幼在东。"[①]长陵的陪葬墓群就是按此设计的。

唐朝诗人刘彦谦《长陵诗》云：

> 长陵高阙此安刘，
>
> 附葬累累尽列侯。

在西汉诸陵中，长陵陪葬墓数量最多，跟随刘邦南征北战的功臣和贵戚，死后多陪葬长陵。见于文献记载的有：戚夫人、萧何、曹参、张良、王陵、周勃、周亚夫、张耳等。现存墓冢70多个，其中能辨认名位的有戚夫人墓、萧何墓、曹参墓。陪葬墓的封土较帝后陵小得多，形状有覆斗形、圆锥形、山形三种。

西汉灭亡后，历代帝王曾对长陵采取一些保护措施。魏明帝景初二年（238）诏："高祖陵四方各百步，不得耕牧樵采。"宋太祖乾德元年（963）诏："给守陵五户，长吏春秋奉祀。"清代诗人白纶有诗云：

> 高耸长陵逐鹿雄，长陵如在砀山中。

[①] 王充：《论衡·四讳》。

明煙不觉趁跄下，想见当年赋大风。

大臣们都说："刘邦从平民起事，扭转了混乱局面，平定了天下，是汉朝的开国皇帝，功劳最高，应该上尊号为高皇帝。"刘盈下诏曰"可"，给刘邦上尊号为高皇帝。

后人评论说：最初，刘邦厌恶读书，但天性聪明，胸襟开阔，能采纳最好的谋略，连看门人和最底层的小兵，一见面都成为老友。最初入关时，顺应民心，定约法三章，等到全国统一，命萧何制定法律，韩信制定军法，张苍制定各种章程，叔孙通制定礼仪，陆贾著《新语》。又跟功臣共剖符信（用金、玉、铜、竹、木等做成，上刻文字，一分为二，君主留一半，一半给在外的官员），丹书铁券（用朱砂写字刻在铸铁上，是古代君王颁发给功臣、世代保存的凭证，可以用它免除若干重罪，包括死刑），妥藏在皇帝祭庙的石屋金柜之中。每天忙碌，没有片刻休息，所创立的制度，规模宏大。

在此期间，还有一段惊心动魄的小插曲也同样有惊无险。这段小插曲是在刘邦、樊哙和陈平、周勃之间展开的。

樊哙是刘邦的同乡，又是刘邦的连襟。随刘邦起兵后，历经上百次战斗，"身背数十创"。据《史记》所载，樊哙共斩敌首 176 级，俘虏 288 人。自己率军作战，共打垮 7 支敌军，攻下 5 座城池，平定 57 个郡县，抓获丞相、将军、县令以上官员 24 人，为推翻强秦，统一全国和巩固西汉政权建立了卓著功勋。特别是在鸿门宴中，闯入项羽大营，为刘邦保驾，充分显示出英雄本色，所以司马迁在《史记·项羽本纪》中，不惜笔墨，给予了淋漓尽致的描写。刘邦也把他视为最亲信的爱将之一，封为舞阳侯。

樊哙虽然粗鲁，但很有政治头脑。刘邦灭秦受降，入咸阳宫而流连忘返，樊哙力谏刘邦回军霸上的精彩片断，已见前述。高祖十一年（前196），刘邦因为改易太子一事，心中烦闷，连续多日不上朝处理政事，并下令宫门守卫，不准任何人入内。连绛侯周勃、颍阴侯灌婴都被阻在门外。樊哙也往返几次，仍不能进宫，一气之下，号召群臣一起闯入，只见刘邦躺在床上，用一个小太监当枕头，似睡非睡。樊哙趋步上前，跪在榻前，忍不住流着眼泪说："臣等跟随陛下在丰、沛起事，历经百战，平定天下，是何等雄壮，勇武非常。如今天下归于一统，陛下却这么消沉。陛下患病，群臣担忧，陛下怎么能拒绝跟臣等见面，难道只对一个宦官留下遗言？难道陛下忘了赵高干的勾当？"

刘邦听樊哙这样一说，精神为之一振，坐起来同群臣见面。第二天，重又上朝听政。

刘邦临死之前，卢绾反叛，樊哙受命出征。一天，侍臣向刘邦诬告樊哙说："樊哙已同吕后串通一气，要在陛下百年之后，引兵报怨，诛杀戚姬、赵王等人，篡夺刘氏江山，陛下不可不防。"刘邦听侍臣说得有眉有眼，一时暴怒，马上传召陈平、周勃，躺在床上对他们说："樊哙已和吕后结为一党，盼我早死，好杀掉戚姬和如意，真气死我了。我命令你们二人火速前往前线，由周勃接替樊哙，陈平就在军中斩杀樊哙。"陈平、周勃见刘邦盛怒，不敢多言，只好整装出发。

陈平、周勃二人在中途商议说："樊哙，是皇上当小民时的老友，功劳又大，而且又是皇后的妹夫。既有亲戚关系，身价又如此尊贵。皇上因一时愤怒要杀他，以后后悔，怒气可能会出到我们身上。我们不如把他押回长安，由皇上自己处理。"

二人来到大军营地，兴筑高台，用皇帝符节召见樊哙。樊哙看到诏书，就把手伸到背后，任凭捆绑，载进囚车，由驿站直发长安，陈平负责押解，而由周勃接收军权，继续讨伐燕国尚未归附的郡县。

陈平押着樊哙将要行至函谷关时，听到刘邦驾崩的消息，大为恐慌，感到自己处于拦腰捉住毒蛇的窘境。可想而知，他虽然没将樊哙斩首，但樊哙已经受辱，吕后姐妹免不了要找茬治他的罪。陈平于是用十万火急的速度，先于囚车赶往长安。路上遇见使者带来诏书，指派陈平跟灌婴进屯荥阳。陈平非常机敏，接受诏书后，并不去荥阳，反而径直来到皇宫，在刘邦灵前且拜且哭，泪如雨下。吕后见陈平回来，忙问樊哙下落。

陈平回答说："臣和周将军虽然奉诏斩杀樊哙，但念及樊哙屡建大功，又是太后的妹夫，所以不敢加刑，就把他押解回京，现在正在路上，听候太后发落。"

吕后这才转怒为喜，吩咐他下去休息。陈平坚决不肯，要求说："现在国家大丧，新君刚立，臣怎么能休息呢？臣愿留在宫中，陪伴新君，守护棺柩。"

吕后听了，深受感动，夸赞陈平说："忠诚如君，世所罕有。"当即任命他为郎中令，并担任刘盈的师傅。

吕媭听说丈夫没死，大喜过望，但心中仍怨恨陈平，央求吕后降罪。吕后很不高兴，斥责吕媭说："你也太错怪好人了，他要是想杀樊哙，樊哙早没命了，为什么还要把他押解回京？"

吕媭不服，反驳说："陈平是听到先帝驾崩的消息才中途变卦的，这正是他的狡诈，不可轻信。"

吕后说："从长安到燕地，相隔好几千里，往返一次就需要几十天，当时先帝还活着，曾命他军中斩樊哙，他就是把樊哙杀了，我们也不好违背先帝的旨意，归罪于他，怎么能说他是中途变卦呢？"吕媭被驳得哑口无言，只好退下。

过了两天，樊哙押到。吕后下达赦令，将樊哙释放，恢复封爵和食邑。樊哙入宫拜谢，吕后问："你的性命，究竟是谁人保护？"

樊哙答："谢太后隆恩。"

又问："还有没有别人？"

樊哙答："还有陈平。"遂转身向陈平道谢。在这段插曲中，由于陈平的机警过人，讲究策略，不仅保住了三条人命，也为以后平定诸吕之乱保存了力量。

总之，吕后虽然暂时对元勋功臣放下了屠刀，但在皇宫内部却充分施展了自己的淫威。遭到吕后迫害的，首当其冲是戚夫人母子。

原来，刘邦晚年时，汉朝廷曾发生了一场危及吕后地位的废立太子的风波。还在刘邦做汉王时，于汉王二年（前205）六月立刘盈为太子。后来刘邦发现，刘盈性格仁弱，担心他不能继承和巩固自己开创的事业。加上刘邦晚年非常宠爱戚夫人，爱屋及乌，因而对她所生的儿子刘如意也特别钟爱，经常把他带在身边。刘邦一生南征北战，就是到了晚年也经常东征西讨，戚夫人则常常随行在军中，她便利用这种便利的条件"日夜啼泣"，在枕边反复央求刘邦改立自己的儿子为太子。而此时的吕后毕竟年老色衰，又经常留守长安，和刘邦别多聚少，感情也日渐疏远，影响力越来越小。

高祖十年（前197），刘邦经过深思熟虑，在一次朝会上，正式向他的亲近臣僚提出了废立太子的问题。当时就遭到一些大臣的极力反对，特别是御史大夫周昌、叔孙通等人的态度尤为激烈。

周昌是沛县人，和他的从兄周苛在秦朝时，都是泗水郡的卒史（亦作"卒吏"。秦汉时为中央诸官府和地方郡守的主要属吏）。刘邦在沛县起兵后，周昌和周苛一起投军。刘邦入汉中时，任命周苛为御史大夫，周昌为中尉。

汉三年（前204），项羽攻破荥阳，抓住负责留守的周苛，对他说："你当我的将军怎么样？"

周苛骂道："你还是趁早投降汉王吧！不然的话，很快就会成为汉王的阶下囚。"

项羽大怒，下令把周苛给烹了。刘邦闻知后，深为周苛这种宁死不降的精神所感动，于是就拜周昌为御史大夫。

周昌为人耿直，敢于说真话，就连萧何、曹参这样的大功臣对他也畏惧三分，每次见面总是客客气气，不敢放肆。有一次，刘邦正在宫中宴饮，周昌进去奏事，恰好撞上刘邦正搂着戚姬亲昵。周昌一见，扭头就走。刘邦追出来抓住他，骑在他的脖子上，问道："你看寡人是个什么样的君主？"

周昌仰起头来说："陛下不过是夏桀、商纣一样的君主。"刘邦听了哈哈大笑，但也因此对他有些敬畏。

这时，周昌对废立太子之事极力反对，言辞激烈，刘邦问他什么缘故。周昌说话有点口吃，又在激愤情绪之下，急得不能畅言，只说："我口不能言，然而我期期知道不可以，陛下要废太子，我期期不奉诏。"

刘邦看他激愤的表情，忍不住大笑。宫中紧张的气氛，就这样在笑声中缓和下来。吕后当时躲在金銮殿东厢，侧着耳朵偷听，提在嗓子眼儿上的一颗心也随之落了下来。罢朝后，吕后见到周昌，向他跪谢说："如果没有你仗义执言，太子几乎就被废了。"周昌不敢接受这样的大礼，慌忙下跪还礼，但嘴上却说："皇后不必客气，臣不过是从国家大局着想，并不想献媚于人。"说完起身就走。

吕后回到寝宫，深感太子的地位岌岌可危，如果太子被废，则自己的政治生命也要终结，所谓母以子贵。为此，吕后几天里一直积极地在大臣中活动，好在多数元勋重臣都是她的旧相识，有人向她建议，去找足智多谋的张良想想办法。吕后一个女流，不便直接出面，就让吕释之去找张良请教。

吕释之见到张良，对他说："您是皇上的重臣，常常为皇上出谋划策，皇上对您的话可以说是言听计从。如今皇上打算废立太子，您怎么能高枕而卧呢？"

张良一直身体不好，正在一心修炼道家的养身导引之术，不食五谷，也不愿分心去管朝廷上的事，就敷衍说："是啊，当初皇上多次陷于困难和危险之中，愿意采用我的计谋。可现在天下已经安定，皇上因为个人的喜爱而想更换太子，这是人家骨肉之间的事，就是有一百个像我这样的臣子恐怕也无济于事。"

吕释之无言以对，只好硬着头皮强求道："虽然如此，可先生总得为皇后母子出个万全之计呀！"

张良想了想说："更换太子这样重大的事，光靠大臣面折廷争，口舌争辩，是很难使皇上改变主意的，必须采用一个迂回的策略，最好能把皇上想请都请不来的'商山四皓'请来，让他们做太子的宾客，或许能使皇上改变对太子的看法。"

张良所说的"商山四皓"指的是东园公、绮里季、夏黄公、甪里先生。东园公姓庾，字宣明，河内轵县（今河南济源南）人，居东园，因以为号；绮里季姓朱名晖，不知何许人也；夏黄公，姓崔名广，字少通，齐（今山东）人，曾隐居夏里修道，故号夏黄公；甪（甪一作麇）里先生姓周，名术，字元道，河内轵县人。这四个人看到秦政暴虐，便一同隐居于商山（今陕西商洛商州区东南），年皆八十余，须发银白，人称"商山四皓"，在当时社会上颇有一点名气。

西汉初，刘邦早就想把他们网罗到自己身边做官，但由于他时常对臣下傲慢无礼，所以四皓坚决拒绝征召，刘邦对此深以为憾。张良示意吕释之，让他以太子刘盈的名义，携带大量金玉璧帛，由太子亲笔写一封信，备好舒适的车辆，去请他们出山，只要这四个人投到太子门下，让他们经常跟随太子入宫朝拜，让皇上见到他们，皇上一定感到惊异而询问，皇上知道这四个人是天下的贤人，就会因此改变对太子的态度。

吕后接受了张良的建议，让吕释之安排专人奉太子书信，"卑辞厚礼"，去请四皓下山，果然把这四位老人都请来了，吕后就安排他们住在吕释之家里。

二

高祖十一年（前196），刘邦亲自带病出征淮南王英布，不幸被流矢所伤。次年，刘邦返回长安后，箭创复发，疼得整天躺在床上呻吟。戚夫人精心侍候刘邦的生活起居，见他病情日益沉重，格外担忧，深恐刘邦死后，自己母子的性命不能保全，所以就在刘邦精神好些的时候，请刘邦为他们母子做主。

刘邦也预感到自己将不久于人世，看到戚夫人日渐憔悴的样子，心里生出许多爱怜之心，他也深知，只有废立太子一法，才可以保全戚姬和爱子，于是决心实施废立计划，又旧事重提，要改易太子。群臣大多表示反对，但由于重病中的刘邦性情暴躁，谁也不敢进宫面见刘邦。只有张良，身为太子少傅，太子有难，不好坐视无睹，于是首先入宫进谏，但也无济于事。从此，张良就借口有病，不再过问政事。

吕后见张良劝谏尚且不起作用，更加心急如焚。想来想去，还有一个太子太傅叔孙通可以利用，于是就派人在叔孙通的弟子中制造舆论，说皇上想废嫡立庶。叔孙通的这些弟子都是儒家的忠实信徒，在皇位传承上，他们坚决维护嫡长子继承制。嫡长子继承制创建于西周，目的是为了解决王位继承问题。这一制度是在总结夏商两代兴废经验教训基础上建立起来的，即在尊重父权的前提下进一步突出兄权，以确保嫡长子的世袭继承权，借以避免因争夺王位而产生的王室纷争。根据这个制度：只要是嫡妻长子，不论贤与不贤，都要继承王（皇）位，这叫"立嫡以长不以贤"；如果嫡妻无子，则立贵妾之子，至于贵妾之子在皇帝的庶子中是否年长，不在考虑之内，这叫"立子以贵不以长"。据此，刘盈立为太子是名正言顺的，而改立刘如意为太子则是违背宗法原则的。所以，当叔孙通的弟子们听说刘邦违背古礼，都愤愤不平，便一起来见叔孙通，请求他力谏皇上，以正礼法。叔孙通听说刘邦又旧事重提，十分恼火，大有"是可忍，孰不可忍"的激愤，也不管刘邦愿不愿意召见，就闯入刘邦的寝宫，跪在地上劝谏说："从前，晋献公姬诡诸（春秋时晋国十九任国君）宠爱骊姬，罢黜太子申生，另立幼子奚齐，晋国因此大乱数十年，成为天下笑柄。秦始皇不早早确定扶苏太子名号，遂留下空隙，使赵高得以用欺诈手段拥立胡亥，自取灭亡，这是陛下亲眼看到的事。如今太子仁爱厚道，又十分孝顺，天下无人不知。皇后跟陛下同甘苦，共患难，怎么可以背弃？陛下一定要废嫡立庶，臣愿接受斩刑，用鲜血溅污金殿。"

刘邦说："算了，我不过开开玩笑，你怎么就当真了呢？"

叔孙通说："太子是国家的根本，根本一摇，天下震动，怎么能开这种玩笑？"

刘邦忙说："你就得饶人处且饶人吧，我且听你一言，不易太子了。"

刘邦表面上向叔孙通作了许诺，可骨子里并未打消废立太子的念头。过了几天，刘邦感觉身体好些，就在寝宫里摆下酒宴，特召刘盈陪侍。太子入宫，"商山四皓"紧随其后，上前拜谒刘邦。刘邦瞧着"四皓"，年龄都已八十开外，眉发似雪，衣冠壮伟，心中很感奇怪，就问刘盈："他们是什么人？""四皓"进前一一自报姓名。

刘邦大为惊讶，说："你们就是名闻天下的'商山四皓'吗？我访求你们多年，可你们一直躲着不愿见我，今天，你们为什么来侍奉我的儿子呢？"

"四皓"都说："陛下轻贱士人，喜欢辱骂别人，我们不愿受你的侮辱，所以隐居不仕。如今听说太子仁爱孝顺，礼贤下士，天下人无不愿意追随太子，为他效命，所以我们就来了。"

刘邦说："既然你们都肯来辅佐我的儿子，我还有什么话好说的，那就麻烦你们始终如一地照顾好太子吧！"

"四皓"一一向刘邦祝祷，然后退下。刘邦目送他们离开，回头对戚夫人说："我本想改易太子，可太子有这四个人辅佐，羽翼已成，很难变动了。看来，吕后真的要成为你的主人了。"戚夫人听刘邦说出这样的话，心里唯一的一线希望也破灭了，忍不住痛哭起来。刘邦劝慰她说："你为我跳楚舞，我给你唱楚歌好不好？"说完，就一边击节一边唱道：

鸿鹄高飞，

一举千里。

羽翮已成，

横绝四海。

横绝四海，

当可奈何？

虽有矰缴，

尚安所施！

大意是说，鸿鹄羽翮已成，我也无可奈何，虽然有捕杀此鸟的工具，但无处可以安放。刘邦唱了一遍又一遍，音调十分凄凉；戚夫人边舞边泣，最后支持不住，扑到刘邦怀里，两人相拥而哭。从此以后，刘邦再也没提废立之事。

这场废立之争，固然和太子刘盈本身的软弱无能，不像赵王如意那样"类我"有关，但更重要的是刘邦已经觉察到太子身后诸吕势力的危险，为了防止自己百年之后，吕后及诸吕篡权，就有必要通过废掉刘盈来打击吕后的力量。正如明人李贽所说："刘邦欲易太子，总因吕后。"但另一方面，刘邦也深知太子"羽翮已成"，赵王如意虽然"类我"，可毕竟是个不满 10 岁的孩子，他以后究竟如何发展还很难预料，即使即位，也难免大权旁落，产生危机。另外，违背"立嫡立长"的传统，引起朝臣的不满，也不能不使刘邦有所顾忌。

这场废立太子的风波，对于吕后来说，可以说是她一生中最为险恶的一幕。但由于客观条件对她有利，再加上她采取的措施比较适宜和有力，终于化险为夷，安全渡过难关，也为她以后临朝称制铺平了道路。

刘邦碍于形势，被迫放弃了废立的计划，但他也深知吕后的为人，很替赵王如意母子担心。戚夫人也总说："我并不是非要废长立幼，但现在我们母子的性命全捏在皇后手里，希望皇上为我们想一个万全的办法。"刘邦就想找一个忠勇刚直的大臣做赵国的丞相，来保护赵如意母子的安全，可又一时找不到合适的人选，愁闷之中，就和戚夫人一起，相对悲歌：

> 有子不肖啊，其位尊；
>
> 有子强勇啊，其位卑。
>
> 有妻妒虐啊，封为后，
>
> 有妾贤美啊，册为妃。
>
> 上天不公啊，何以如此安排？
>
> 为何先来者显贵啊，后到者卑微？
>
> 为何不倒置啊，尊卑易其位？
>
> 后来者居正啊，先到者作陪！
>
> 非是我逆天啊，要更换统嗣，
>
> 我忧虑身后啊，幼子命悲！

正在刘邦为此事大伤脑筋的时候，符玺御史赵尧向刘邦建议说："臣倒是有一个办法，陛下只要为赵王选择一个威望高、资历深，就连皇后、太子和群臣都有所敬畏的人做赵国的丞相，赵王母子就可以安全无虞了。"

刘邦说："我也这样想过，可一直没找到合适的人选，你看有谁比较合适呢？"

赵尧说："臣认为御史大夫、汾阴侯周昌就可以。他为人刚正不阿，忠勇双全，皇后、太子及大臣向来都很敬畏他。"

刘邦一听，拍了拍大腿，笑道："我怎么把他给忘了，保护赵王母子，非他莫属。"

于是，刘邦就把周昌宣进宫，对他说："我想任命你为赵相，劳烦你为我辅佐赵王。"周昌听了，禁不住鼻子一酸，带着哭腔说："臣自陛下起兵之日起，就日夜侍奉在陛下左右，陛下为什么要中途把臣丢弃给诸侯呢？"

刘邦叹了口气说："我知道这是降级任用，可我私下里很为赵王担心，我已考虑了很久，除了你，恐怕再也无人能保全他，你就为我勉为其难吧！"

周昌这才跪了下来，结结巴巴地说："臣遵旨，一定尽心尽力辅佐赵王，请陛下放心。"就这样，刘邦把戚夫人母子的性命托付给周昌以后，才合上了他那双不甘心合上的眼睛。

刘邦死后，17 岁的太子刘盈即位，就是汉惠帝。吕后被尊为皇太后。刘盈仁孝懦弱，朝中大权实际上操纵在吕后手中。

高祖十二年（前 195）五月十七日，刘邦的葬礼刚刚完毕，吕后就迫不及待地利用皇太后的权力，对戚夫人及其儿子刘如意进行了惨绝人寰的报复。她先是命人将戚夫人投入永巷，"髡钳，衣赭衣，令舂"。

永巷本谓宫中三长巷。此处永巷指宫中监狱，专门用来幽闭宫女之有罪者。当时，凡是得罪了皇上、皇后或后宫总管的嫔妃、宫女都被囚禁在这里。

她们按原来的身份、地位和过失的轻重，分为三等：第一等是过失轻微的嫔妃和贴身宫女，主要做些轻巧的活计，如编织、缝纫、绣花及其他一些细活；第二等是过失中等的嫔妃和地位较高的宫女，主要承担稍重一些的活计，如洒扫、打水、洗衣、挑菜等；第三等是过失较重的嫔妃和地位低下的宫女，主要承担劈柴、和泥、舂米一类的重活。

在永巷负责监督的人，都是秦宫留下来的老宫女。她们原来也是从民间选来的美女，由于种种原因，始终没有机会亲近帝、后和太子，年龄大了以后，有的被赐给诸侯王，有的被放回原籍，有的就被分配到永巷。她们十几岁入宫，一直忍受着孤独和生理上的煎熬，心理上大都有些变态，非常妒忌那些受过皇上和太子宠爱的嫔妃，怀着一种强烈的报复心理，残忍地折磨这些犯了过失的嫔妃和宫女们。在她们的百般折磨和沉重的劳役之下，囚禁在永巷的嫔妃和宫女们一个个形容枯槁，求生不得，欲死不能，经受着炼狱般的身心摧残。

戚夫人被投入永巷后，按照吕后的吩咐，被剃掉头发，穿上褐色囚衣，脖子上系着一条铁链，拴在一棵树桩上，从事繁重的舂米苦役。可怜昔日宫装艳丽、尊贵无比的戚夫人，忍辱蒙羞，天天举着沉重的石杵，吃力地舂米。在风沙的吹打和烈日的曝晒下，皮肤一层层剥落，面色蜡黄，眼圈和嘴唇发黑，早已失去了昔日的风采。

有一天，戚夫人一边舂米，一边哀伤地唱道：

子为王，

母为虏。

终日舂至暮，

常与死为伍!

相隔三千里,

当谁使告汝?

　　戚夫人反复吟唱,其他嫔妃和宫女们都纷纷放下手中的活计,围拢过来,听着这凄惨的歌曲,想到个人的不幸,愁肠百结,感伤落泪,也和着戚夫人的舂米声悲切地唱道:

抛父母,

别故乡,

选入深宫侍君王。

锦衣玉食惜素淡,

高髻云鬟怜旧裳。

宫墙高高三千丈,

乡音隔绝梦也伤。

宫禁严,

似虎狼,

两宫一怒易囚装。

易囚装,

丢永巷,

旦夕劳死弃路旁。

幸得蒙恩出宫去,

　　不知父母葬何方？

　　哀父母，

　　恸断肠，

　　老来有谁奉糟糠？

　　歌声传到了吕后的耳朵里，吕后大怒，骂道："你还想仗恃你的儿子不成？看我怎么整治你的儿子。"吕后说得出，做得到，先后三次派遣使者前往赵国，诏令赵王入京。

　　第一次，使者打着戚夫人的旗号，谎称先皇驾崩以来，戚夫人心绪不宁，念子心切，命赵王火速入京省亲。赵相周昌深恐刘盈过分软弱，拗不过吕后，保不住戚夫人，更怕赵王回去遭到不测，就假托赵王正在患病，拒绝回京省亲。

　　第二次，吕后派自己的亲侄子吕禄前往赵国，召赵王回京省亲。周昌还是不同意，对吕禄说："先帝把赵王托付给我，我就要保护好赵王的安全。我听说，太后非常嫉恨戚夫人，想把赵王骗回去一起杀掉，我无论如何也不敢让赵王返京。再说，赵王近日染上疾病，暂时也不好让他蒙受风尘之苦哇。"吕禄无奈，只好回去复命。

　　吕后听罢吕禄的汇报，气得咬牙切齿，转念一想，又心生一计，于是又遣使召赵相周昌进京述职。周昌心中明白，这是吕后玩的调虎离山之计，但自己身为人臣，又不敢抗旨不遵，就再三叮嘱赵王："大王千万不可轻易离开邯郸，就是有朝廷诏命，也要以养病为名，暂不奉诏，一切都要等我回来再作决定。"

　　周昌回到长安，顾不上旅途劳顿，马上入宫谒见吕后。吕后见周昌前来拜见，开口骂道："你难道不知道我怨恨戚夫人吗？为什么不早早让赵王回来？"

周昌回答说："太后怨恨戚夫人，天下无人不知。可臣觉得，当今皇上年少嗣位，太后不得已而秉政执权，自当以骨肉之亲为重，示天下以宽仁厚爱。戚夫人、赵王乃是先帝所宠，先帝尸骨未寒，太后怎能忍心横加残害，令先帝在九泉之下不得安宁呢？臣冒死恳请太后深思，千万不要做出令天下人耻笑的事情，免得让后人非议。"

吕后越听越气，真想杀了周昌以解心头之恨，可想到当年周昌为保住刘盈的太子地位，不惜冒死顶撞刘邦的往事，又有些于心不忍，于是安慰了周昌几句，就挥手让他暂时退下。

再说，周昌从邯郸启程不久，吕后就派人打着皇上的旗号，说皇上嗣位以来，整日忙于公务，近来身体不适，非常想念远在邯郸的弟弟，希望赵王无论如何也要回京一趟。赵王年幼，在京时和刘盈的感情甚笃，听说哥哥身体欠佳，不知是计，赶忙启程回京。

惠帝刘盈仁慈厚道，听说赵王如意正赶往长安，心头一惊，料想赵王一到，太后一定不会放过，于是亲自带人到霸上迎接赵王，领着他一起入宫晋见太后，然后就把他带回了自己的寝宫。自此以后，刘盈和如意同吃同住，一起饮食起居，吕后虽然想加害如意，可一时却找不到下手的机会。

惠帝元年（前194）十二月的一天，惠帝本想带如意一起出城打猎，但早晨起来以后，见弟弟睡得正香，就没忍心把他叫醒。想不到吕后早在刘盈身边安了眼线，很快就把赵王一人独居的消息通报上去。等惠帝打猎回来，如意已经七窍出血，死在床上。惠帝追悔莫及，抱着如意的尸体痛哭一场，命令按王礼厚葬如意，谥号为"赵隐王"，寓含如意的强勇和才华被隐没了，没有发挥出来就过早地遭人暗算。

刘盈对此事非常气恼，他刚刚即位不久，皇宫里就接二连三地发生不祥的事，使他一连几天情绪低落，茶饭不香。他尽管知道谋害如意的元凶就是自己的母亲，但还是坚持暗中派人查明杀人凶手，并密令将其逮捕归案，处以极刑，也算为弟弟刘如意报了仇，替自己出了一口恶气。

周昌听说赵王被毒死，悔恨自己无能，有负于先帝的重望，心中忧闷，从此托病不参加朝拜，不到三年就积郁成疾，过早地死去。

吕后毒死了刘如意，又想方设法去残害戚夫人。她让人把戚夫人的手脚剁掉，挖去眼珠，熏聋双耳，药哑喉咙，然后扔进厕所里，名之曰"人彘"。过了数日，吕后派人召谕刘盈到永巷去参观"人彘"，以壮其胆气。惠帝刘盈不知"人彘"为何物，怀着满心的疑惑与好奇，跟着宦官来到永巷。

宦官指着厕所中的一个怪物说："陛下，这就是'人彘'。"惠帝朝里边望去，但见一个全无手足的血肉模糊的肉团佝偻在那里，光秃秃的头上，有两处早已结了疤的血窟窿，下面张着一张嘴，却发不出任何声音，几条白花花的肉蛆在那爬来爬去。惠帝心里害怕，但又想知道这个从外形上看是个人的"人彘"是男是女，于是换个角度仔细望去，这才从裸露在外的身体上分辨出是一个被伤残的女人，忙问身边的宦官是谁。宦官不敢说明，刘盈赦他无罪，宦官才小心翼翼地说出三个字："戚夫人！"惠帝一听，当场被惊昏过去。被抬回寝宫之后，变得神志恍惚，一会儿心中绞痛，只觉满腔悲愤，无处可申；一会儿又觉五脏六腑上下翻滚，作呕欲吐，连续几天不饮不食，又哭又笑，如痴如呆。

吕后听说后，悔恨不该让刘盈去看"人彘"，这不是害人反害己吗！但事已至此，于是命太医想尽一切办法诊治。刘盈吃了些安神解忧的汤药之后，这才感到有些清爽。

想到母后竟残忍地把先父爱妃害得如此凄惨，又哽咽不止，真是悲愤交加，因此派人去对吕后说："这种事实在不是人干的，我作为太后的儿子，没有脸面去治理天下。今后朝廷庶政，就请太后自行做主吧。"

从此以后，刘盈整天沉湎于酒色之中，不再过问任何政务，自己戕害自己。由此可以说，吕后不仅害死了戚夫人和刘如意，在一定程度上也是加害惠帝的凶手。自此以后，西汉大权就理所当然地落到吕后手中。

吕后秉政后，卑劣的贪欲和权势欲驱使她就像一头凶狠残忍的狮子，不顾一切地去吞噬横在她权力道路上的所有障碍。首先受到吕后冲击的是齐王刘肥。

吕后认为，刘肥虽不是刘邦的嫡子，但在众兄弟中年龄最大，排行第一。齐国是一个拥有三十七县的大国，濒海带河，自然资源丰饶，齐民善于经营产业，素有发展工商业的传统，汉初成长起来的以经营农虞工商发家的"素封"地主，很多都是齐国人。因此，齐国向来国富民殷，春秋时期的第一个霸主就出在这里。如果惠帝一旦有个三长两短，将来起事争夺皇位的首先就是刘肥，所以必须先下手为强，尽早将他铲除。

惠帝二年（前193）十月，各诸侯王都按制进京朝拜。散朝后，惠帝在未央宫设宴为诸侯王洗尘接风。一家人难得团聚，所以惠帝非常高兴，请太后坐在正座，然后恭请齐王刘肥坐在右侧上位。刘肥不敢当，推辞说："臣虽是陛下的兄长，可总是陛下的臣子，坐在上位，不合国礼。"

惠帝笑笑说："这是家宴，讲什么国礼！虽然我是皇帝，可在坐的各位也是王侯哇，况且都是至亲手足，就按家庭礼节行事吧。"

刘肥这才勉强坐在右侧上位。吕后见刘肥还真的坐上上位，非常生气，借口更换衣服，悄悄进了御厨，向心腹内侍做了一番安排。宴会开始后，大家都争着向太后敬酒，吕后也面带笑容，装作很兴奋的样子一一应酬。不多一会儿，宫女端上两杯酒来，放在刘肥面前。吕后笑吟吟地说："今天举行家宴，你们兄弟这么和睦，先帝在天之灵也会感到高兴的。齐王，你是兄长，就带头多喝几杯吧。"

刘肥很受感动，端起一杯，站起来向太后祝寿，正要一饮而尽，惠帝摆摆手说："等一下，也算我一个。"说着也端起另一杯，和刘肥一齐向太后祝寿。礼毕，两人举杯相碰，刚要喝下，吕后早已吓得魂不附体，跳起来一巴掌把惠帝手中的酒杯打翻。

惠帝先是一愣，继而猜出酒中一定有毒，心里非常不快。

刘肥更是心下蹊跷，不敢久停，便假装喝醉，谢宴离席。这桌团圆宴也就因此不欢而散了。

刘肥回到王邸，派人用重金贿赂宫中的宦官，才探知这两杯酒都是鸩酒，喝了必死无疑。刘肥非常惊恐，担心自己这次进京，怕是不能活着回去了，于是召集随行人员，共同想对策。

齐内史叫士的说："如果大王能取悦于太后，就能免去这次灾难。"

齐王忙问："怎样才能取悦太后？"

内史士说："太后只有皇上和鲁元公主两个亲生儿女，如今大王领有七十多座城池，而鲁元公主仅有几座城池。如果大王能割爱把一个郡的领土献给鲁元公主，作为公主的汤沐邑，太后一定非常欢喜，那么大王就不必忧虑了。"

刘肥连声称好，说自己命都保不住了，还会心疼一两个郡的领土。

次日，刘肥派人进宫面呈太后，说自己愿意划出城阳郡（治今山东莒县），作为鲁元公主的汤沐邑；并请求尊奉自己的异母妹鲁元公主为齐国太后。吕后果然满心欢喜，觉得齐王尊重自己，当下一口答应，并带着鲁元公主和一群侍女，到齐王邸设宴欢饮。吕后满面红光，笑容可掬，对刘肥的态度来了个180度大转弯，亲昵得令人感到不自在。鲁元公主也竟然以母后自居，戏呼刘肥为儿臣，惹出一堂笑语。刘肥不敢怠慢，小心侍候，尽量讨太后和鲁元公主的欢心，媚态百出。

宴会一直闹到太阳西沉，方才散席，吕后临走之前，还嘱咐刘肥可以自由选择良辰吉日离京回国，不必拘于成礼。刘肥哪敢耽搁，深恐夜长梦多，因此连夜打点行装，匆忙返回自己的国家。

三

惠帝三年（前192），刘盈已经年满20岁了，吕后不能不考虑儿子的婚事。有一天，吕后把妹妹吕嬃召进后宫，对她说："皇上已经20岁了。《周官》说得明明白白，天子、诸侯二十而冠，就该议定大婚了。皇上现在很少过问朝政，天天跟宫女们在一起胡闹，这样下去怎么能行。"

吕嬃也说："是呀，听说皇上身体还不大好，是该早些操办大婚，也好为大汉留下血脉。"

姐妹俩商量一会儿，吕后提出：就娶她自己的女婿张敖和鲁元公主的女儿张嫣做皇后怎么样？吕媭一听，吓了一跳，心中暗想，这不是乱伦吗？可又不敢明讲，半天没吭声。吕后接着说："张嫣这孩子，是我从小看着长大的，性情温柔，从小就和皇上很合得来，立她为皇后，亲上加亲，也好让我放心。"

吕媭明知姐姐这样做，是怕形成另一支外戚势力，跟吕氏外戚相抗争，所以就是自己表示反对，也终难改变姐姐的主意，因此只好点头应允。

就这样，舅甥女之间的婚事由吕后擅自决定下来。惠帝听说母后要自己娶尚未成年的外甥女张嫣为妻，心里非常不是滋味，这叫哪桩婚姻，亲舅舅娶亲外甥女，亲姐姐成了丈母娘，有了孩子可怎么称呼？因此表示反对。但他如何不肯也无用，皇族婚姻本来就要服从权力的需要，所以只好听天由命，任母后随意摆布。

惠帝四年（前191）元月，在吕后的一手操办下，为刘盈举行了盛大的婚礼，这年，张嫣刚好13岁，舅甥女正式配为夫妻。洞房花烛之夜，张嫣这个不谙世故的女孩，早已被折腾得睁不开眼皮了，没等惠帝入房，就靠在床头睡着了。宫女按着吕后的吩咐，替张嫣宽衣解带，盖上被子，等待惠帝临幸。再说惠帝本来就心情不好，今天又多喝了几杯，带着醉意被搀扶到张嫣的寝宫，揭开被子一看，张嫣正裸着身子甜甜地睡在那儿。张嫣虽然尚未成年（这是按现代婚姻法来说的。其实，西汉时期，十三四岁已经是女子的正常初婚年龄了），但已发育成熟。惠帝看在眼里，心理上的障碍立即荡然无存，当下令侍女宽下龙袍，就向张嫣扑去。此时，张嫣正甜甜地做着美梦，她梦见自己在一个春光明媚的草地上，一蹦一跳地追着花蝴蝶，追着追着，不小心掉到湖里，正在她不知所措、连呼救命的时候，恰巧惠帝赶来，也跳进湖里跟她一起嬉起水来……等她清醒过来，睁眼一看，原来是惠帝正气喘吁吁地压在身上，吓得她哇的一声哭了起来。

惠帝和张嫣的舅甥婚姻，我们拿今天的眼光去看，有些不可思议，但在汉代原是很平常的事。秦汉时期，中原地区的文明程度虽然已经发展到一定的水平，但在婚姻习俗上仍然保存着许多原始社会时期的婚姻关系，从而在婚姻关系上呈现出多彩缤纷的格局。

一、在内地某些地区，还存在着原始社会共妻制的残迹。如《汉书·地理志》载，西汉前期，蓟地（今北京、清河一带）"宾客相过，以妇侍宿；……反以为荣。后稍颇止，然终未改"。宾客相过，以妇侍宿的现象，在原始社会的群婚阶段中十分普遍。19世纪后期，在盛行级别婚的澳大利亚和波利尼西亚人中，一个外地男子可以在距本乡数千公里的地方，轻而易举地找到甘愿委身于他的女子，而"有着几个妻子的男人，也愿意让一个妻子跟自己的客人去过夜"。①所谓"有着几个妻子"，只是意味着婚姻关系的不稳定性。显然，蓟地存在着的婚姻习俗正是这一婚姻关系的孑遗。

二、在内地的某些地区，存在着一妻多夫习俗。比如直到西汉后期，燕、赵之间还有一妻多夫的婚姻现象。谢承《后汉书》云："范延寿，宣帝时为廷尉。时燕、赵之间，有三男共娶一妻，生四子。"一妻多夫的婚姻习俗是群婚阶段中普遍存在的婚姻习俗。在非洲、北美洲和亚洲外高加索等地，都普遍存在这类现象。比如在库页岛，直到19世纪，女子在同其丈夫的兄弟发生关系之外，还可以同其他的男子结成婚姻关系。而在美洲兰塞哈特岛上，大多数印第安妇女都有三个丈夫。

三、存留于封建贵族中的原始婚俗。主要有：（1）姐妹同入后宫，共事一

_____

① 《马克思恩格斯选集》第4卷，第40页。

夫。西汉时，景帝王皇后与其女弟共入后宫；赵飞燕姐妹亦同为汉成帝后妃。（2）男女双方家庭之间的交叉婚。《汉书·文三王传》记载，梁荒王刘嘉娶任宝姊妹，而任宝又以刘嘉之妹刘园子为妻。

四、一些近亲之间也建立了婚姻关系。主要包括：（1）姨母辈与外甥辈之间的婚姻关系。《汉书·外戚传》载，卫姬之姑系宣帝婕妤，卫姬的姊妹又成为宣帝孙子成帝婕妤。成帝的弟弟中山孝王无子，成帝以卫氏吉祥，以卫姬配孝王。（2）表叔和表侄女辈之间的婚姻关系。《汉书·高五王传》载，刘邦之子赵王刘恢娶吕后兄子吕产女为妻，刘恢和吕产是表兄弟，他与吕产之女为婚，是表叔辈和表侄女辈的婚姻关系。（3）表兄妹间的婚姻关系。表兄妹通婚，包括姑表兄妹和姨表兄妹两种类型。如汉武帝陈皇后是武帝姑母长公主刘嫖的女儿。

此外，就是惠帝娶张嫣的舅甥女之间的婚姻。

综上所述，在这些近亲通婚关系中，保留了十分古老的原始杂婚习俗。杂婚的最基本特征是不同辈分间的配偶关系没有被排除在外。汉代的舅与甥女、姨与甥男、表叔与侄女之间的婚姻关系，就是这种不分辈分婚姻的残迹。

总之，上述各类婚配关系在汉代人的时代心理和社会心理中，可以说是合乎伦理准则的婚姻行为，既不会受到时人的鄙视，更不会受到法律的干涉。

吕后为惠帝完婚，本想早些抱上龙孙，可日子一天天过去，儿媳的身子虽然日渐丰满，可肚子总没见鼓起来，于是就派亲近内侍找儿媳询问，这才知道，惠帝由于荒淫过度，身体逐渐不支，婚后与张嫣同床的次数也屈指可数，而且往往是干打雷不下雨。吕后无奈，只好另想办法。过了几天，有个后宫美人向吕后报喜，说她已怀有身孕。吕后一听，计上心来，亲近地拉起她的手，说过几天就册封她为正妃，嘱咐她不要到处走动，以免动了胎气。

这位美人走后，吕后立即安排几位亲近侍女，以替她保胎为名，将她迁入一个隐秘的住所，天天由两名宫女侍候着，但不能走出庭院半步。这个美人还以为是太后的恩宠，抚摸着日渐隆起的肚子美滋滋地笑个不停。然后，吕后又密令张嫣诈称自己有了身孕，每天往怀里塞些棉絮，外人不知真相，都纷纷跑来向皇后贺喜。

到了那位美人临产的那天，张嫣也装作肚子疼，又是烧水，又是叫御医，一直忙到半夜，才"生"出一个男婴，被立为皇太子。可怜他的生母，刚刚经受了做母亲的痛苦，还没等看上孩子一眼，就被残忍地杀害了。

惠帝死后，美人所生的皇太子刘恭被立为少帝，张嫣被尊为皇太后，但后宫大权仍然全都操纵在太皇太后吕雉之手。张嫣顶着一个皇太后的空衔，在深宫中寂寞度日，美好的青春就这样半死不活地消逝了。汉文帝即位后，她又失去了皇太后的名位，被迁到冷清的北宫居住，一住就是十七年。像她这种已经有荣华富贵，而后长期独居的后妃、宫女在历朝历代多得数都数不清，她们虽然华装玉食，但内心的苦楚又能向谁诉说，只能默默地生，默默地死。汉文帝后元元年（前163）三月，张嫣在北宫无声无息地死去，这朵娇艳的小花就这样在吕后玩弄的政治权术中凋零了。

吕后忙完了儿子的婚事，总算有时间松了一口气。这时，吕后虽然已经年近五十，但风韵犹存，自然忘不了跟辟阳侯审食其的感情。刘邦刚死时，吕后整天忙于权力的角逐，更被复仇的妒火燃烧着，所谓兴趣转移，对个人的私生活一点心情也没有。等她操办儿子的大婚时，自然也勾起了她那压抑在心底的情感，因此，吕后就以各种借口，隔三差五地宣审食其进宫，跟他一起饮酒调情。

可好景不长，没过多久，就有好事之徒把吕后的隐私很有分寸地透漏给惠帝，不敢说吕后勾引审食其，反而说审食其如何如何调戏太后。惠帝听后大怒，他当然明白这"调戏"二字背后的真情，这等事若是传扬出去，不仅会让天下臣民耻笑，也有辱先皇的一代英名。惠帝虽然有心规劝母后检点一些，但他所处的位置很是尴尬，总觉得在母后面前张不开口。可总得有个解决的办法呀！惠帝绞尽脑汁，想来想去，终于心生一计。

一天，惠帝前往长乐宫给吕后请安，母子俩都努力使气氛显得随和、融洽。作为国家的权力人物，就是谈家常也很自然地把话题引向现实政治上去。惠帝谈到国家的发展、壮大，很贴切地拿秦国为例证，当他们谈到秦始皇时，惠帝不经意地问起"茅焦谏秦王"的故事。吕后脸上一红，推托自己不太清楚，忙把话题岔了过去。其实，吕后哪能不知道这段秦宫艳史呢。要想知道"茅焦谏秦王"的典故，还需从吕不韦讲起。

吕不韦，是战国后期河南濮阳人，初经商于阳翟（今河南禹州市），家累千金，后来又经营于赵都邯郸，往来于秦都咸阳。他初到邯郸时，遇见了秦国为人质质于赵的公子异人（后更名子楚，即后来的秦庄襄王），认为"奇货可居"，回家问他父亲说："耕田之利几倍？"他父亲说："十倍。"又问："珠玉之赢几倍？"他父亲说："百倍。"他又问："立国家之主赢几倍？"他父亲说："无数。"吕不韦说："今力田疾作，不得暖衣饱食；定国立君，泽可以遗后世，愿往事之。"于是他又再往邯郸，结交异人，认为要实现自己的雄心壮志，异人是一张不可多得的王牌，居之以为"奇货"，获利是无数的。

吕不韦决心已定，便开始了这次政治投机，他携带千金前往邯郸，以五百金资助异人，让他广交宾客，以抬高他的声誉和威望。为了结交异人，吕不韦不惜牺牲一切，以至把自己最宠爱的赵姬都割爱送给了他。据说赵姬先已有了身孕，而后生下秦王政，秦王政乃吕不韦之子，这传闻实为"好事者为之"。

吕不韦又携带重金，跋山涉水到咸阳为异人活动。先贿赂华阳夫人（秦太子安国君宠妃）的亲信阳泉君，让他对华阳夫人说："我听说，凭美貌取得宠爱的人，美貌一衰，人老珠黄，宠也就随之而衰了。今夫人事太子安国君（后来的孝文王），虽甚得宠，但没有儿子，不如趁受宠之时，在诸子中选择一个既贤惠又孝顺的人立为嫡子。安国君在时，夫人拥有尊贵之位；安国君百岁之后，所立之子当了国王，夫人便是太后，真乃万世之利。臣听说异人在赵国很有声望，但他自知为中男（于诸子中在长幼之间者），不能为嫡，他的生母又不得宠，所以有心依附夫人。夫人若能趁此时立异人为嫡子，则终生有宠于秦了。"

华阳夫人认为他说得很有道理，于是就在安国君面前称誉异人在赵国很受往来人们的称道，并几次哭着央求立异人为嫡嗣。安国君无奈，只好同意立异人为嫡子。异人因华阳夫人是楚国人，为投其所好，穿戴楚国的服饰，按楚国的风俗习惯行事，连名字都改为子楚。

秦昭王五十六年（前251），昭王死，安国君继秦王位，是为孝文王。华阳夫人为王后，子楚为太子。孝文王在位一年死，子楚继位，是为庄襄王，尊华阳夫人为华阳太后，生母夏姬为夏太后，以吕不韦为相国，封为文信侯，食河南洛阳十万户。

庄襄王在位三年死，太子政立为王，尊吕不韦为相国，号称"仲父"。秦王政当时还是个不谙世故的孩子，太后赵姬还很年轻，自然忍受不住独居的寂冀，于是就和吕不韦重寻旧欢，演出一段风流史。

秦王政一天天长大，而太后私通吕不韦又宣淫不止。吕不韦感到如此下去，终不是办法，一旦被秦王察觉，恐怕凶多吉少，于是就千方百计地寻找脱身之策。为了避免太后无休止地纠缠自己，吕不韦暗中找了一个大阴人嫪毐，据说这个嫪毐床上功夫十分了得。吕不韦故意让人把这事传入后宫，以引逗太后。太后听说后，果然要私得嫪毐。于是吕不韦便买通狱吏，假称给嫪毐施以宫刑（男子割势，女子幽闭），拔其胡须，以冒牌的宦官身份献给太后。太后从此得以跟嫪毐朝夕相处，名为宦者，实为情侣，寻欢作乐，形影不离。

嫪毐自从服侍太后以后，因为深受太后的宠爱，遂飞黄腾达，扶摇直上。秦王政八年（前239），封为长信侯，予之山阳地（今河南焦作东北太行山东麓）。参与朝政，家童数千人，诸客求为宦者甘心为嫪毐舍人的就有千余人。嫪毐借吕不韦之助而得宠掌权，野心之大，骇人听闻，他不仅与吕不韦分庭抗礼，成为两个对立的政治集团，而且连秦王政也不放在眼里。他与太后私通，生下两个儿子，太后恐人知道，把两个孩子放在夹墙中养之。

有一次，嫪毐和左右贵臣博弈饮酒，多贪了几杯，争言而斗，嫪毐瞪大眼睛喊道："我是国王的假父，你们这些穷小子怎敢和我平起平坐？"

嫪毐还和太后谋划，等嬴政死了，就立他们的私生子为秦王。其反叛之谋，溢于言表。

次年，有人告发嫪毐不是宦官，受宫刑是假的，常跟太后私通，生了两个男孩，都秘密地养活着，并和太后密谋，要夺取王位。秦王政听后，就派人侦查，了解到真实情况，正想采取对策时，嫪毐知道机密泄露，便先下手为强，盗用秦王御玺及太后玺，假传命令，发动县卒及守卫士卒、官骑、舍人等想攻进蕲年宫作乱。秦王政遂令相国发兵击之，斩首数百，嫪毐败走。秦王下令国中："有生得毐，赐钱百万；杀之，五十万。"不久，嫪毐等人一并被俘，受车裂之刑，并屠灭其三族。

接着，秦王政又派人搜出他的两个异父同母弟弟，全部残杀；把太后迁往雍城（今陕西凤翔）居住，下令说："敢在我面前替太后求情的，一律诛杀。"秦王说得出，做得到，前后为太后求情而被诛杀的，已经有 27 人了，但他仍然怒气未消。

齐沧州有个叫茅焦的人入见秦王说："齐客茅焦愿上谏秦王。"

秦王使人问道："是否是为太后之事而来？"

茅焦答："是。"

秦王说："去告诉他，他没见到宫阙下堆积的死尸吗？"

茅焦说："我听说天上有二十八宿，现在已死了 27 人，我来是想凑足这个数，我不是个怕死的人。"

秦王很生气地说："这个人故意违犯我的禁令，快去用油锅将他烹死，不要让他的尸体堆积在阙下！"

茅焦走进宫中，秦王政怒目而视，按剑而坐，茅焦故意不肯快走，侍卫催他快走，茅焦说："我一走到王前就死，难道你不能让我多留恋片刻吗？"茅焦深知，在秦王盛怒之下，直截了当地提太后的问题，是很难被秦王接受的，只能自讨苦吃。

因此他走到秦王面前，行礼以后，站起来说："我听说过，善于养生的人，不怕说到死亡，有国家的人，不怕提到亡国。死生存亡，是圣明的君主所急于知道的。不知道大王您是否也想知道？"

秦王说："这怎么说呢？"

茅焦说："大王您有狂妄悖逆导致亡国的行为，您自己不知道吧！"

秦王说："有哪些？我倒是愿意听听。"

茅焦说："您车裂嫪毐，残杀婴儿，伤了太后的心，又把太后迁往雍城，犯了不孝的罪行；您杀死进谏的臣民，行为和桀纣一样暴虐。秦国目前正进行着统一天下的大业，大王的这些行径，恐怕让诸侯听到后，都会因此而背弃秦国，祖宗经营的基业，将毁于大王之手。我的话已经说完，就请您任意处置吧！"说完，就自己脱下衣服，躺在地上等死。

秦王离开座位，走到茅焦跟前，左手拉他起来，右手指着左右侍从说："赦免他！我愿意接受他的谏言。"于是立茅焦为仲父，爵位列在上卿。

秦王政采纳了茅焦的劝谏，亲自率领千乘万骑，大张旗鼓地到雍城迎接太后回咸阳，复居甘泉宫。这就是"茅焦谏秦王"的来龙去脉。

吕后听儿子向她提及这段秦宫艳史，羞得满面绯红，知道自己跟辟阳侯的私情已被人泄露给惠帝，这才岔过话题，避而不答。

惠帝原想借用这个典故提示母后，多从国家的形象从发，规范自己的行为。可事与愿违，不仅辟阳侯照常进宫，而且那个向惠帝通风报信的侍臣也神不知鬼不觉地失踪了。惠帝这回可被激怒了，当即派人把辟阳侯公开逮捕，投入大牢，并声称要将他诛杀，以了断吕后的念头。朝中大臣对审食其跟吕后的隐情早有所闻，认为留着他有损于先帝的名声，因此多数人建议早早问斩，以免夜长梦多。吕后在这几天里像丢了魂似的，有心求救，可又无颜面对皇儿，绞尽脑汁也想不出个法子。在这危急关头，是平原君朱建略施巧计，才救了审食其的性命。

朱建是楚人，以前曾任淮南王英布的相国，后来有罪离职，不久又仕于英布。英布打算叛汉时，征求朱建的意见，朱建分析了当时的形势，表示坚决反对。英布不听，于是反叛。刘邦诛灭英布后，听说朱建曾谏阻过英布，就赐给朱建平原君名号，命令他迁居长安。

朱建很有辩才，廉正刚直，不随波逐流。审食其听说朱建很有名气，就想跟他结成患难之交。但朱建认为审食其品行不端，幸于吕后，就拒不接见。没过多久，朱建的母亲过世，由于家里穷，没钱办丧事，朱建正忙于到处借钱，置办丧服和棺木，陆贾一向跟朱建很要好，就想利用这次机会，为他和审食其搭个人情桥，于是找到审食其，向他庆贺说："平原君的母亲死了。"

审食其被他说得莫名其妙，奇怪地问："平原君的母亲死了，跟我有什么相干？你何以来向我庆贺？"

陆贾说："以前你打算跟朱建结为患难之交，他因为有老母健在，所以不能以身同你患难与共。现在他母亲已死，你如果能厚重地前去送葬，朱建必定以义气为重，以后会以死报答于你。"

审食其表示同意，就亲自到朱建家里吊丧，并赠送黄金一百斤。审食其当时毕竟是吕后的大红人，消息传出去后。在京的列侯及趋炎附势之流也不敢怠慢，都纷纷前往朱建家吊唁，赠送的布帛价值五百金。朱建的母亲出殡那天，审食其亲自送葬，列侯贵人唯恐不及，一时车水马龙，好不气派。

审食其被捕后，眼看性命不保，就贿赂狱吏，捎口信给朱建，说自己很想见见他。朱建推辞说："案子追查得很急，我不敢去看望他。"审食其听了大怒，骂朱建是个忘恩负义的小人。其实，朱建另有打算，他求见惠帝的宠臣闳籍孺说："你所以得到皇上的恩宠，并不是因为有才能，不过以婉媚取得贵幸，对此，朝野上下无人不晓。如今辟阳侯有宠于太后，反而蹲进牢狱，大街上的行人都议论纷纷，说是你向皇上进的谗言，想要借刀杀人。但你要知道，今天杀了辟阳侯，明天太后羞怒交加，也会找借口杀了你。你要是聪明的话，就应该肉袒着到皇上那儿为辟阳侯求情。皇上若是听了你的话而放了辟阳侯，太后一定满心欢喜，到那时，太后和皇上都贵宠你，你就可以享受双倍的荣华富贵了。"

闳籍孺听后，大为惊恐，就到惠帝面前为审食其说好话，具体说了些什么，因史书缺载，我们就不得而知了。总之，惠帝果真放了审食其。

审食其这次虽然逃过了劫难，但吕后死后，他还是被淮南王刘长给杀了。

第八章

易幼主临朝称制

化干戈萧规曹随

惠帝自"人彘"事件发生后，就很少过问政事，吕后以太后身份实际秉权。惠帝死后，吕后先后立了两个称为少帝的傀儡皇帝，开始正式临朝称制。

一

汉惠帝大婚之后，身体每况愈下，精神萎靡，神志恍惚，没过几年，就于惠帝七年（前188）秋，撒手归天，仅仅活到24岁。

文武百官听说皇帝驾崩，都纷纷来到灵堂哭祭。这时，年近花甲的吕后呼天喊地，但只是干嚎却哭不出眼泪。张良的儿子、年仅15岁的张辟强任侍中，看透了吕后的心思，就把左丞相陈平拉到一边，悄悄地问："太后只生惠帝一个儿子，如今惠帝驾崩，太后却哭不出眼泪，你猜这是为什么？"

陈平素来晓得张良与吕后来往过密，不知张辟强葫芦里卖的是什么药，担心他是找自己探查虚实，于是佯装不知，反问道："我且尚未留意，依你看这是怎么回事？"

张辟强解释说："惠帝英年早逝，没有留下成年的儿子继承大统，太后怕你们这些元勋大臣另有图谋，很不放心，所以哭不出眼泪。你们不如主动推荐吕台、吕产（均为吕泽之子，吕后之侄）为将军，统领南北军，其他吕氏子侄也一并授官，让他们进宫议政，太后就放心了。而你们这些大臣也就可以避免杀身之患了。"

陈平觉得有理，联想到高祖死后，吕后三天不发丧，密谋血洗朝臣的往事，心头一紧，为保住官位和身家性命，于是依计而行，奏明太后。吕后果然心中暗喜，"其哭乃哀，吕氏权由此起"。过了二十天，惠帝出灵，埋葬在长安东北，号为安陵。群臣恭上谥号，称为孝惠皇帝。

一晃又过了四年，少帝刘恭年龄渐长，逐渐发现了自己的身世，原来自己不是皇太后张嫣的亲生儿子，自己的生母早已惨死，忍不住说："皇太后（吕后）凭什么杀我生母，等我长大了，一定有她好看的。"这话很快就传到吕后那里，吕后吃惊不小，担心他成年后发生变乱，于是下决心趁早废去，免生后患。就这样，吕后派人把少帝刘恭囚禁到永巷的一个暗室之中，对外宣称皇帝患病，而且十分严重，拒绝任何人求见。

过了几天，吕后对大臣们说："凡是据有天下的人，必须以仁爱之心对待百姓，百姓才能欣然侍奉君主，这样上下情感交融，才能实现天下大治。如今皇上有病，一直不能痊愈，看他语无伦次、精神错乱的样子，显然已经不能继续治理天下了，请众卿物色一位适当人选，接替重任。"

群臣跪伏在地，齐声说："太皇太后为了天下的苍生，为了保护宗庙社稷，考虑得至为深远，臣等俯首听命。"

吕后仍然表示谦恭，让群臣集思广益。群臣奉命退出，议论一番，早有人依吕后的心思，提出立常山王刘义为新君。而多数重臣早从后宫的内线那儿得知了这次废立的计划，为持禄保位计，只有趋炎附势的份儿，因此没有人表示反对，于是奏明吕后。吕后大喜，宣布罢废刘恭，在宫廷监狱中将他秘密处死。

五月十一日，吕后诏命常山王刘义继任帝位，改名刘弘，仍称为少帝。刘弘也是幼童，吕后继续临朝主政，因此不称元年。

吕后女主临朝以后，为了巩固自己的地位和权力，虽然在后宫耍尽了淫威，但在她执掌国政期间，基本上执行了刘邦生前制定的路线和政策，使西汉皇朝在稳定中继续前进，社会经济也维持了持续向上发展的势头，奠定了汉代承平发展的基础，成为西汉初年一个继往开来的时代。

汉惠帝二年（前193），丞相萧何病卒，吕后按照刘邦的生前遗嘱，遣使召齐国丞相曹参入京继任汉中央丞相。

曹参追随刘邦起兵之后，在反秦斗争和楚汉战争中，冲锋陷阵，身受战创七十处，攻克二敌国，平定一百二十二个郡县，抓获王二人，丞相三人，将军六人，大莫敖、郡守、司马、侯、御史各一人。刘邦称帝后，赐曹参爵列侯，食邑平阳一万六百三十户。楚汉战争结束后，刘邦徙韩信为楚王，而封刘肥为齐王，任命曹参为相国。惠帝六年（前189），废除诸侯相国法，改任曹参为齐丞相。

曹参相齐期间，接受"善治黄老言"的大师盖公的建议，用黄老思想治理齐国，结果齐国大治。

所谓"黄老"是战国后期形成的一个学派，主要特点是以老子、庄子的道家学说为主体，托名黄帝，同时兼采诸子百家学说而形成的一个庞大的思想体系。从学术倾向上说，这个学派属于道家。那么，它又为什么要托名黄帝呢？众所周知，战国时期，在学术文化的发展上曾出现过一个"百家争鸣"的黄金时代，在诸子分立与融合的过程中，一些学派为了驳倒其他学派，往往托古以自重，其中托古之名主要是"黄帝"。黄帝本来是一个传说人物，战国中期以后，被诸子塑造成为一个远古时代的圣帝明王，成为华夏民族的鼻祖。由于黄帝名气很大，又无文字记载可以稽考，因此，诸子都纷纷托名黄帝来提高本学派的地位和学说的权威性。当时，像阴阳家、小说家、兵家、方技、数术等都著有托名黄帝的著作，可惜，除《黄帝内经》现存外，其余都已失传。在这些托名黄帝的学派中，依托黄帝发挥老庄思想的学派就称为黄老学派。

黄老学派最早形成于战国后期的齐国。据 1973 年在长沙马王堆 3 号汉墓出土的帛书《经法》《十六经》《称》《道原》等黄老佚书来看，这个学派有以下几个特征。

一是强调"因道生法"。它在自然观上以道家的"道"为宇宙本体，在社会政治观上则积极调和儒法，用天道无为、顺乎自然的思想来解释法治的主张。

二是提倡道儒结合。即把道家的贵柔与儒家的惠民思想结合起来，认为要实现天下治理，必须推行惠民政策，对老百姓少加干预，换句话说，就是"无为"而治。

秦以法峻狱烦而亡，所以西汉初年，黄老思想大为流行，它重视成败存亡的历史经验，主张清虚自守，卑弱自恃，这些思想主张比较适合秦末战乱之后的政治形势，适合恢复社会生产、稳定封建秩序的需要。一句话，适合刘邦君臣推行"与民休息"政策的口味。

如前所述，齐国是黄老学派的发源地，据《史记·乐毅列传》记载，黄老之学自战国至楚汉之际，相传不绝。汉初，齐国有一个"善治黄老言"的大师盖公。曹参听说后，亲自登门拜访，向他虚心请教治理齐国的方法，盖公认为治道贵清静而民自定，"推此类具言之"。曹参于是按照盖公的黄老理论治理齐国，结果"相齐九年，齐国安集"。据曹参自己讲，他治理齐国的秘诀就是"以齐狱市为寄，慎勿扰也"①。意思是说，要兼受善恶，不能苛察，否则，奸人无所容窜，久且为乱。用今天的话说，就是不要干扰下属的活动，不要过细苛察，任百姓自作自息。

曹参相齐时，礼贤下士，也堪称楷模。齐国有两位著名的处士东郭先生、梁石君，很有名气。楚汉战争之初，齐王田荣怨恨项羽不封他为王，阴谋起兵反叛，强迫齐国的名士随从自己，否则，一律杀头。东郭先生和梁石君也被强迫跟随田荣反楚。田荣失败后，他们二人深以为耻辱，一起逃入深山之中隐居起来。

曹参任齐相以后，有人对曹参的宾客、著名辩士蒯通说："先生在曹相国那里，拾遗举过，显贤进能，齐国没有人能比上先生的。先生知道梁石君、东郭先生吗？他们的品德、气节世俗所不及，先生为什么不向曹相国推荐这两个人？"

蒯通说："是。在我住的那条街上，有一个少妇，跟左邻右舍的老太婆处得都非常融洽。一天夜里，少妇家丢了一块肉，她婆婆认为是被她偷吃了，盛怒之下就把她逐出家门。这位少妇早晨离去时，经过左邻右舍，便把这事告诉了那些老太婆，并向她们辞谢。有位老太婆说：'你慢些走，我现在就让你家里人去追你回来。'于是就拿着一束乱麻到少妇家去借火，说：'昨天夜晚，两条狗叼着一块肉，互相争斗，都相互咬死了，请借火把它们烧熟吃肉。'少妇的家里人一听，立刻去追呼少妇回家。所以说，那位老太婆并不是谈说之士，拿一束乱麻去借火也不是还妇之道，但物有相感，我这就去向曹相国借火。"

---

① 《史记·曹相国世家》。

蒯通于是求见曹参说："妇人有死了丈夫三天就改嫁的，有幽居守寡不出门的，足下要是打算找妇人，找哪一位呢？"

曹参说："找那位不改嫁的。"

蒯通接着说："其实，选拔人才也和找妇人一个道理，东郭先生、梁石君都是齐国的俊士，隐居不仕，从来没有卑躬屈节去求官，希望足下派人礼贤二位。"

曹参说："一定照办。"于是把东郭先生和梁石君敬为上宾。

当曹参听到萧何病逝的消息后，马上吩咐属下赶快准备行装，属下都很惊讶，面带疑惑，曹参说："我就要到中央担任丞相了。"属下还以为他在开玩笑，可见他严肃认真的样子，只好照办。不久，朝廷使节果然前来征召。

曹参接任汉中央丞相后，对所有的事，一无变更，完全遵循萧何在任时制定的法令规章。他对下属官吏不究细过，而且对一些犯有小过失的人，总是大事化小，小事化了。汉初丞相权力很大，一切军政要务都要经过丞相批准，据《汉书·百官公卿表》，丞相"掌佐天子，助理万机"。就是说，他承受天子的命令，辅助天子管理整个国家的事情。在选官上，丞相可以推荐别人直接做二千石以上的高官。曹参在选拔官吏时，往往从郡县或王国官中，遴选一些不善言词、性情厚重、像长辈一样的人，而对那些言语锋利、文字苛刻、追求名声的官员，一律罢退。他平时在相府中，日夜欢宴饮酒，不过问政事，一些官员见曹参萎靡不振，游手好闲，都十分忧虑，于是纷纷前来规劝，曹参就拉他们一起喝酒，把他们灌醉。有些人乘饮酒的间隙，抓住机会，刚想张口说话，曹参就摆摆手加以制止，让他们继续喝酒，一直把他们灌得东倒西歪，踉跄告辞，竟无法说一句和酒无关的话。因此，整个相府遂染成日饮歌呼的习气，像一潭死水，百无一是。

曹参的行为渐渐传到惠帝的耳朵里，惠帝感到非常诧异，认为这是对年轻君主的一种轻藐，于是就让曹参的儿子、中大夫曹窋回家，问问曹参是不是这个意思，并叮嘱他，不要说出是自己叫他去问的。

曹窋回到家里，找了个机会，按着惠帝的意思对曹参说："高皇帝刚刚去世，皇上很年轻，你作为丞相，整天喝酒，不向皇上请示报告，如何考虑国家大事呢？是不是没把年轻的皇上放在眼里呢？"

没想到曹参竟大发雷霆，把儿子揍了二百藤条，说："你懂得什么，敢来饶舌！快进宫当差，天下的事还容不得你说话。"

曹窋无缘无故挨了一顿打，感觉非常窝囊，就一瘸一拐地进宫把父亲的话告诉了惠帝。惠帝听后，更加疑惑，就决心亲自问个明白。

第二天早朝时，惠帝责备曹参说："你为什么惩治曹窋？那件事是我叫他去规劝你的。"

曹参一听，马上脱下官帽，道歉说："请陛下自己考虑一下，要论英明圣武，陛下比得过先帝吗？"

惠帝说："我怎么敢跟先帝相比呀！"

曹参又问："在陛下看来，臣的才能贤德，能比得上萧丞相吗？"

惠帝答："你似乎不如萧何。"

曹参接口说："陛下所说甚是，先帝跟萧何共同平定天下，法令规章，十分完善，而今陛下袖手高坐，臣等尽忠守职，谨慎遵循，不是很好吗？"

惠帝已经领悟，就对曹参说："你说得有理，请出去休息吧！"从此不再过问曹参。曹参拜谢而出，照常行事。

当时，老百姓刚刚经过大乱，人心思安，朝廷没什么兴革，官府没什么征徭，就算天下太平、安居乐业了。所以，尽管"曹参为相，三年不行一术"，但仍然得到了老百姓的拥护，留下了"萧规曹随"的典故。老百姓歌颂说：

萧何为法 / 萧何制定法令规章

颙若画一 / 有条不紊

……

曹参代之 / 曹参接任

守而勿失 / 谨慎遵循

载其清静 / 无为而治

民以宁一 / 安定小民

总之，在吕后，特别是曹参等人的倡导下，黄老思想遂同汉初政治相契合，并成为汉初 70 余年间施政的指导思想，对汉初社会产生了重大影响。

在世风民俗方面，汉初的几代皇帝和皇室，都很注意节俭，一反秦代皇室穷奢极欲的奢华风气。从汉高祖刘邦时，就已经注意到这个问题。惠帝以后，在"黄老政治"下，几代皇帝和皇室都比较注意节俭。惠帝、吕后都没有过分铺张豪华之举，形成节俭的风气，而尤以汉文帝最为突出。史称文帝在位 23 年间，宫室苑囿、车骑服御之物都没有增添。他曾经计划造一座"露台"，令工匠计算，需用百金，觉得花费太高，对臣下说："百金，是中等民户十家的财产。"于是作罢。他所宠爱的慎夫人"衣不曳地（按：贵族妇女以衣曳地为荣）"，帷帐不施文绣。文帝为自己修建的陵墓，也要求从简，"治霸陵，皆以瓦器，不得以金银铜锡为饰。因其山，不起坟"。上述史书记载基本可信，据不久前考古工作者调查，坐落在陕西关中的西汉诸陵中，唯有文帝的霸陵"无封土可觅"，历年来出土之文物，仅有瓦器而无金银之属。

正由于汉初历代统治者都非常注意持俭勤政，"量吏禄，度官用，以赋于民"，从而使国家的财政开支有所节制和缩减，有力地保障了"与民休息"政策的推行。

当然，"黄老政治"的推行也必然带来一些消极影响。比如在政风上，曹参"日夜饮醇酒"，不理公务，整个相府因此染成"日饮歌呼"的恶习，这显然是一种典型的渎职行为，即使在汉初特定的环境中，与推行"休养生息"政策也不存在内在的必然联系。但把它作为一种典范而大肆宣扬，就会形成一种为政的传统，形成人们价值观上的心理定势，就必然在政治实践中表现为人们争相效法的行为定势，以至后任丞相多"为相非治事"①"为官如故"②，抱残守缺，在纷繁复杂的社会矛盾面前束手无策，不能对时弊有所匡正。这说明，汉初政治上的"无为"也掩盖了各级官吏渎职怠工、纵人为奸的另一种倾向。我们绝不能善意地把"无为"与实现社会治理等同起来，也不能把"有为"与社会安定对立起来，总体战略上的"无为"是促成社会趋向秩序发展的前提；具体工作中的"有为"是实现社会有序化的保证，两者在方向上并不矛盾。相反，任何在实际操作中将两者割裂开来、执其一端的做法都会把社会引入歧途。

---

① 《史记·陈丞相世家》。
② 《史记·万石张叔列传》。

二

西汉初年的法律，基本沿袭秦朝。刘邦称帝后，认为入关时临时颁行的"约法三章"不足以"御奸"，于是命令萧何取秦法之宜于时者加以增益，在秦律的《盗》《贼》《囚》《捕》《杂》《具》六篇之外，又增加《户》《兴》《厩》三篇，形成《九章律》。现根据《云梦睡虎地秦简》可知，秦律中已有《厩苑律》，而《傅律》相当于户律，《除吏律》《除弟子律》《徭律》相当于兴律，可知萧何所增也非新作，仍是采秦律旧文编订而成。由此可知，汉初的法律并不比秦代减轻多少，而且一些秦代的苛酷律文仍然保留。比如，秦代大多数罪人没有刑期，终生服劳役，汉初依然存留，秦代有黥（脸上刺字）、劓（割鼻）、刖（断足）、宫（男子去势、女子幽闭）四种肉刑，汉初也在施行；秦代"焚书"时颁行的《挟书律》和《妖言令》，汉初仍然有效，等等。

吕后秉政期间，于惠帝四年（前191）三月，宣布废除《挟书律》。高后元年（前187），又宣布废除《妖言令》。这对发展西汉的思想文化事业非常有利。如前所述，秦始皇"焚书"的烈火吞噬了千年古籍，"坑儒"的浩劫则一度终止了战国百家争鸣的鼎沸局面。但随着汉初社会的稳定，特别是《挟书律》《妖言令》的废除，思想学术争鸣又重新活跃起来。汉初的思想学术界虽然赶不上战国时代百家争鸣那么轰轰烈烈，但也可谓众星璀璨，留下了不可磨灭的轨迹。自《挟书律》废除伊始，诸子学者就不断从秦代焚书的灰堆中，拣出一些未被烧尽的断简残篇，从民间搜集一些私藏幸免的百家残著，将先秦古典文献整理出来，一时诸子再起，百家俱兴，百家争鸣的战鼓重又擂响。在此后一段时间内，诸子传说，百家之言，各种典籍不断涌现出来，其中相当一部分出自汉人之手。如道家有《捷子》《郎中婴齐》《道家言》等；阴阳家有《公孙浑邪》《五曹官制》《天下忠君》等；法家有《傍律》《越宫律》《朝律》等；纵横家有《蒯子》《主父偃》《徐乐》等；儒家有《周礼》《礼记》《韩诗外传》《管子轻重三篇》《新语》等；杂家有《淮南子》《博士臣贤对》《臣说》等。至于诗赋之作更是多不胜举，洋洋大观。

此外，按秦律规定，一人犯罪，罪人的父母、兄弟、姐妹、妻子都要连坐，重的处死，轻的没入为官奴婢。高后元年（前187）宣布废除。

吕后时期废秦苛法的精神和具体步骤，不只限于当时和上述几项措施，重要的是对后代产生了深远影响。因为刘邦时期推行所谓"慎刑"政策，只是要求执法官吏要"量刑从宽"，并没有从法律本身对秦代苛法进行清算，吕后废秦苛法的意义正在于开了一个好头，引导后代皇帝进一步剔除秦法中的繁苛律文。

文帝时期，对秦代以来的刑法就做过重大调整和改革。他首先规定，根据犯罪情节的轻重，规定服刑期限；罪人服刑期满，一律免为庶人（平民）。文帝还宣布废除了商周以来的肉刑，此举对中国封建法典的成熟具有深远意义，关于文帝废除肉刑的经过还有一段十分感人的故事。

史载汉文帝前元十三年（前167），齐国太仓令淳于意犯罪，按律当处死刑。汉政府下令逮捕，押解首都长安。淳于意的小女儿淳于缇萦，向汉文帝上书求情，说："我父亲担任官吏以来，齐国上下，都称赞他廉洁公正。而今犯法，要判死刑。让人哀伤的是，死的人不能复活，砍下的人头，不能再安上去。虽然想改过自新，已经没有机会了。我自愿被收入官府当婢女，赎我父亲的罪行，使他能够继续报效国家。"

汉文帝看了缇萦的上书，深受感动，于是下诏说："《诗经》有句诗说：'慈祥的长官啊，你是人民的父母！'如今，人民犯了过失，还没有教育他，而刑法已加到他身上。即使想改变过失，一心向善，已经没有道路。我至为怜悯。刑罚中有砍掉肢体（如刖刑）、割伤肌肤（如黥刑）的，使人终生不能复原，如此残酷，实不人道。岂是做人民父母的本意？自即日起，废除所有肉刑，改用徒刑。依照犯人所犯罪状的轻重，只要他不逃亡，坐牢期满，即行释放。本诏书，就是法律。"

丞相张苍、御史大夫冯敬，奏报刑法草案说："凡应剃光头的（髡），男子改罚劳役（城旦），女子改罚捣米（舂）。应脸上刺字的（黥刑），改罚剃光头，颈戴铁链，男子劳役，女子捣米。应割鼻子的（劓刑），改罚鞭打三百。应砍断左脚的，改罚鞭打五百。应砍断右脚、杀人自首、贪赃枉法、监守自盗、已经定罪，而再犯鞭打罪的，一律街头斩首。已经判决劳役、捣米的罪人，都改成徒刑，折合日数，期满释放。"

汉文帝阅后，批准执行。

汉初的经济形势十分严峻，刘邦在世时，已相继采取了一些恢复国民经济的措施。吕后时，为了鼓励生殖人口，发展农业和家庭纺织业，于惠帝四年（前191）诏令郡国，"举民孝弟力田者复其身"。复其身就是免除其本人的徭役，借以鼓励农民从事生产。六年（前189），又诏令女子年15以上至30不嫁，五算。"算"即算赋，按规定，成年男子每年要向国家交纳一百二十钱的人头税，称为"算赋"。根据这道法令，女子年15至30岁如果不结婚，就要交纳五算（600钱），这个数字是一般家庭负担不起的，其用意显然是为了强迫女子早婚早育，增加劳动力，发展生产。

在徭役和兵役方面，汉初20余年间，承袭秦制，兵役不计时限。高后五年（前183），下诏"令戍卒岁更"，即一年一轮换，从此成为西汉定制。按规定每个成年男子自傅籍之年（时为17岁）至56岁期间，要服兵役两年。

一年在本郡服兵役，称为正卒，为材官（步兵）、楼船（水军）或骑士，由郡尉或王国中尉主管，负责军事训练，每年秋季，郡太守举行一次正式的检阅（都试）。

在京师屯戍或在边郡屯戍一年（戍卒），称为戍卒。屯戍京师的军队分为南北两军。

此外，还要到各级官府服役，称为更卒。更卒的应役方式，既可以亲自服役，也可以出钱雇人代役。亲身服役者称"践更"，出钱雇人代役的称"过更"。

到文帝、景帝时期，沿着吕后减免徭赋、鼓励发展生产的思路，进一步采取了轻徭薄赋、与民休息的措施。比如文帝十三年（前167），诏免田租达十二年之久，后复收田租之半，即三十税一。文帝时，丁男的徭役减为三年征发一次，算赋也由每年一百二十钱减为四十钱。景帝时把汉初17岁傅籍（男子成年时的登记手续）给官府服徭役的制度改为20岁。

正是在吕后、文景诸帝上述政策的指引下，极大地促进了自耕农阶层的发展，使社会总人口成倍增长。汉初大侯封国人口不过万家，小的只有五六百家；到文、景时期，列侯大者至三四万户，小的封国也户口倍增。在农业经济方面的表现，是粮价的大大降低，每石粟仅十余钱至数十钱，国库储粮丰足，都鄙粮仓皆满，"太仓之粟陈陈相因，充溢露积于外，至腐败不可食"①。

总之，吕后当政期间，刘邦时制定和推行的一系列轻徭薄赋、节俭省刑的政策不仅得到贯彻执行，而且在某些方面还有所创新和发展，并引导后来的文帝、景帝做进一步改革，终于开创出"文景之治"的大好局面。对此，司马迁评价说："孝惠皇帝、高后之时，……君臣俱欲休息乎无为，故惠帝垂拱，高后女主称制，政不出房户，天下晏然。刑罚罕用，罪人是希。民务稼穑，衣食滋殖。"

汉高祖刘邦在世时，曾严厉推行重农抑商政策，并具体规定：不许商人衣丝、操兵器、乘车骑马，不许商人从政，并加倍征收商人的算赋。这些法令被称为《商贾之律》。

那么，是什么原因促使历代统治者推行重农抑工商的政策呢？

第一，是为了阻止农民弃本逐末。"本"指农业和家庭副业；"末"指工商业。农民弃本逐末，是战国以后出现的新的社会现象。因为在夏、商、周宗法分封制度之下，农民被束缚在份地上，不能随意迁徙。农民耕种的"井田"实行"田里不鬻"的制度，不许自由买卖，这使农民的生产条件有了相对的保障。自战国以后，土地买卖的现象日益普遍，这就为农民弃农从工商提供了外在条件。

与此同时，农民一方面获得了土地所有权，同时也就意味着可以随时失去它。在赋役、高利贷的层层剥削下，许多农民往往陷于贫困破产的窘境。这就使农民不但存在变业的可能，而且往往产生变业的实际需要，即所谓"贫者思变业"。从当时的历史来看，农民变业的自然流向是从事手工业和商业活动，

---

① 《史记·平准书》。

之所以如此，是因为当时社会上形成了经商、务工与营农之间明显的比较利益差距，司马迁概括为"用贫求富，农不如工，工不如商，刺绣文不如倚市门"。农、工、商之间这种比较利益差距使社会劳动力必然从农业向工商业单向流动，而不可能自发回流。而社会劳动力在各个经济部门中的分配是要有一定比例的，这种比例最终取决于农业劳动者在满足其自身消费外，能提供多少剩余产品。但由于当时商品经济发展的程度还不可能形成起制衡作用的平均利润，价值规律也就不可能承担起调节社会劳动分配的任务，所以，这一任务不能不落到封建政府身上。而封建政府履行这一经济职能的主要手段之一，就是推行重农抑商政策。

第二，是为了抑制商人资本的兼并活动。在整个中国封建社会，社会经济结构一直是以家庭为基本劳动单位的小农生产方式，这些个体农户基本上是自给自足的，但他们为了完纳封建赋税、购买必需的生产生活资料，不得不与市场发生紧密的联系。结果，一方面为商品经济的发展开辟了较宽阔的市场，另一方面也为商人资本兼并小农提供了可乘之机。比如：农业生产季节性很强，个体农户季节间会交替出现物资紧缺和相对过剩的情况。中国的自然条件相对严峻，灾害频仍，又导致个体农户年度间和地区间物资短缺和相对过剩的交替出现。在封建国家赋役的繁苛催逼下，农民往往不得不忍痛出售农副业产品以应燃眉之急。所有这些都极大地增加了商业投机和债利盘剥的机会，商人资本的兼并加速了小农的分化，促使大批农民纷纷破产，沦为地主的佃农、雇工或奴婢。秦汉时期，封建中央政府是建立在自耕农经济的基础之上的，需要有相当数量的在籍民户为它提供财源、兵源及役源，商人资本的兼并则加剧了自耕农的分化和破产，从而同封建政府发生尖锐矛盾。

基于以上分析，重农抑商首先是为了稳定必要的农业劳动力，有其历史合理性。

但要迅速发展社会经济，又必须鼓励和支持工商业的发展，通过商品经济的活跃促进整个经济领域的繁荣。因此说，在一定时期，放松对工商业的限制，推行农虞（盐铁等）工商并重的政策，也是合理的。

吕后时期，因民之欲，"复弛商贾之律"，不再限制商贾"衣丝乘马"，即废除了刘邦时颁布的《贱商令》。

《贱商令》的废除，使作为商业资本人格化的商人阶层十分活跃，他们"推理去就"，"争时制胜"，富至数千万至巨万。商人虽有欺诈、贪婪的劣性，但正如马克思所说："贱买贵卖，是商业的规律。"通过商人的活动，不仅为许多生产者赢得了必要的生产时间，而且使许多只具有使用价值的商品获得了交换价值，也丰富了汉代人的饮食结构。

吕后的这一政策转变为文、景所继承并发展，从而使商品经济获得了前所未有的发展。

文帝时期，先后颁布了一系列有利于发展工商业的诏令：废除《盗铸钱令》，鼓励人民自己铸钱；弛山泽之禁，允许百姓采矿、煮盐、从事林牧；开关梁，取消过关用传（政府颁发的凭证）的制度，鼓励商品交流。

在这种条件下，商品经济在战国时期初步发展的基础上获得了新的发展生机与活力，进入了一个空前发展的新阶段。比如：

商品流通领域的货币需求量不断增加。文帝时废除《盗铸钱令》，将巴蜀严道铜山赐给幸臣邓通开采，吴王刘濞则在豫章铜山鼓铸，一时"吴、邓钱布天下"，说明中央所铸货币已不能满足商品经济发展的需要。武帝以后，国家统一铸造"五铢钱"，至平帝时已"成钱二百八十亿万余"。货币的发行量取决于商品流通对货币的需求量，它从一个侧面揭示了当时商品经济发展的深度和广度。

全社会商品性生产程度不断提高。随着文帝"弛山泽之禁"等政策的出笼，社会上很快崛起"不可胜数"的从事煮盐、冶铁、畜牧、园林、鱼池、运输等行业的商品生产者。他们资金雄厚，生产规模庞大，如盐铁业"一家聚众或至千余人"[①]。他们虽然也置购地产，但生产的专业性极强。他们的生产行为和官营、王国营的盐铁等事业在性质上都属于商品生产。汉代的经济结构虽然是自然经济占主导地位，但商品经济已深入到广大农村，渗透到每家每户。汉制算赋、口赋、更赋以钱支付，这不仅使农民必须参与商品循环，也使农民的生产活动具有很强的商品生产性质。据笔者估算，当时一个五口之家的农户为完纳各种正常赋税、维持简单再生产和日常婚丧祭祀往来，每年需要把农副业产品的四分之一左右投入市场，生产这部分产品无疑属于商品性生产。

武帝以后，全国统一市场和经济贸易区相继形成，民族贸易和对外贸易规模也不断扩大。

所有这一切，都使社会生产所受商品价值规律调节的比重明显提高，司马迁曾比较各类商品的利润，结论是"率亦岁万息二千"，即获纯利20%。在这种条件下，不仅投资金额较大的盐铁、林牧、行商各业容易获得巨额利润，就是一些店铺业、饮食业和其他薄技小业同样可以赢利致富。如"张氏以卖酱而隃侈，质氏以洒削而鼎食，浊氏以胃脯而连骑，张里以马医而击钟"[②]。

---

① 《盐铁论·复古》。
② 《汉书·货殖传》。

商品经济的发展，也使人们扩大再生产的欲望不断提高，很多人在经营中本着"务完物，无息币"的原则，让财富在运转中不断增值。随着关梁、山泽的开放，大批商品生产者积极投资于盐铁、园林、运输、畜牧各业，为汉代商品经济的繁荣发展做出了极大贡献。以冶铁业为例，学者认为，我国历史上真正可以称为"铁器化"的时代（即以铁制工具完全取代非铁器工具）是西汉，特别是西汉前期。即在汉武帝盐铁官营之前，铁的平均年产量已达到4万吨，每户平均占有3公斤，铁器的覆盖面积达到250万至300万平方公里。在这个"铁器化"的过程中，除官冶、王国冶之外，当然有"不可胜数"的私人冶铁家的一份功劳。其他诸如煮盐业的发展，武帝实行官营前已达到"盐与五谷同贾（价）"的水平。林业除采伐天然林木外，人工植树造林也取得了新的进展，各种"桃园""梨园""桔园""漆园"等不绝于书；松、柏、桐、杨、柳、槐、竹等人工林也广见于记载。一些从事经济林木的专业林场主的生产规模往往要以"千章""千树"来计量。园圃业也从农业中分离出来，以种植蔬菜、瓜果等经济作物为主的菜农、果农大批涌现，一些大的园圃主的生产规模竟以"千亩""千畦"计。私营运输业蓬勃发展，傀载成为陆路运输的主要形式，政府征发民间运车常常数以万计；南方水运则"浮船长江，贾作上下"，一船之载，相当北方数十辆车。

如上综合性国民经济结构的形成和发展，到西汉景、武之际一度出现班固在《汉书·食货志》中描绘的繁荣景象：

> 如果不遇到水灾旱灾，人民可以家家自足。无论城市或乡村，仓库全满。而政府公库，堆积着用不完的财货。首都长安国库的钱，多

达万万，用来串钱的绳子，都已烂断，以致无法计数。粮仓里的谷米，一层一层地往上面堆，堆得太高，满盈之余流到外面，腐烂得不能再吃。大街小巷，连平民都有马匹，田野中更是成群结队，偶尔有骑雌马或幼马的，人们都瞧不起他，不愿跟他来往。连街头看守里巷的，都每餐吃肉，当低级"小吏"的，因为生活富裕，直看到孙儿长大，也不图谋升迁。有的在官位的时间太久，甚至把官名当作他的姓（如姓"仓"的，姓"库"的），所以人人自爱，而把犯法看成一桩严重的事情，互相勉励善行，不愿受到羞辱。

这种国富民殷的情景，尽管免不了有溢美之词，但也高度概括了汉初 70 余年的发展情况。它既是"休养生息"政策的一大杰作，也是农虞工商并重路线的丰硕果实。

三

吕后在民族关系上，也大体上继承了刘邦时期的政策。惠帝三年（前 192）春天，吕后又以宗室女为公主，嫁给匈奴的冒顿单于，目的是继续以"和亲"换取汉王朝最需要的和平。但是，由于当时匈奴正处在极盛时期，冒顿单于有恃无恐，骄横无礼，在刘邦病逝不久，他就派遣使者，致书吕后，对她大加污辱。信中说：

我是一个寂寞的君王，又生在北方荒凉的草泽地带，长于牛马成群的草原之上，屡次到达边境，希望深入中原腹地一游。而你的丈夫刚死，想必空闺难耐。我们两人，既然都不快乐，又无法取悦自己，你不如嫁给我，各人用自己所有的，交换自己所没有的，不知你芳心如何？

这是一封措辞傲慢淫亵的书信。如果按照匈奴"兄弟死，皆取其妻妻之"的习惯，汉与匈奴曾约为兄弟，冒顿单于这一要求似乎顺理成章，但是，把本民族的风俗习惯强加给一向以"礼仪之邦"自称的汉王朝，则是一种带有侮辱性的蛮横无理的挑衅。

吕后读罢此信，羞怒交加，立即召集陈平、樊哙、季布等将相商量对策，准备斩杀匈奴的使节，出兵攻击。出于一时义愤的樊哙慷慨激昂地说："臣愿率领十万将士，扫荡匈奴，杀他个片甲不留。"

中郎将季布说："只这几句话，樊哙就应该处斩。从前，匈奴把先帝困在平城，汉兵32万，樊哙身为上将军，都无法脱围。天下百姓歌之曰：'平城之下亦诚苦！七日不食，不能彀弩。'如今歌吟之声未绝，负伤的将士刚能离开床铺，樊哙却想动摇天下，大言不惭地说十万人就能横行匈奴，这是瞪着眼睛当面撒谎。蛮夷戎狄，跟禽兽一样，歌颂的话不值得高兴，恶言恶语也不值得恼怒。"

季布的一番议论显然是正确的，因为汉朝当时还不具备反击匈奴的力量。季布能够客观地分析汉、匈的形势，恐怕和他的经历不无关系。季布是楚人，为人侠气仗义，楚汉之争时，项羽任命季布率兵攻汉，多次使刘邦陷入困窘之中。项羽兵败后，刘邦悬赏一千金收捕季布，并宣称：敢私自窝藏季布者，诛灭三族。当时，季布藏在濮阳一个姓周的人家，周氏对季布说："朝廷通缉将军追查得很急，看动向很快就要搜查到我家了，将军若能听我的，我才敢献上求生的计谋，否则，我只好率先自到。"季布点头表示默许。周氏于是给季布剃光了头，穿上毛布衣服，戴上刑具，然后放到一个送葬用的车上，和他的家奴数十人混在一起，拉到鲁地卖给一个叫朱家的人。朱家心里知道这个被剃光了头的人是季布，于是让他住进舒适的房子里，做自己田庄的工头。

朱家本人则赶往洛阳，求见汝阴侯夏侯婴，对他说："季布有什么罪？所谓臣各为其主，这已是一般性的常识了。何况，能把项羽的部下全部诛杀吗？现在，皇上刚刚取得天下，而以私怨募求一人，显得心胸何等狭窄！况且，季布是一个难得的贤才，朝廷缉拿得如此急促，不等于把他赶着向北逃入匈奴、向南投奔南越吗？由于忌恨壮士而使他帮助敌国，这正是伍子胥鞭打楚平王的缘由。你为什么不从容地去规劝皇上？"

夏侯婴知道朱家是当今天下的大侠，猜测出季布一定藏在他家里，于是表示同意。不久，夏侯婴找机会向刘邦讲了朱家的一番话，刘邦觉得有理，就下诏特赦季布。季布被刘邦召见后，任为郎中，惠帝时，迁为中郎将。当时，人们都佩服季布能屈能伸，刚柔相济，朱家也因此而名声大噪。

季布的意见终于使吕后的头脑冷静下来，她也清楚地知道，以此时汉朝的军事力量，如果跟匈奴刀兵相见，胜负实难预料。只有以好言抚慰，不给匈奴以开战的口实，继续维持两个政权之间相对和平的局面，才是上策。吕后于是命令大谒者张泽起草一封回信，其中说：

单于不忘弊邑，赐之以书，弊邑恐惧。退日自图，年老气衰，发齿堕落，行步失度，单于过听，不足于自污。弊邑无罪，宜在见赦。窃有御车二乘，马二驷，以奉常驾。[①]

话说得虽然有点令人气短，但毕竟平息了一场一触即发的战争。冒顿单于得书以后，大概也觉得自己的做法有些过分，于是很快又派使者来汉朝表示道歉，说："因为从来没有听说过中国的礼仪，所以冒犯之处，请陛下原谅。"

同时献来骏马，接受"和亲"。

有些论者认为吕后在汉匈关系的处理上，表现得过于"奴颜婢膝"，实在是一种过于简单化的说法。应该说，在汉匈关系上，吕后能审时度势，权衡利弊，接受臣下的正确意见，宁愿自己受辱也不想轻启边衅，这种处理办法正反映了她不同凡俗的政治眼光和气度。吕后把汉王朝的江山社稷看得比自己的面子更为重要，正表明她是以大局为重的。当然，吕后虽然在对匈奴的关系上坚持不挑衅的立场，但并不意味她在一切问题上都要对匈奴妥协退让。相反，她一直注意在力所能及的范围内加强边防，以期对匈奴的侵扰相机抵抗。高后五年（前183）九月，吕后就命令"河东、上党骑屯北地"，悄悄地在军事上加强了对匈奴的防卫力量。

文帝时期，由于匈奴屡犯边塞，更进一步做了加强边备、准备反击匈奴准备。

其一，文帝采纳晁错的建议，改变戍卒轮换制度，实行"募兵备边"政策，并用免税、赐爵、赎罪等办法移民边塞，屯田筑城，以加强边防力量。

---

① 《汉书·匈奴传》。

其二，采取入粟拜爵，即号召商贾豪民把粮食运往边郡，授给相应爵位的办法，充实边塞储粮。

其三，鼓励养马，规定"民有车骑马一匹者复卒三人"，并在西北及北部边境设立30个牧马场，用官奴婢3万人从事牧养，景帝时继续这一政策，训练众多而精悍的军马以扩大骑兵。

吕后、文帝时期的以上措施，是在"和亲"政策的掩护下，进行的积极而主动的准备工作，为汉武帝时期大规模反击匈奴和出塞作战，奠定了雄厚的人力和物力基础。

吕后在正确处理汉与匈奴关系的同时，在对南越的政策上却出现了严重失误。

南越是中国境内越人的一支。秦汉时期，越人主要分布在华东、华南地区，分为闽越、南越、西瓯等部分。闽越在今浙江、福建一带；南越在今广东和广西东部；西瓯在今广东西南、广西南部和云南东南部。

越人"断发文身，错臂左衽"，依山傍海，从事渔猎和农业。

战国时，越人大部臣属于楚。秦灭楚后，秦将王翦率军继续南进，夺取越地的一部分，设置了会稽郡（治今江苏苏州）。秦统一六国以后，秦始皇派尉屠睢发兵50万，分兵五路进攻岭南，先后征服闽越、南越和西瓯，在闽越设立闽中郡（治今福建福州），在南越、西瓯及其相邻地区设置了南海郡（治今广东广州）、象郡（治今广西崇左境）和桂林郡（今广西境内）。

秦末，闽越首领无诸起兵助汉灭楚，汉五年（前202），刘邦封无诸为闽越王，以闽中郡为其封地。惠帝三年（前192），吕后又立闽越的另一个首领摇为东海王，以东瓯（今浙江温州）为封地。由此进一步稳定了对东南沿海地区的统治。

南越在秦末战乱中，原秦朝南海郡郡尉赵佗占据岭南地区，阻绝道路，聚兵自守，自立为南越王。他依靠汉族士绅的支持，采用秦朝政治制度进行统治，使秦时由中原谪迁岭南的居民在战乱中免受损害，也使越人各部族之间彼此攻击的习俗大为改观，在一定时期内起到了保境安民的积极作用。秦朝灭亡后，赵佗出兵占领桂林郡、象郡，自称"南越武王"。

高帝十一年（前196），刘邦为羁縻南越，派陆贾出使南越。

陆贾抵达番禺（今广东广州）时，赵佗态度傲慢，头发束成一撮，竖在头上，伸开两条腿，像簸箕一样坐在那里。

陆贾对他进言说："你本是中国（指中原地区）人，亲戚、兄弟、祖先坟墓都在真定（今河北正定）。而今你一反天性，背叛父母之国，不念祖宗，放弃中国传统装束，想要靠区区弱小的南越跟天子对抗，成为敌国，大祸恐怕就要来临。自从秦王朝失去控制，诸侯豪杰纷纷起事，只有汉王刘邦率先入关，占领咸阳。项羽背叛盟约，自立为西楚霸王，诸侯都成为他的臣属，可以说甚为强大。然而汉王刘邦从巴蜀出兵，用皮鞭笞打天下，至诛灭项羽，仅仅五年时间天下平安。这不是人为的力量，而是天意如此。天子（指刘邦）已知道大王在南越称王，却不出兵协助诛灭暴秦和西楚，朝廷文武官员都主张派出大军，向大王（指赵佗）问罪，但天子怜悯百姓在战乱频仍中已经十分痛苦，才打消原意，并且派我前来授给大王王印，和互相通好的符节。大王应该恭恭敬敬地到郊外迎接，北面称臣。想不到你竟想凭借基础未稳的南越，倔强到底。汉朝廷如果得到报告，恐怕要挖掘焚烧你祖先的坟墓，屠杀你的宗族，然后派一位偏将军，率领十万人马南下进攻，到那时，你的部下杀你投降，易如反掌。"

赵佗茅塞顿开，赶紧跳起来，规规矩矩地坐下，道歉说："我在蛮夷中生活得太久，忘了中国礼仪。"然后向陆贾请教说："我比萧何、曹参、韩信如何？"

陆贾说："大王的贤明和能力，跟他们相仿。"

赵佗又问："我跟皇帝相比谁贤明？"

陆贾说："皇帝起自丰、沛，讨伐暴秦，诛灭强楚，为天下百姓兴利除害，继承五帝三王的伟大勋业，统治天下。中国人口以'亿'为单位计算，土地方圆万里，物产富饶，号令统一，自从开天辟地以来从未有过。而大王之众不过数万，而且遍地蛮夷，不是山峦崎岖，就是海滨水涯，一片荒凉，不过是汉的一个郡而已，大王怎么能跟汉相比。"

赵佗朗声大笑说："可惜我不在中国（指中原），所以在这里当王。假使我在中国，安知不如刘邦？"

赵佗很欣赏陆贾，挽留他住了几个月，对陆贾说："南越这个地方，连个谈话的对手都没有，自先生来此，我听到很多闻所未闻的事。"于是赠送给陆贾价值千金的贵重礼物。

陆贾这次出使，终于使赵佗接受了汉朝"南越王"的封号，向汉朝称臣，遵守汉朝法律约束。从此，汉中央政府与南越政权建立了较为融洽的关系，经济文化的联系大为加强。

汉中央虽然臣服了南越，但西汉君臣对南越国仍然抱有戒备心理。

高后四年（前184）夏五月，朝廷有人提出：禁止中原铁器及雌性马、牛、羊运往南越国。吕后批准执行，下令断绝与南越的贸易往来。由于当时南越的绝大部分铁器依靠中原输入，因此，吕后此举引起了赵佗的极大反感。他先是派人向朝廷请求"市易如故"，希望撤销禁令，想不到吕后不但不准，反而将南越国的使臣扣押起来。

赵佗气愤地说："高皇帝任命我当南越王，准许两国自由贸易，而今吕后采纳奸臣的建议，把我们视为蛮夷，不准卖给我们东西，这一定是长沙王吴回（吴芮之孙，吴臣之子）的主意，他打算利用中国的力量消灭我们，而由他兼任南越王。"

不久，赵佗又风闻留在中原的亲族已被族诛，在真定的祖先坟墓也被掘烧，一气之下，就决心拒汉称帝。

高后五年（前183）春，赵佗自尊为南越武帝，并出兵攻击长沙国，连破数县而去。

高后七年（前181），吕后遣将军隆虑侯周灶率兵迎击南越的进攻。但由于天气酷热，士卒多染上疾病，汉军的攻势始终没有越过南岭，两军在前线形成对峙局面。第二年，吕后病死，汉军后撤。赵佗乘汉军无暇南顾的机会，迫使闽越、西瓯向他臣服，建立起东西万余里的独立王国，对汉王朝的南部边陲构成了很大威胁。

由此可见，造成汉与南越关系紧张，甚至刀兵相见的局面，完全是由吕后政策失误所致。她稳住了北边，却失和东南，是她缺少对东南形势进行充分认识的缘故。南越的反叛不仅使汉朝东南边陲战火重燃，而且留给后世许多亟待解决的难题。

汉文帝即位后，决定放弃武力，用政治手段解决问题。赵佗祖籍真定，文帝下令整修赵佗父母的坟墓，特别设立官员，负责洒扫祭祀。又征召赵佗的亲属兄弟，任命他们当官，并予以重重赏赐，给他们荣耀。估计这些消息已由赵家传递给赵佗之后，文帝才派陆贾再次出使南越国，带着文帝写给赵佗的亲笔信。信上说：

　　我是高皇帝姬妾的儿子，被放逐到首都之外，在北方的代郡建立封国。由于道路遥远，而我又愚鲁朴实，见闻有限，所以没有向你修书问候。自高皇帝逝世，孝惠皇帝即位，皇太后吕雉主持朝政，不幸身体患病，吕氏家族乘隙企图颠覆政府，幸赖宗庙显灵，功臣们出力，才把他们诛灭。我因为王侯及元勋大臣们的坚持，不准推辞，不得不继承帝位，现在已经即位。

　　不久前，接到报告说，你派人送信给隆虑侯周灶，要求遣送你的亲人兄弟前往南越，并要求撤退驻扎在长沙国的两支汉军。我已依照你信上的意见，调回博阳侯陈濞所率领的驻防长沙国的军队。你在故乡的亲人兄弟，已派人照料，并整修了你祖先们的坟墓。

　　前几天，又接到报告说，你再度发兵出击，在边界造成灾难，长沙国受害很重，而南郡更苦。问题是你的国家，难道因此受到好处了吗？战争一旦发动，必然造成士兵将领的死伤，使人的妻子成为寡妇，使人的儿女成为孤儿，使人的父母无依无靠，得到一分而丧失十分，我不忍心做这种事情。我准备重新划定两国边界，调整犬牙交错不规则的分界线，并为此询问主管官员，主管官员说："这是高皇帝厘定的界线。"我不敢擅自变动。事实上，中国得到贵国土地，并大不了多少，夺取贵国的财货，也不会使中国更为富有。但愿五岭山脉以南地区，贵国自行治理，中国决不干预。不过，你称"皇帝"，就有了两个皇帝，而又缺少一介使节来往，这才发生争执。只知道争执而不知道让步，不是有仁爱之心的人的行为。我建议我们共同抛弃以前的怨恨，从今天起，直到永远，互相派遣使节。

陆贾到了南越，赵佗恐惧，深表歉意，表示愿意接受中国皇帝的诏书，作为藩属，按期进贡。并下令国中说："我听说两雄不俱立，两贤不并存。汉皇帝（刘恒）是一位贤明的天子，从现在开始，我不再称皇帝，撤销黄绫车盖、左侧大旗。"于是给汉文帝写回信，在信的开头自称"蛮夷酋长、老夫、臣赵佗，昧死再拜"，在信中说：

我是故秦南海郡的一个官员，蒙高皇帝赐给印信，封我为南越王。后来孝惠皇帝即位，在道义上不忍舍弃，赏赐给我的礼物，至为厚重。可是等到吕雉当权，听信佞臣谗言，跟邻国蛮夷划清界限，下令说："不可以把下列东西卖给他们：金、铁、耕田用具，马、牛、羊。即令卖给他们，只准卖给他们雄的，不准卖给他们雌的。"我的国家十分荒僻，马、牛、羊都要老了，我以为是自己祭祀不周，神明降罚，是我的罪过，所以先后派遣内史藩（姓不详）、中尉高（姓不详）、御史平（姓不详），三次前往长安，上书请求宽恕，想不到全被扣留，不准他们回国。接着又听说我父母的坟墓被破坏削平，亲人兄弟全被屠杀。我属下官员议论说："既然汉政府这么待我们，我们就不必依靠它。"这才自称皇帝，只不过对内使用，并不敢伤害天下。

可是吕雉却大发脾气，撤除南越王称号，断绝使节，阻塞交通。我疑心是长沙王吴回从中挑拨，所以才出兵骚扰他的边境。

我在南越四十九年，于今已有了孙儿。然而凌晨即起，深夜才睡，卧不能安枕，食不知滋味，眼不看女人的美色，耳不听欢娱的音乐，只为了不能侍奉汉室。而今陛下哀怜我，恢复南越王的封号，又准许交通来往，我已如愿以偿，即令死亡，名声不灭，我已除去帝号，不敢与汉室匹敌。

陆贾返回长安，向文帝详细汇报了出使经过，文帝非常高兴，庆贺这次安抚工作取得了圆满成功。

纵观汉初南越国的历史，可以看出：它同汉政府的关系，既与匈奴不同，也与其他诸侯国有异，而是西汉政权下以少数民族为主要成分的藩国。这种藩属关系，在汉政权尚不够强大之时，能维持一方的稳定局面，对地方经济和文化发展也有一定积极作用。正是从这个意义上说，吕后失和南越，是她执政期间外交工作的严重失误，而文帝挽回与南越的对立局面，则是一项英明之举。当然，随着汉王朝中央集权加强的需要，这种具有较大独立性的藩属国，就要被加强皇权的历史趋势所扫荡了。

第九章

封诸吕刘章发难

立新君平勃建勋

  吕后一生中犯下的最大失误，是她在临朝期间培植起一个吕氏外戚集团，从而加剧了统治阶级内部的矛盾，所以在她死后，马上就酿成了一场刘氏皇族集团同吕氏外戚集团之间的流血斗争。

一

  吕后在惠帝亲政期间，虽然对戚夫人和赵王如意加以残酷杀戮，但培植吕氏外戚集团的意图还不十分明显，她的所作所为主要还是为了巩固惠帝的地位。在处理国家政务方面，还能放手让元勋大臣们参政议政。但惠帝死后，情况急转直下，吕后开始效法刘邦的做法，希望通过封诸吕为王来进一步巩固自己的权力和地位。

  高后元年（前 187）冬，吕后准备封吕氏兄弟为王，但又不敢独自做主，于是询问右丞相王陵的意见。

  王陵反对说："高皇帝曾杀白马跟群臣歃血为盟：'非刘氏而王者，天下共击之。'今天要封吕氏家族的人为王，不符合盟约。"

  吕后老大不高兴，想当面反驳，又找不出合适的理由，急得神色突变，面颊青红，于是又问左丞相陈平和太尉周勃。陈平和周勃早已猜透了吕后的心思，因此故意顺着她的意思说："高皇帝平定天下，封刘氏子弟为王，而今太皇太后临朝称制，要封吕氏子弟为王，也没有什么不可以的。"

吕后这才转怒为喜。

散朝以后，王陵抱怨陈平、周勃说："当年高皇帝召集群臣歃血盟誓，你们都在场，现在高皇帝驾崩才不过几年，太皇太后打算封吕氏为王，你们怎么就拍马屁，背叛盟誓？死后有什么脸面到地下跟高皇帝相见？"

陈平、周勃微笑说："当面指责过失，敢于在朝会上面折廷争，我们不如你；可是将来保全宗庙社稷、保护刘氏后裔，恐怕你就不如我们了。"

王陵张口结舌，无法回答。

应当说，这三个人都是刘姓皇统的忠实捍卫者，只是各自采取的策略不同而已。王陵也是沛县人，早年行侠仗义，在沛县名气很大。刘邦还是一个小民时，曾以兄礼对待王陵。刘邦起兵西攻关中，王陵也召集数千人，占领南阳，不肯向刘邦称臣。等刘邦从汉中反击项羽时，王陵才率兵归属刘邦。

楚汉相争中，项羽为了争取王陵，把他母亲抓起来，囚禁在军中，等王陵的使臣前来时，就把王陵的母亲押出来，让她坐在使臣的对面，想用这种办法逼迫王陵背汉降楚。使臣临走时，王陵母亲请求跟使臣讲几句话，劝劝王陵来投降，得到许可后，她哭着对使臣说："希望使节向王陵转达老妾的话，让他在刘邦手下好好干。刘邦是位长者，不要因为老妾的缘故而使他心持两端。老妾这就用死来送使节。"

说完，就伏剑而死。项羽大怒，下令将王陵母亲给烹煮了。

王陵或许从他母亲那里继承了这种刚直不阿、忠君不贰的性格，因此才嫉恶如仇，不惜以丢官掉脑袋来反对吕后封王诸吕。事后，吕后想罢黜王陵，但又找不到借口，于是表面上迁升王陵为太傅，而内里却夺了他的相权。王陵大怒，托病辞职，闭门不出，也不进宫朝拜，郁郁不得志，十年后病死。

陈平、周勃避开吕后的正面锋芒，明知反对也无济于事，因此不与争锋，含而不露，尽可能留在关键岗位上，蓄积力量，成为暗中维护刘氏集团利益的中流砥柱。

吕后自认为得到了陈平、周勃等元勋大臣的支持，于是便放心大胆地干了起来。高后元年（前187）十一月，王陵免职，吕后提升陈平为右丞相，任命辟阳侯审食其为左丞相。规定左丞相不处理外朝公务，只负责宫廷内务，职掌如同郎中令。虽然如此，由于审食其与吕后关系匪浅，所以公卿百官都找他裁决政事。

御史大夫赵尧以前曾经帮助刘邦定计，安排周昌去当赵王如意的相国，吕后对此一直怀恨在心，所以这次也一起免职，改任任敖为御史大夫，以报当年任敖在沛县秦狱的救护之恩。吕后通过对朝廷权力结构的局部改组，进一步实现了宫、府一体化，为她下一步封王诸吕做好了准备。

同年十二月，吕后下诏追尊自己的父亲、临泗侯吕公为宣王，吕后的大哥、周吕侯吕泽为悼武王。吕后这样做无非是先下点毛毛雨，向天下臣民示意：死去的既然已经追封，活着的还不应该尽快实授吗！

吕后为了使封王诸吕的工作能顺利进行，采取了封王先封刘姓子弟，封侯先封高祖功臣的策略。这年四月，鲁元公主病逝，吕后下诏尊鲁元公主为"鲁元太后"，封其子张偃为鲁王。这是吕后临朝后实封的第一个异姓诸侯王。与此同时，她又宣布封吕释之的儿子吕种为沛侯，姐姐吕长姁的儿子吕平为扶柳侯。

随后，吕后找到惠帝后宫嫔妃所生的五个男孩，封刘强为淮阳王，刘不疑为常山王（次年，不疑死，复以其弟刘山为常山王，更名刘义），刘山为襄城侯，刘朝为轵侯，刘武为壶关侯。又封齐王刘肥的儿子刘章为朱虚侯，同时把吕禄（吕释之三子）的女儿嫁给他，让他入宫宿卫，作为对刘氏贵族的拉拢。以上封赏，都是吕后封王诸吕的预备性工作，作为她分封诸吕的先声。

事隔不久，经吕后暗示，由大臣请示，吕后才下诏封吕台（吕泽之子）为吕王，从齐国割济南一郡作为吕王的封地。因此时吕释之已死，乃封其子吕禄为胡陵侯。第二年，吕台死，于是封吕台之子吕嘉为吕王。高后四年（前184）四月，吕后又封自己的妹妹吕嬃为临光侯，封昆弟子吕他为俞侯，吕更始为赘其侯，吕忿为吕成侯。吕嬃为侯，这是吕后封女人为侯爵的开始，当然也是唯一的一次封妇女为侯。

不久，吕后以吕嘉"居处骄姿"，又废掉了他的王位，同时封死去的吕台之弟吕产为吕王，后改封为梁王，封吕台之子东平侯吕通为燕王，吕禄为赵王。

总之，从惠帝七年（前188）刘盈病死，到高后八年（前180）吕雉去世，八年之中，吕后在其宗族至亲中先后封了张偃、吕台、吕嘉、吕产、吕通、吕禄等六人为王。封吕种、吕平、吕嬃、吕他、吕更始、吕忿、吕庄等十余人为侯，再加上其他异姓的亲信封侯者二十人左右，共封了三十余人。这些王、侯中，除个别刘氏宗族心向刘氏集团之外，其余绝大部分都是吕后的私党。以这些人为核心，再加上朝廷内外一部分攀龙附凤的文武官员，组成了吕氏外戚集团，在一段时期内掌握了汉王朝的绝大部分权力，成为当时政治的轴心。

吕后大封诸吕，自然要引起刘姓子弟的不满。吕后先是采取拉拢的手段，通过许配吕氏女儿给刘氏诸王为妻的办法，以求得吕氏集团与刘氏集团的和睦，继而又借故压抑刘氏诸王，使统治阶级内部的关系日趋紧张。

刘邦有个堂弟叫刘泽，刘邦在世时被封为营陵侯，他的妻子是吕媭的女儿。吕后封吕产为王时，有个齐地人姓田字子春的，跟刘泽很有交情，认为利用这个机会可以从吕后那里为刘泽请到封赏，就找到大谒者张卿说："现在封吕产为王，诸大臣表面同意，心中其实不服，应该想办法调解一下，才能使吕、刘两姓之间的对立情绪缓和下来。"

张卿问他有什么妙法。田子春说："营陵侯刘泽，在刘姓皇族中，辈分最高。你如果请求太皇太后也封刘泽当王，大家就再没有什么话可说，吕王的地位也就巩固了。"

张卿认为田子春讲的很有道理，就向吕后进言。吕后也认为这是羁縻诸刘的一个机会，就痛痛快快地以齐国琅邪郡为封地，封刘泽做了琅邪王。

刘泽受封，非常高兴，知道这是田子春的功劳，就设宴致谢。酒席上，田子春催促刘泽马上起程，前往封地，并说自己也随同前往。刘泽不知其中缘故，但深知田子春计多谋广，于是得到吕后批准之后，就登车起程，快马加鞭直奔封国。事后听说，吕后果然后悔封刘泽为王，想派人追回印绶，但已经来不及了。刘泽知道后，惊出一身冷汗，从此对田子春更为钦佩，也由此认清了吕后的嘴脸，因此瞒着吕姓妻子，秘密招揽宾客，购置武器，准备有朝一日，发兵铲平诸吕。

刘泽在吕后一手遮天的那个时代，结局算是幸运的，赵王刘友和梁王刘恢却因为娶了吕家的女儿而死于非命。

赵王刘友，是刘邦姬妾所生，高祖十一年（前196）立为淮阳王。赵隐王刘如意被吕后毒死后，于惠帝元年（前194）徙刘友为赵王。

吕后封王诸吕之前，为拉拢刘姓诸王，把一吕氏女儿嫁给刘友，同时也是为了监督刘友的活动。这个吕姓女子生得又矮又黑，没有多少讨人喜爱的地方，但生性嫉妒，爱出风头。刚结婚时，赵王刘友年纪尚轻，对异性的兴趣还很广泛，虽然不太喜爱这个嫡妻，但还经常跟她同床共枕。可过了两年，刘友越来越宠爱另外的姬妾，而讨厌这个吕姓女子，一连几个月不和她同床。吕女醋性大发，趁回娘家的机会，进宫向吕后诬告说："赵王听说吕氏封王，常有怨言，不止一次地说：'姓吕的为什么封王，等太皇太后百年之后，我一定发兵诛灭他们。'"吕后信以为真，遂起杀机，于高后七年（前181）正月，派人把刘友召回。刘友来到长安以后，吕后也不核实吕女所告罪名的虚实，就下令把刘友软禁起来，不给饮食。赵国的随行官员有时偷偷给刘友送点吃的，也被卫兵拦住，抓起来治罪。

刘友一连几天滴水未进，饿得奄奄一息，就作歌一首，为自己鸣冤：

> 诸吕用事兮刘氏危，
>
> 迫胁王侯兮强授我妃。
>
> 我妃既妒兮诬我以恶，
>
> 谗女乱国兮上曾不寤。
>
> 我无忠臣兮何故弃国？
>
> 自决中野兮苍天举直！
>
> 于嗟不可悔兮宁蚤自财。
>
> 为王而饿死兮谁者怜之！
>
> 吕氏绝理兮讬天报仇。

刘友饥肠辘辘，反复吟唱，微弱的歌声从囚室飘向窗外，听到的行人无不暗骂吕女，为刘友落下哀伤的眼泪。正月十八日，刘友被活活饿死。吕后下令，用平民的礼仪，把他埋葬到长安郊外的民间墓地，不起封土，连块木碑也不准设立。

刘友一死，吕后就改封梁王刘恢为赵王，而封吕产为梁王。

刘恢也是刘邦姬妾所生，高祖十一年（前196），梁王彭越被杀，立刘恢为梁王，至此，被吕后徙为赵王。刘恢的妻子是吕产的女儿，专横跋扈，凶悍无理。王后的随从全是吕家的党羽，时时都在监视着刘恢的行动，这使他非常不快。刘恢的性格颇似汉惠帝刘盈，仁慈懦弱，自然不是吕女的对手，所以常常为王后所制。刘恢有一位心地善良的姬妾，成为他迁到赵国后唯一的精神寄托，他每次受了吕女的窝囊气，都到这位爱妾那儿寻找安慰。吕王后知道后，就千方百计找茬整治这个姬妾，刘恢忍无可忍，一次当着爱妾的面顶撞了吕王后，吕王后怒不可遏，竟派人把这个美丽的姬妾给毒死了，并扒光她的衣服，糟蹋得惨不忍睹。刘恢悲愤交加，又无计可施，整天沉浸在郁闷、消沉的心绪之中，感到人生毫无兴趣，于是写成歌词四章，令乐工谱成曲子吟唱。歌声哀婉悠扬，如泣如诉，令刘恢悲不自胜，最后自杀身亡。

吕后接到报告，不但不责怪吕产之女，反而认为刘恢为了一个女人，竟然上负宗庙，下为王羞，因此诏令不准刘恢的后裔继承王位。吕后开始时打算改封代王刘恒为赵王，刘恒不敢，托词谢绝，表示情愿长守边疆。于是，吕后便立吕禄为赵王，并追封吕禄之父吕释之为赵昭王。

高后七年（前181）九月，刘邦另一个儿子、燕王刘建病死，留下一个儿子，庶出，系后宫美人所生。吕后不想让他继承王位，就暗地里派刺客将他杀死，然后以燕王无子为名，废除了刘建的封国。次年十月，立吕台之子东平侯吕通为燕王，而以其弟吕庄为东平侯。

至此，刘邦的八个儿子（吕后生孝惠帝、曹夫人生齐悼惠王刘肥、薄姬生代王刘恒、戚夫人生赵隐王如意、赵姬生淮南王刘长，诸姬生赵幽王刘友、赵共王刘恢、燕灵王刘建），仅存两个：代王刘恒、淮南王刘长。加上齐、吴、楚、琅邪诸国，刘氏封国只有六七个了。而吕氏诸王，均居险要，特别是吕产、吕禄外领封地，内居都城，执掌兵马大权，远非刘氏诸王所能匹敌。

<h1 style="text-align:center">二</h1>

吕后大肆封王诸吕的活动，势必排斥刘氏贵族及其他功臣宿将的仕途，自然要引起他们的不满与反抗。当然，吕后健在之时，凭着她的权威和智谋，暂时谁也无可奈何。但是，这个靠山却不能构成永久的防线，一旦吕后死去，这些靠裙带关系受封或升迁的吕氏宗族成员，必然要遭受到刘氏集团的猛烈反击。

汉王朝是刘邦和他的文臣武将们经过艰苦卓绝的奋斗建立起来的，刘邦死后，留下了一个强大的以刘氏诸侯王和功臣宿将为核心的统治集团。由于与切身利害攸关，他们对于任何危及刘姓皇统的行为决不会袖手旁观，吕后正是碍于这种形势，才自始至终要扶持一个刘姓傀儡皇帝，而不敢有废汉自立的非分之想。陈平、周勃等人用虚与委蛇的办法骗过了吕后的眼睛，使自己保住了重要职位，他们表面上对吕氏的活动睁一只眼闭一只眼，实际上是在那里蓄积力量，等待时机。再说，吕后羁縻、拉拢刘氏贵族的做法也没有获得成功，诸如刘泽被封为琅邪王，刘章和刘兴居等人受封侯爵并得以入宫宿卫，而且，吕后还分别把吕氏宗女嫁给他们。所有这些厚爱，除了为他们涂上一层保护色之外，并没有可能征服他们的心。例如，朱虚侯刘章就首先向诸吕发难。

刘章是刘邦的孙子，齐王刘肥之子。他年方20，长得英俊伟岸，气宇轩昂，不但力气大，有酒量，而且有胆有识，有勇有谋。有一天，吕后摆下酒宴宴请宗亲，命令刘章充当酒令官。刘章请求说："我是将门之后，如果有人违抗酒令，请准许我用军法制裁。"

吕后正在兴头上，未解其中深意，就随口答复"可以"。

酒过数巡之后，刘章来到吕后面前，请示说："臣见太皇太后高兴，愿唱一首《耕田歌》，以助酒兴。"

吕后一向把他当作小孩子看待，就取笑他说："你父亲是知道耕田的，你生下来就为王子，怎么能知道耕田？"

刘章一本正经地答道："臣知之。"接着就唱道：

> 耕土要深，
> 栽苗要稀，
> 不是同种的，
> 锄掉丢弃。

吕后已听出来他话中有话，一时沉默不语。再看吕姓王侯，酒兴正酣，谁也没有理会刘章的《耕田歌》。过了一会儿，有个吕姓子弟不胜酒力，悄悄离席，想先回家。刘章看在眼里，急起追赶，大声喝问："你想擅自溜走吗？"这个吕姓子弟刚想求情，不想刘章却说："我已请求军法从事，酒令如山，逃席者斩。"说着，手起剑落，砍下人头。然后，刘章把血淋淋的佩刀插回鞘中，返回向吕后复命说："刚才有人逃席，臣已按军法将他处斩了。"吕后跟左右大吃一惊，但既已允许他按军法行事，一时也无法怪罪，宴席因此提前结束。

这件事发生后，诸吕开始知道刘章的勇敢，无不对他畏惧三分。刘姓子弟，也都把复兴刘氏的希望寄托在刘章身上，就连陈平、周勃等元勋老臣，也认为刘章有勇有谋，和他交上了朋友。这恰似在刘氏危机之时，打了一针强心剂一样，使刘氏势力看到了希望的光亮。

右丞相陈平，自吕后称制以来，一直忧虑吕后势力的日益膨胀将要失去控制，恐怕大祸会降临到自己头上，因此平常在家也思考这类事情，整天忧心忡忡，但又无计可施。有一天，陆贾前来拜访，都已经在客厅里坐下了，可陈平还没有接见。陆贾坚持会面，看到陈平无精打采的样子，就询问说："丞相（陈平）想什么事情，这般忧郁？"

陈平说："你猜猜看。"

陆贾说："你位居上相，有三万户的封邑，真可以说是富贵到了极点了，不可能有私人的不满足。你所忧虑的，不外是吕姓家族难制，跟皇帝（刘弘）年龄太小而已。"

陈平说："是的，你看我们该怎么办？"

陆贾说："天下安，注意相，天下危，注意将。将相和睦，军民就会接受领导。这样，万一发生变故，事权才能统一。国家的命脉，操纵在你和周勃二位手中。我曾经想把这些话告诉绛侯周勃，但怕他由于跟我太熟悉、经常打闹嬉戏的缘故，而把我的话视为玩笑，不重视我的意见，所以一直没有开口。我的意思是，你为什么不跟周勃建立更深厚的友谊、互相接纳呢？"

陈平表示信服，就主动送给周勃黄金五百斤作为祝福礼物，其他礼物包括乐队和名酒也都非常厚重。周勃也以同等价值的礼物回报。二人从此经常往来，情谊日深。陈平还送给陆贾奴隶和婢女一百人，车马五十辆、钱五百万作为生活补贴。陆贾凭借这些经费活动于朝臣之间，游说他们背吕向刘，吕氏势力由此日渐衰落，从而为日后消灭诸吕做好了力量上的准备。

高后八年（前180）春三月，吕后在霸上主持祈福驱灾大祭，回宫途中，经过轵道（古亭名，在今陕西西安东北），看见一个东西，像一只青毛狗，前腿微屈，流星般直扑吕后腋下，惊愕之间，忽然不见。吕后心里有点发毛，就命令巫师占卜，巫师说："那是赵王刘如意的冤魂。"吕后毛骨悚然，立刻就觉得腋下痛楚，与日俱增。

这年秋七月，吕后病情越来越沉重，预感到自己将不久于人世，也清楚地知道刘氏集团决不会甘心屈居吕氏集团之下，似乎已经感觉到山雨欲来风满楼的阵阵凉意，因而精心地做了应变的准备。她任命赵王吕禄为上将军，统帅北军；梁王吕产统帅南军，控制了首都和宫廷的卫戍部队。

吕后临死前，觉得还有些不放心，又把吕禄、吕产等人找来，谆谆告诫说："高皇帝平定天下以后，曾和大臣们订立盟约：'非刘氏子弟而封王的，天下共击之。'现在吕姓封王，大臣们都不服气。我死之后，皇帝年幼，大臣们恐怕要发动变乱。你们一定要牢牢地掌握兵权，严密保卫宫廷，千万不要为我送葬。否则，一旦离开军营，万一有变，你们就要为人所制了。"

　　不久，吕后死去，遗诏大赦天下，任命吕产为相国，以吕禄的女儿当皇后，审食其为太傅，为巩固吕氏集团的权力做了最后的努力。

　　吕后之死，为刘氏集团向吕氏集团发动进攻创造了一个难得的契机，刘氏集团加快了准备发动政变的步伐。吕禄、吕产也感到气氛不对，就打算先发制人，利用手中掌握的南北军向刘氏集团发难。但又内惧周勃、刘章等朝臣，外怕齐、楚等国的军队，所以犹豫不决，举棋不定，一直未敢动手。

　　朱虚侯刘章的妻子是吕禄的女儿，女人心里装不住秘密，不断给刘章透露消息，阴谋渐泄。刘章担心自己被杀，就秘密派人告诉兄长齐王刘襄，让他发兵西向，自己与太尉周勃、丞相陈平等为内应，共同诛杀诸吕，事成后，拥立刘襄继承皇位。

　　齐王刘襄接到密报，立即召集相国召平、自己的舅舅驷钧、郎中令祝午、中尉魏勃等人商议起兵事宜，但召平拒绝合作。刘襄怕他坏了大事，就打算派人杀掉召平。召平得到消息，抢先征调军队包围了王宫。

　　中尉魏勃对召平说："大王（刘襄）打算发兵，并没有得到朝廷颁下的虎符，显然是非法的。相国用武力阻止他，用心良苦，我愿意为您效劳，带领军队守卫王宫。"

　　召平信以为真，就把军权交给魏勃。没想到，魏勃取得兵权后，反而派兵把相府团团包围起来。召平后悔莫及，长叹道："当断不断，反受其乱。我失去判断，才有今日大祸。"说完就自杀了。

　　刘襄担心一国之兵不足以抗衡诸吕，就派祝午前去琅邪国联络刘泽。祝午见到刘泽说："吕氏家族作乱，朝廷危在旦夕，我家大王准备出兵讨伐，但是，他知道自己年纪还轻，又不懂军事，所以愿意把齐国托付给大王（刘泽）。大王在高皇帝健在时，就当过将军，所以我家大王让我来敦请大王，务必驾临临淄议事，共举大业。"

刘泽轻信了他的话，于是跟随他一起前往临淄。刘襄把他迎入宫中就软禁起来，派兵看守，然后派祝午征调琅邪国所有军队，和齐国军队合并。刘泽受了欺骗，又不能回到自己的封国，就对刘襄说："齐悼惠王（刘肥）是高皇帝的长子，推此言之，大王（刘襄）就是高皇帝的长孙，皇帝宝座，非大王莫属。如今大臣们还在犹豫，没有下定最后的决心，而我在皇族中辈分最高，大臣们一定是等着我去拿主意。现在大王把我留在临淄，对大王毫无益处，不如让我前往京师议事。"

刘襄觉得有理，于是派出盛大的车队，送刘泽西行。

刘泽走后，刘襄就以魏勃为将军，率领齐、琅邪两国兵，大举进攻吕产的封国济南。同时，委托驷钧、祝午写了一篇讨吕檄文，派人遍告各诸侯王，声讨诸吕之罪，号召诸侯王共同发兵讨伐吕氏集团。檄文说：

> 高皇帝平定天下，封王子弟。悼惠王（刘肥）薨，惠帝使留侯张良立臣为齐王。惠帝驾崩，高后用事，听信诸吕，擅自废立帝嗣，又连杀三赵王（刘如意、刘友、刘恢），灭梁、赵、燕以王诸吕，瓜分齐国为四国。忠臣进谏，高后惑乱不听。今高后崩，而皇帝年幼，未能治天下，要倚恃大臣诸侯。如今诸吕又擅自尊官，聚兵严威，胁迫列侯忠臣，矫制以号令天下，使刘氏宗庙危急。寡人率兵西进，欲诛杀不应为王者。

齐王刘襄起兵的消息传到长安，吕氏成员感到大为震惊，吕产遂命令颍阴侯灌婴率大军东向迎敌。

灌婴，是睢阳（今河南商丘南）人。原以贩丝绢为业，秦末农民起义爆发后，他在砀郡参加刘邦军，任中涓。因为他英勇善战，不久迁为执帛，号宣陵君。灭秦后，随刘邦入汉中，拜为中谒者。楚汉之战开始后，从刘邦暗度陈仓，击平三秦，在定陶击败楚将龙且、魏相项他，封昌文侯。受命以中大夫组建骑兵，并率之屡败楚军，迁任御史大夫。汉三年（前204），以兵归属韩信，击平齐地，攻占淮南。垓下会战时，他率轻骑追击项羽，迫其自刎。不久，以车骑将军率军平定吴、豫章、会稽郡，并跟从刘邦出击燕王臧荼、韩王信。汉高祖六年（前201），受封颍阴侯。后又参与平定陈豨、黥布等反叛。

这时，灌婴率兵进抵荥阳以后，就和诸将密谋说："吕氏家族把重兵放在关中，想要推翻刘氏天下，取而代之。如果我们击破了齐国军队，回去献功，不是恰好增加了吕氏的资本吗？"于是，就把军队留驻荥阳，暗中派使者告诉齐王和其他诸侯王，让他们停止向长安进兵，静观时变，以静制动。

刘襄得到通知，就按约行动，领兵撤回齐国境内，等待消息。

此时，吕禄、吕产掌握着南北军兵权。

南北军是西汉初年设置在长安城内的禁卫军。南军归卫尉统领，分别驻扎在未央、长乐两宫之内的城垣下，负责守卫两宫。北军归中尉（后改名为执金吾）统领，负责掌管宫城以外、京城内的治安。未央、长乐两宫位于长安城南部，所以卫尉统率的军队称南军；长安城北部归中尉，所以中尉统率的军队称北军。南军从各郡国选调，总数约有一两万人；北军由三辅（京兆尹、左冯翊、右扶风）选调，总数达几万人，实力上超过南军，成为护卫和稳定京畿地区秩序的重要力量。

诸吕暂时控制着关中和京城的局势，把持着朝廷大权，但他们也深知刘氏集团具有很大的潜力，因而对于是否立刻在首都动手诛杀刘氏集团犹豫不决。他们的如意算盘是：只要灌婴的军队跟齐军交上火，人们的注意力普遍集中到那里以后，就伺机在首都发动政变，铲除刘氏集团，进一步巩固吕氏集团的权力。

但吕禄、吕产并不了解，以周勃、陈平、刘章等人为首的刘氏集团，正在他们身边加紧密谋着诛除他们的行动计划。其中的关键就是让周勃设法取得对南北军的指挥权。

周勃身为太尉，已被吕禄、吕产架空，不仅没有调兵权，甚至连南北军的军营都不能进去。大家焦急之中，就把希望寄托到曲周侯郦商的身上。郦商年迈多病，他的儿子郦寄跟吕禄情同手足，友谊至笃，周勃就跟陈平密谋劫持郦商，通过他胁迫郦寄去诱骗吕氏交出兵权。这一招果然奏效，郦寄为了老父的安全，只好找到吕禄说：

> 高皇帝与吕后共定天下，刘氏所立九王、吕氏所立三王，都出于大臣公议，事已布告诸侯，诸侯皆以为宜。今太皇太后崩，皇帝年幼，而足下佩着赵王印信，不马上回到封国，却担任上将军，率领重兵滞留长安，这就不能不引起诸侯和大臣们的猜疑。足下不如交出将军印信，把军队归还太尉，同时也请梁王（吕产）交出丞相印，与大臣们订立盟约，然后回到自己的封国去。这样，齐王必然退兵，大臣们也可安心。足下就可以高枕无忧，在纵横千里的土地上当王，这可

是造福子孙后代的举动，足下何乐而不为呢?

吕禄听了郦寄的话，不知是计，反而觉得很有道理，就准备交出兵权，并派人把这个决定报告吕产和吕姓家族的长辈元老。诸吕议论纷纷，七嘴八舌，有人认为可以，有人认为不可以，拿不出个一致的意见。吕禄见诸吕态度不一，也就只好将这件事暂时放下了。

郦寄看吕禄迟迟没有交出军权，非常着急，又不好深说，只是不断地鼓励他早下决心。吕禄听信郦寄的劝告，时常跟他外出游猎。有一次，回来路过临光侯府，吕禄就进去问候姑妈吕媭。吕媭早就听说吕禄要交还将印的事，看他还有心思经常外出打猎，依然享乐如故，就气得破口大骂:"混蛋! 你当将军却远离军营，吕姓家族就要死无葬身之地了。"她越骂越气，又让人把家中所有珠玉宝器都拿到堂下，散给仆人，叹息说:"我不替别人看守它。"

九月四日清晨，平阳侯、代理御史大夫曹窋(曹参子)，晋见丞相吕产，商讨公事，正赶上郎中令贾寿出使齐国回来。只听贾寿责备吕产说:"大王(吕产)不早一点回到你的封国，今天再想回去，还回得去吗? "于是把灌婴跟齐国、楚国密谋联合对付诸吕的消息告诉了吕产，并建议他火速入据皇宫，做好应变的准备，曹窋在侧室隐约听见，急行退出，密报陈平、周勃，促其先下手为强，赶快行动。

事不迟疑，周勃想要进入北军大营，取得北军的统帅权，但北军营门森严，无法进入。这时，襄平侯纪通担任尚符节(负责掌管皇宫印信)，派人"持节"假传圣旨，令北军接纳太尉周勃。周勃又让郦寄和典客刘揭骗吕禄说:"皇上令太尉接管北军，叫你回到封地去。你赶快把将军大印交出来吧，否则就要大祸临头了。"

吕禄这时还不知道贾寿从齐国带回来的消息，他又跟郦寄是生死之交，相信他绝不会欺骗自己，就解下上将军印信交给刘揭，让他转交周勃。

吕禄离去后，周勃迅速集合全军将士，大声宣布："效忠吕氏的人请袒露右臂；效忠刘氏的人，请袒露左臂。"霎时，全军将士一律袒露左臂。由此，周勃掌握了北军的统帅权。

然而，此时南军还控制在吕氏手中，因而，周勃还不敢贸然发动对吕氏集团的进攻。陈平得知周勃控制了北军的局势，就让刘章去协助周勃，敦促他迅速发动兵变。周勃一面命令刘章守卫辕门（以防南军突袭），一面令曹窋向卫尉（南军主帅）传达他的命令："阻止相国吕产进入殿门。"

这时，吕产还不知道吕禄已经离开北军，仍然按原计划准备入据未央宫发动政变，当他来到殿门口时，殿门紧闭，不得入内。吕产一边在宫门外徘徊，一边思谋对策。曹窋不敢行动，飞报周勃。周勃仍没有必胜的把握，担心吕产劫持少帝（刘弘），使形势发生逆转，于是命令刘章："快进宫保护皇上！"

刘章率领1000人赶到未央宫时，看见吕产正在庭院中，遂下令将他团团围住。僵持到傍晚，刘章发动攻击。忽然刮起大风，吹得吕产的卫队和随行官员乱作一团，丢盔弃甲，无法跟刘章交战，纷纷跪地投降。吕产眼看大事不妙，就逃进郎中令府的厕所里躲藏起来，可还是被刘章发现，冲过去一刀砍死。接着，刘章又带兵冲进长乐宫，斩了长乐宫卫尉吕更始。然后直奔北军，回报周勃。周勃肃然起立，向刘章拜谢说："我所担心的就是这个吕产，如今把他杀掉，天下大事也就定了。"

随后，周勃分别派出军队，搜捕诸吕在京城的宗族，不论男女老幼，全部屠杀。于是，一场血腥的大屠杀迅速展开，长安城一时鬼哭狼嚎，刀光剑影，血流成河。将士们杀得兴起，许多吕姓家族的仆人，甚至行人也在追赶中被误杀，可怜那些不懂事的孩童和没有出世的胎儿也没能幸免。吕禄从北军回到府上，正兴致勃勃地拥着爱姬吃酒，忽听喊杀声四起，还没等回过神来，士兵已冲杀进来，将他团团围住。这些士兵以前都归他指挥，不忍下手，就请求他自裁。吕禄平时作威作福，从来没见过这种场面，手里提着佩剑，却怎么也举不起来，还是他的爱妃性格刚烈，夺过刀，闭着眼睛就是一剑，正好从吕禄的心窝穿过，然后她自己也伏剑而死。

吕嬃似乎有些预感，官兵冲来时，她一点也没有惊慌，端坐在那里等着就刑。可她却没有福分死得那么干脆，而是被人捆绑在一棵树上，几个身强力壮的大汉轮流用藤条抽打，衣服一层层剥落，皮肉一块块掉下，最后除了打不到的地方再无一处完好的肌肤，被活活鞭打而死。

在京城的吕氏集团被屠灭后，周勃又派人诛杀了燕王吕通，罢黜掉鲁王张偃，然后派刘章前往齐国，把诸吕被诛杀的消息告诉齐王，令齐军退兵复员。

灌婴在荥阳，听说齐军统帅魏勃是帮助齐王刘襄起兵的人，就派使节召他见面，责备他轻举妄动。魏勃回答说："家里失火，岂有先禀告家长，才去救火的？"说完就退立一旁，两腿发抖，恐惧得不能言辞，再问，仍是这句话。灌婴瞅着他，失笑说："人们都说魏勃人中豪杰，简直胡说，不过一个庸才罢了，有什么作为！"于是命魏勃回齐国，灌婴自己也自荥阳班师。

至此，以周勃、陈平为代表的刘氏集团，几天之内，通过一场宫廷军事政变，便痛快淋漓地扫荡了吕氏集团。在他们举杯庆祝胜利的时候，又考虑到对少帝以及淮阳王（刘武）、常山王（刘朝）、济川王等人的处理问题。大臣们共同商议决定："皇帝（刘弘）、淮阳王刘武、常山王刘朝等，都不是惠帝真正的亲生儿子。是吕后诈取别人的儿子，杀死他们的生母，送到皇宫养育，命令惠帝收作自己的儿子，立为皇太子，晋封王爵，目的只在加强吕姓家族的力量。今天把吕姓家族全部屠灭，而皇帝也好，亲王也好，年龄一天天长大，一旦掌握了权柄，我们这些人就要付出代价。与其冒这种风险，不如从刘氏诸王中选择一位品德贤明的人为天子。"

文武百官都齐声表示同意。

有人提议：齐王刘襄，是刘邦的长孙，最有资格。

权臣们反对，说："吕氏家族太过强梁，几乎颠覆了刘姓政权，使功臣流离失所。现今刘襄的舅父驷钧，在封国里横行霸道，好像戴着帽子的猛虎，如果刘襄当皇帝，就是第二个吕氏登台。只有代王刘恒，是高皇帝现有皇子中年龄最大的一位，而且很孝顺，也很宽厚。他娘薄姬的家族，一向谨慎善良，将来成了皇亲，也不至于惹什么灾难。刘恒是现存的长子，继承皇位，名正言顺，何况他又有天下共知的美好声誉。"

众大臣一致同意，再无异议，于是秘密派出使节，前往晋阳（代国首都，在今山西太原西南）迎接刘恒。

刘恒是汉高祖刘邦与薄姬所生的儿子。薄姬又称薄夫人，吴郡（治今江苏苏州）人。秦朝的时候，薄姬的父亲跟故魏王宗室女子魏媪私通，这才生了她。秦末农民战争中，魏豹被项羽封为魏王时，魏媪把薄姬献进魏宫做宫女，楚汉战争之初，有个叫许负的人给薄姬相面，说她能生一个天子。魏豹本来和刘邦合纵攻楚，听了许负的话，暗想自己会取得天下，所以一面把薄姬带在身边，加紧临幸，一面背叛刘邦搞中立，与楚连横。不久，刘邦派韩信等讨伐魏豹，结果魏豹兵败被俘，薄姬被输到织室（王宫中的纺织工场）劳作。魏豹死后，刘邦有一次到织室寻欢，见到薄姬，很是喜欢，就下诏把她选进后宫。薄姬原以为会得到刘邦的宠幸，可刘邦在织室逢场作戏后早把她给忘了，竟使薄姬一年多没有机会接近刘邦。

薄姬小时候，和管夫人、赵子儿都是密友，曾在一起相约说："将来谁先富贵了也不要忘了好朋友！"这时，管夫人、赵子儿都先于薄姬成为刘邦的姬妾，而且很受宠爱。汉四年（前203），管夫人、赵子儿在成皋服侍刘邦，互相窃窃私语，说起了跟薄姬儿时的约定，觉得很好笑。刘邦隐约听到了她们的对话，就寻问是怎么回事。两人不敢隐瞒，就说了实情。刘邦听后，顿生爱怜之情，觉得薄姬很可怜，当天就召薄姬侍枕。薄姬喜不自胜，对刘邦说："昨暮梦龙据妾胸。"刘邦说："是个好梦，我今晚就成全你。"薄姬由此怀孕，生下刘恒。薄姬有孩子以后，逐渐失宠，刘恒在皇子中也不得势，因此从小就养成了宽仁、随和的性格。

刘邦死后，吕后嫉恨刘邦生前宠爱的戚夫人等姬妾，把她们统统囚禁起来，不准出宫。而薄姬因为失宠，因祸得福，被允许前往儿子的封国代国，尊称代国王太后。

使节到了代地，向刘恒递交了秘密信件。23岁的刘恒，对这个飞来的洪福，且喜且惊，举棋不定，于是召集谋臣们商议。郎中令张武等抱怀疑态度，说："汉中央大臣都是高皇帝时代的将领，精通战阵，长于谋略。他们不会满足现有的地位，只是畏惧高皇帝、吕太后的威望，才不敢轻易表现。如今，他们已诛灭吕氏家族，喋血京师，此时前来迎接大王，不可轻信。我们建议大王声称有病，静观京城的变化。"

中尉宋昌持不同意见，他说：

大家的判断似是而非。当初，秦王朝失去控制，六国王族后裔和英雄豪杰，风起云涌，有数万人之多，都以为可以夺取天下。然而，天下终于归于刘姓，大家早已绝望，此其一。

高皇帝把子弟们封王各地，犬牙交错，互相牵制，已像磐石般稳固，再没有人可以起来对抗，此其二。

汉王朝建立以来，废除秦朝的暴政，法令简单，广施恩德，人民相安，任何煽动都难以动摇，此其三。

以吕太后的严厉，强立吕氏三王，擅权专制，然而周勃一旦"持节"进入北军，登高一呼，将士们都袒露左臂，愿为刘氏而战，吕氏家族终归灭亡。这是天意，并非普通人力可以办到。如今即使大臣们想发动政变，人民不听驱使，他能靠一小撮党羽就干起来吗？

现在，首都长安之内，有朱虚侯刘章、东牟侯刘兴居（刘章之弟），是皇族血亲；在首都长安之外，有吴王刘濞、楚王刘交、淮南王刘长、琅邪王刘泽、齐王刘襄，以及我们代国，都使大臣们畏惧。现今高皇帝儿子中，只有你跟刘长，而你是兄长，人们又知道你仁爱忠厚，所以大臣们顺应人望，迎你登基，请不要怀疑。

刘恒觉得宋昌说得有道理，就把这件事报告给母亲薄太后。薄太后也不敢断定长安方面的迎立是吉是凶，就请来巫师卜卦，卜出的卦名叫"大横"。卦辞说："横纹这么清楚，我就成了天王，夏启光辉发扬。"刘恒说："我已经是王了，还当什么王？"巫师说："所谓天王在周朝就是天子，在汉王朝就是皇帝。"

刘恒仍旧不放心，就让薄太后的弟弟薄昭前往长安，进见太尉周勃。周勃就把决策经过详细讲了一遍。

薄昭返回晋阳，向刘恒报告说："完全出于诚意，可以相信。"刘恒这才放下心来，微笑着对宋昌说："果然跟你说的一样。"于是立即整顿行装，日夜兼程，向长安进发。

闰九月二十九日傍晚，刘恒进入长安，暂时住在代邸。群臣都跟随到代邸，丞相陈平率领文武百官拜谒，说："现在的皇帝刘弘等，并不是孝惠帝的亲生儿子，不应该继承大统。而大王（刘恒）是高皇帝的长子，应该登基，请大王即天子位。"刘恒在面西的座位上再三谦让推辞，又在西南的座位上作最后一次谦让推辞，最后，遂正式即天子位，群臣以尊卑顺序，侍奉左右。

东牟侯刘兴居说："诛杀吕氏家族，我没有功劳，现在请由我清除皇宫。"于是和太仆汝阴侯夏侯婴，进入皇宫，对少帝刘弘说："你不是刘姓的儿子，不应该当皇帝。"又环视左右，告诉武装卫士放下武器离去。有几个忠心耿耿的卫士不肯放下武器，宦官总管令他们服从，众人只好离开。夏侯婴于是下令准备辇车，把刘弘送出皇宫。刘弘害怕地问："想把我送到哪里去？"

夏侯婴说："出去住，就住在少府吧。"

接着，派出天子特用的法驾仪仗，前往代邸迎接刘恒，报告说："皇宫已经清除。"当晚，刘恒前往未央宫，他就是享誉古今的汉文帝。

是夜，少帝刘弘暴死，刘太、刘武、刘朝等同时被害。可怜这几个无辜的少年，就这样作为两大集团斗争的牺牲品，悲惨地死于利刃之下。

三

吕后的一生，坎坷多艰，历尽风险，尝尽了人生的苦辣酸甜，其中，有来自婚姻家庭方面的悲欢离合，更多的则是政治上的权力争夺。吕后凭借自己的睿智和坚忍，渡过了一条条险滩，闯过了一道道难关，最终冲向权力宝塔的顶端，为她的五彩人生写完了最后一笔。

对吕后的一生应如何评价，千百年来众说纷纭，各持一端，争议较大。汉代史学家司马迁、班固曾经用简练的笔调肯定了吕后的政治生涯，所谓"孝惠皇帝、高后之时，黎民得离战国之苦，君臣俱欲休息乎无为，故惠帝垂拱，高后女主称制，政不出房户，天下晏然。刑罚罕用，罪人是希。民务稼穑，衣食滋殖"。应当说，这种评价是比较公正和符合历史实际的。然而，在长期的封建社会，随着封建专制主义的加强，特别是封建意识形态的强化，对吕后的评价便越来越低了。往往把她描绘成"妇从夫贵，侥幸抓到大权的庸俗女人"，认为她心胸狭窄，嫉妒多疑，贪婪残忍，几乎没有做过一件足以书于青史的好事。我们认为，这种观点未免失于偏颇，因为它主要不是从历史的角度，而是从道德方面立论的。

评价历史人物的功过是非，主要应该看他对当时历史进程起到了什么作用，在他力所能及的范围内，是推进了物质文明、制度文明、精神文明的进步，或是相反。只有以此为标尺，才能正确评价历史人物的功过、地位。当然，人生本身是丰富多彩的，历史人物的生平活动也是复杂多样的，每一个特定历史时期的人物受历史的、文化的、风俗的影响，在他的一生中，其思想、活动往往是充满矛盾的，所以必须抓住历史人物的重大生平活动予以评说，而不能以偏概全，一叶遮泰山。

对吕后持否定意见者，无外乎在这样几个问题上大做文章，比如她的凶险、阴毒和女人为争风吃醋而产生的强烈嫉妒，对戚夫人和赵王刘如意的令人发指的虐杀；她那除恶务尽的思想和对刘氏贵族为所欲为的处置和诛杀；特别是她那无以满足的权势欲，促使她封王诸吕而引起的统治集团之间的血腥大屠杀。诸如此类，借此否定吕后在历史上的应有地位，显然是不公正的。

吕后协助刘邦诛除异姓诸侯王，只能说手段险恶，方式刻薄，而方向是正确的。

吕后虐杀戚夫人和刘如意，除了那种发疯般的嫉妒和复仇心理，在任何历史环境下都不可取之外，也有可以理解的一面。在当时的历史条件下，作为一个爬到封建权力峰巅的妇女，为了维护自己的地位和权力，她这样做似乎也符合专制皇权下的权力机制。可以设想，如果戚夫人鼓动刘邦改易太子获得成功，她作为临朝称制的女主在刘邦之后执掌大汉皇朝的权柄，那么，吕后、刘盈以及吕氏宗族的下场，恐怕也不会美妙。所以说，戚夫人、刘如意表面上死于吕后之手，实质却是政治斗争的牺牲品。

吕后封王诸吕是她临朝后犯下的最大错误，不论在她死后，是诸吕要谋杀异己，还是在刘氏集团咄咄逼人的攻势下诱发出诸吕的蠢动，基本的事实是，吕后死后，因为她的封王诸吕而使统治集团内部关系一度极为紧张，最后引发出一场流血的宫廷政变。或许有人把它解释为吕后封王诸吕是为了巩固和加强自己的权力，问题是没有任何史料能说明元勋大臣对她的临朝构成了什么威胁。吕后即使按照惠帝在位时的姿态进行统治，恐怕也不会发生太大的不愉快。当然，刘、吕两个集团的斗争仅仅局限在上层统治集团的小范围内，并且历时较短暂，又未造成大规模的流血冲突，因而并未给整个社会带来混乱，也没有影响到西汉初年已经开始的恢复生产和发展经济的历史进程。

也有人把注意力集中到吕后是否要篡国夺权的问题上，其实这对评价吕后意义不大。在不影响社会政治安定的前提下，由哪个姓氏的人当皇帝只是个形式问题，连篇累牍地去争议吕后有没有篡权，是受封建史观的影响，或受现实政治斗争的左右，而于历史研究并无太大的裨益。

我们认为，吕后是一个应该肯定的历史人物，她对历史发展所起的作用，主要表现在她帮助刘邦完成了统一事业，继续推行"与民休息"政策，对汉初经济的恢复和发展起到了承前启后的作用。当然，我们在肯定她的同时，绝不能无限地拔高，像有的人竟把吕后个人的私生活说成是反封建礼教，而实际上封建礼教当时还没有确立起来，她不过是"随乡就俗"罢了。

关于她帮助刘邦完成统一事业的问题，行文中已作过反复交代，不再赘述。

关于她推行"与民休息"政策，如果在了解了"承前"的基础上，进一步了解一下"启后"，或许更能准确地为吕后时期定位。司马迁描绘吕后时期是："刑罚罕用，罪人是希。民务稼穑，衣食滋殖。"文景时期，正是利用这一有利局面，继续推行轻徭薄赋慎刑的基本国策，并进一步颁行了一系列旨在发展经济的改革措施，从而使西汉社会由此步入"人给家足，都鄙廪庾皆满，而府库余财"的发展道路。农业上"屡敕有司以农为务，民遂乐业"；工商业禁令全部放开，"弛山泽之禁"，废除《盗铸钱令》，盐铁民营，使商品经济一时出现前所未有的繁荣景观；减免田租、赋役，提高傅籍年限，人口成倍增长；人心安定，皇诏每下，"民虽老羸癃疾，扶杖而往听之，愿少须臾毋死，思见德化之成也"[1]。所有这些方面的表现，都是一个社会健康向上，走向繁荣昌盛的反映，它虽然主要是在文、景二帝统治时期取得的，但其基础却是在高帝，特别是在吕后时期奠定的。

从这个意义上说，吕后顺应汉初历史发展的潮流，虽然没有什么惊天动地、力挽狂澜之举，但做到了小心翼翼地沿着刘邦君臣确定的轨道前进，正是因为她的"俱欲休息乎无为"，才起到了从刘邦至文、景时期过渡桥梁的作用。因此说，吕后是一个对汉初历史发展做出了巨大贡献的历史人物，换句话说，西汉王朝以一个文明大国的姿态出现在世界人民面前，其中也有吕后的一份功劳。

---

[1]《汉书·贾山传》。

秦朝汉初大事年表

秦始皇二十六年（前221） 秦统一六国。嬴政称始皇帝，除谥法。主水德，以十月为岁首。统一车轨、文字、度量衡、货币。

二十九年（前218） 始皇东巡。张良阻击始皇于博浪沙中。

三十三年（前214） 徙民五十万戍五岭。蒙恬取河南地，置四十四县。筑长城，起临洮至辽东，延袤万余里。

三十四年（前213） 下令焚书。有敢偶语诗、书者弃市，以古非今者族。

三十五年（前212） 作阿房宫，建骊山陵。坑方士、儒生四百六十余人于咸阳。

三十七年（前210） 始皇在巡游途中，病死于沙丘平台。赵高、李斯矫诏立胡亥为二世，赐扶苏、蒙恬死。

秦二世元年（前209） 陈胜、吴广率戍卒九百人在蕲县大泽乡起义，攻占陈，号张楚。

刘邦与萧何、曹参等在沛县起兵反秦，刘邦被拥立为沛公。项梁、项羽在吴起兵。

匈奴头曼单于夺取河南地。冒顿杀父头曼自立为单于。

二世二年（前208）　吴广被部将田臧杀害。陈胜被车夫庄贾所杀。

二世三年（前207）　陈胜部将召平假托陈胜命令，任项梁为上柱国，令其率军西击秦。张良率百余人投奔刘邦。

刘邦至薛归属项梁。

项梁等立楚怀王孙心为王。项梁自号武信君。

项梁在定陶为秦将章邯战败身死。

楚怀王与诸将约定：先入定关中者为王。

项羽北上救赵，刘邦西进攻秦。

项羽杀上将军宋义，自立为上将军。

项羽大破秦军于巨鹿。

赵高杀二世，立子婴为秦王。

子婴杀赵高。

刘邦军至霸上，子婴降，秦亡。

刘邦约法三章，除秦苛法。

项羽会刘邦于鸿门。

项羽杀子婴，屠咸阳，烧秦宫室。

汉王刘邦元年（前206）　项羽尊楚怀王为义帝。

项羽自立为西楚霸王，分王天下诸侯，封刘邦为汉王，徙义帝于郴。

项羽率军东归，刘邦入汉中。韩信背楚亡归汉。

刘邦拜韩信为大将军。

刘邦出陈仓定三秦，又遣兵出武关，东略地。

项羽令英布等杀义帝。

汉二年（前205） 刘邦率五十六万人攻入彭城，反为项羽所败，几乎全军覆没。

吕雉及刘邦之父太公为楚军所俘。

刘邦退守荥阳，萧何发关中老弱未傅籍者赴荥阳，汉军得以与楚相持。

韩信击虏魏王豹，定魏地。

韩信破赵斩陈余，平定赵地。

刘邦用陈平计，派随何说英布背楚归汉。

汉三年（前204） 项羽围刘邦于荥阳。陈平行反间，范增东返彭城中途病死。

刘邦用计逃出荥阳。

项羽攻克荥阳，围攻成皋。

韩信用蒯通计破齐。

刘邦引兵渡河，复取成皋。

汉四年（前203） 楚汉约以鸿沟为界，中分天下。

项羽归还吕雉、太公，罢兵东归。

刘邦依陈平计，发兵追击项羽。

刘邦围项羽于垓下。

汉高祖五年（前202） 项羽突围至乌江自杀。

刘邦即皇帝位于汜水之阳。

刘邦用陈平计，伪游云梦，缚韩信返洛阳，改封韩信为淮阴侯。

汉高祖七年（前200） 刘邦自将军三十二万北击匈奴，被匈奴围困于平城白登山。

高祖九年（前198） 萧何治未央宫。汉自栎阳徙都长安。

冬 遣娄敬出使匈奴结和亲。

汉高祖十一年（前196）冬 刘邦自将兵破陈豨。立刘恒为代王。

吕后用计杀韩信。

诛杀彭越。

淮南王英布反，刘邦带病亲征。

汉高祖十二年（前195） 破英布。

刘邦病死于长乐宫。

刘盈即位，吕后掌政。

惠帝刘盈元年（前194） 吕后杀赵王刘如意及其母戚夫人。

惠帝二年（前193） 萧何卒。曹参为相国。

惠帝三年（前192）春 匈奴冒顿致书辱吕后。汉复与匈奴和亲。

惠帝四年（前191） 举民孝弟力田者复其身。

废除秦挟书律。

惠帝六年（前189） 诏女子年十五以上至三十不嫁，五算。

惠帝七年（前188）八月 惠帝卒。吕后临朝称制，以吕台、吕产将南北军。

高后吕雉元年（前187） 以陈平为右丞相，审食其为左丞相。

封鲁元公主子张偃为鲁王。以吕台为吕王。

高后二年（前186） 吕台卒。子吕嘉代立为吕王。

高后四年（前184） 吕后杀少帝刘恭。封吕婴为临光侯。

立常山王刘义为帝，改名刘弘。

高后五年（前183）春　赵佗自称南越武帝，举兵攻长沙边县。

发河东、上党骑屯北地以备匈奴。

是年　初令戍卒岁更。

高后六年（前182）吕王嘉废。

立吕产为吕王。

高后七年（前181）吕后逼死赵王刘友。

徙梁王刘恢为赵王，封吕产为梁王。

封刘太为吕王，刘泽为琅邪王。

赵王刘恢被逼自杀。

封吕禄为赵王。

遣隆虑侯周灶击南越。

封吕通为燕王，吕庄为东平侯。

高后八年（前180年）令吕产、吕禄居南北军。

吕后卒。

齐王刘襄举兵西攻济南。相国吕产遣灌婴击之。婴至荥阳与齐王连和，按兵观变。

周勃、陈平等诛诸吕。

大臣迎立代王刘恒为皇帝。

后 记

呈现在读者面前的这本小书，是作者30年前应赵毅先生之约仓促成文的一本通俗读物。那个年代，各出版社纷纷组织编写和出版各种大型丛书，《中国名后》就是这股"出版热"的产物之一，《无冕女王：吕雉》因此被纳入写作计划。

作者当年初出茅庐，虽然还在历史学的门外徘徊，但出于生计的需要还是愉快地接受了邀请。好在有蔡东藩的《前汉演义》、安作璋的《后妃传》、村松瑛的《项羽》、葛本亮的《政坛女杰——吕后》、彭卫的《汉代婚姻形态》、冯君实的《戏曲人物与历史人物》等研究著作或历史读物可供参考，所以，很快就按写作要求草成此书。

今承辽宁人民出版社不弃，计划再版这套丛书。然时过境迁，重新翻看清样，难免汗颜。书中对吕后一生的描写，主线虽没有脱离司马迁《史记》和班固《汉书》的记载，编写原则也允许参考稗官轶闻和野史传说作合理的虚构，但作者当年既缺少历史学实证研究的训练，更缺少文学"大胆假设"的修养，因此，写出来的东西不伦不类。说它是一本历史读物，缺少必要的考证和辨伪；说它是一本文学读物，又缺少应有的铺张和可读性。因此之故，着实不该再重新印刷。可考虑到这本读物是丛书的一部，为保持丛书的完整性又不好推脱。

总之，作者浏览清样的过程中，发现很多不足。比如近年来发现的简牍资料，对秦末皇位的传承，对西汉初年的国家制度、基层行政、民间信仰等问题的认识，都提供了新的素材，在一些问题上可能会颠覆正史的记载。与此同时，秦汉史学界经过 30 余年的不懈探讨，对秦汉之交的历史研究取得了很多骄人的成果。这一切，都是短时间内无法补写进去的。至于这本小书中的技术缺欠、称呼脱离历史情境、情节描写表面化等问题，同样无暇在通稿时更正。所以，在此特向读者表达深深的歉意！

作者

2023 年 9 月 23 日